いろんな魚が待っている！

砂浜へ釣りに行こう

投げ釣り・ルアー釣り・ウキ釣り・カゴ釣りで20ターゲットを攻略

つり人社書籍編集部　編

つり人社

PICK UP FISHING STYLE & TARGET

砂浜からの筆頭ターゲット。すべての投げ釣りに通じる要素がある

砂浜、投げ釣りとくれば、海釣りの経験者の多くはまずシロギスを思い浮かべるだろう。ビギナーからベテランまで、経験に応じて楽しむことができるシロギスとその釣りは、パールピンクに輝く魚体とともに多くの釣り人をとりこにしている。また、広大な大海原を前にキャストするだけでも気持ちが晴れ晴れとする。

「シロギス釣りはすべての投げ釣りに通ずる」という言葉もあり、あらゆる投げ釣りの基本エッセンスが盛り込まれている。ビギナーがシロギス釣りをある程度こなせるようになれば、他のターゲットが釣れる確率も高くなる！

黒い砂浜にパールピンクの魚体が映える。シロギスは投げ釣りのベーシック・ターゲットだ

広大な砂浜を足で探るのもシロギス釣りの醍醐味。投げ専用クーラーなどを利用したコンパクトな道具立てが基本

秋口には小中型の数釣りも楽しめる。ハリの数だけシロギスが掛かってくることも

潮に濁りがある時はキスに混じってイシモチも手にできる

シロギスと同じく、投げ釣りの代表魚のカレイも砂浜から釣れる

型ねらいなら夜釣りがおすすめ。マダイなども掛かってくる

大海原目掛けて思いきりキャストするのも投げ釣りの醍醐味の1つ

PICK UP FISHING STYLE & TARGET

砂浜フィールドの可能性を広げる「渚釣り」。磯の人気ターゲットを広大な浜辺でゲット

渚からねらうクロダイは、温故知新な釣りのスタイルといえる。古くは庄内釣りに源を発するノベザオの釣りが有名で、また西湘（神奈川）方面では、サナギエサを浮かせて釣るハネ釣りも行なわれてきた。

現代の渚釣りは、配合エサの撒きエサで魚を寄せ、ウキフカセ釣りでねらう点に新しさがある。従来のウキフカセ釣り＝磯のイメージとは異なり、渚には未開のフィールドも数多く、スレていない大型がサオを絞り込む。メジナやサヨリなども掛かるので、多彩な釣果も期待できるのが魅力でもある。

砂浜から配合エサの寄せエサをヒシャクで撒く。ターゲットはクロダイだ

魚がスレていない未開のフィールドも数多い。大型が掛かることも珍しくない。やり取りは慎重に

渚釣りで使用するウキは、逆光でも見やすい真っ黒な棒ウキがおすすめ。専用ウキも市販されている

沈み根や藻場の際ではメジナもよくヒットする

砂浜では玉網は不要。寄せる波に乗せて魚体を陸地へと引き上げる

これが渚釣りのクロダイ。想像以上に魚影は多く、数釣りも期待できる

PICK UP FISHING STYLE & TARGET

ナブラ、鳥山＝フィッシュイーターがいる証。足の速い回遊魚の時合を見逃すな

フィッシュイーターから逃れようとして小魚の群れが海面を泡立てるような動き＝ナブラ。それをねらって海鳥が大挙して海面に押し寄せる＝鳥山。これらはフィッシュイーターの回遊魚が付近にいる証拠だ。

船のルアー釣りではおなじみともいえる光景だが、実は砂浜から届く範囲でも鳥山やナブラは起きることがあり、絶好のポイントの目安となる。ターゲットはイナダ、サバ、カンパチ、ソウダガツオ、シイラなどで、多彩に楽しめる。またナブラや鳥山とは別に、砂浜にはサーフならではのターゲットも潜む。

小魚の群れがフィッシュイーターの回遊魚に追われ、海面付近で逃げ惑う動きがナブラだ

砂浜から楽しむルアー釣りの時合は朝マヅメが圧倒的に有利。早起きして釣行したい

シイラなども砂浜の沖を回遊している

サバは比較的釣果を手にしやすい回遊魚

ナブラや鳥山だけでなく、泡やゴミが沖に払い出す離岸流もポイントの目安

黄色いストライプが印象的な回遊魚の代表選手、イナダ。ブリの若魚だ

ソウダガツオも意外に手軽なターゲット。表層をメタルジグで探りたい

飛距離が出て、深場から表層まで探ることのできるメタルジグが砂浜のメインルアー

砂浜から釣れる魚たち

砂浜からねらえる魚種は多彩だ。ここでは投げ釣り、ウキ釣り、ルアー釣り、カゴ釣りで手にできるターゲットと、外道でよく掛かる魚、むやみに触ると危険な魚を紹介しよう（魚名横の頁数→ターゲット別徹底攻略頁へ）。

アジ

→P72

◎スズキ目アジ科

日本各地の沿岸、東シナ海、朝鮮半島に分布。全長20～40㎝。沿岸から沖にかけての中・底層に群れで生息。ゼイゴと呼ばれる硬いウロコがアジ類の特徴。多くは尾ビレに近い側線の後方にある。砂浜からは投げサビキやカゴ釣りで楽しめる。

アイナメ

◎カサゴ目アイナメ科

カレイと並ぶ冬の投げ釣り人気ターゲット。北海道～九州の全国に分布しているが、特に茨城県以北の太平洋岸では大型がよく釣れる。最大60㎝にまで成長する。産卵期は晩秋から冬にかけて。この時期のオスは山吹色の婚姻色になる。

イイダコ

◎八腕目マダコ科

日本各地に分布。手のひらサイズの小さなタコで、足の付け根に金色の輪の模様が1つ付いているのが特徴。産卵期には頭（胴）の中に飯（いい）のような粒状の卵を抱える。遠浅の砂泥地底を好む。イイダコテンヤと呼ばれる擬似餌をキャストしてねらう。

アオリイカ

→P68

◎ツツイカ目ヤリイカ科

関東、北陸近辺以南～琉球列島に生息。最大で外套長60㎝。近年、アオリイカは3種いることが分かってきた。沖縄方面に生息する外套長15㎝ほどの小型種はクワイカと名付けられた。琉球列島方面に生息する種はアカイカ、本州のものはシロイカと呼ばれる。砂浜からエギングで楽しめる。

ウミタナゴ

◎スズキ目ウミタナゴ科

日本各地の沿岸に分布。全長25cm。従来、1種とされていたウミタナゴは、2007年、青みがかっている型をマタナゴとして亜種に、赤みがかっている型は別種としてアカタナゴに分類された。仔魚を産む卵胎生の魚としても知られる。クロダイねらいの外道として掛かってくることが多い。

イシモチ

→P76

◎スズキ目ニベ科

東北以南の日本沿岸に分布。全長70cm（ニベ）、40cm（シログチ）。標準和名イシモチという魚は存在しない。ニベ科の魚の総称として、特に関東を中心にイシモチと呼ばれている。関東で釣れるニベ科の魚は「ニベ」と「シログチ」の2種類。ニベのほうが浅い海域を好み、投げ釣りでよく釣れる。

イワシ

→P72

◎ニシン目カタクチイワシ科

樺太から南日本、朝鮮、アフリカに分布する。本州では太平洋側に多い。全長約15cm。名前に「イワシ」と付く魚はマイワシ、ウルメイワシ、トウゴロウイワシ、カタクチイワシの4種。写真のカタクチイワシは沿岸の表層域に大きな群れで生息し、堤防や砂浜から手軽にねらえる。別名シコイワシ。

カニ（ヒラツメガニ、ガザミ）

→P86

◎十脚目ワタリガニ科

砂浜から専用のカニ網を投入してねらう。口に食わせて釣るというよりも、網で絡め取る釣法だ。九十九里や茨城の海岸で秋から初冬にかけて楽しめるのがヒラツメガニ（Hガニ）。写真のガザミはタイワンガザミやイシガニなど、横に長い菱形の甲と遊泳脚が特徴で、総称してワタリガニとも呼ばれている。

イナダ

→P80

◎スズキ目アジ科

日本各地の沿岸に分布。全長100cm（ブリ）。出世魚ブリの若魚の呼び名で、関東でワカシ、イナダ、ワラサ、ブリと名前が変わる。海水温が高い時期は、かなり沿岸まで近づく。砂浜のすぐ沖で小魚を追ってできるナブラがポイントの目印となる。釣り方は投げサビキやサーフトロウリング、ルアーがメイン。

カワハギ

◎フグ目カワハギ科

日本各地に生息。硬い皮をはいで料理するのが名前の由来。エサを器用についばむ小さなおちょぼ口が特徴で、エサ取り名人の異名を持つ。アサリのむき身やイソメエサのドウヅキ仕掛けで投げてねらう。

カンパチ

→P 80

◎スズキ目アジ科

全長150㎝。関東以南に分布。アジ科の魚の中でも大型に育つ。沿岸で釣れるのは、主に1kg未満のショゴと呼ばれるサイズ。目を横切るように頭にかけて黒褐色の帯が八の字に入るのでカンパチと呼ばれる。小型はイナダ、ワカシの群れに交じることもある。

ギマ

◎フグ目ギマ科

本州中部以南に分布。沿岸の浅い砂地や泥底に生息する。若魚は比較的浅い湾内に群れる。引きが強く投げ釣りで釣れる。背ビレに非常に大きくて硬く鋭い棘（とげ）を持つ。また大量に粘液を出すなど危険でやっかいな魚だが食用にもなり美味。

カマス

→P90

◎スズキ目カマス科

東日本以南に分布。全長40㎝。沿岸部で釣れるカマスは主にアカカマスとヤマトカマスの2種類。見分け方は背ビレと尾ビレの黄色みが強く、ウロコも大きめではがれにくいのがアカカマス。砂浜からはルアーやフラッシャーサビキをキャストしてねらう。

カレイ

→P94

◎カレイ目カレイ科

沿岸で釣れるカレイの仲間は非常に多い。写真のマコガレイは最も一般的なカレイ。体色は茶褐色で、不規則な形の淡色の斑紋または斑点が多数ある。このほか、イシガレイやホシガレイなども地域によっては釣れる。

クロダイ

→P98

◎スズキ目タイ科

日本各地に分布。タイ科の中では最も沿岸性が強く、磯、堤防、砂浜と生息域も広い。関東では幼魚をチンチン、若魚をカイズ、成魚をクロダイと呼ぶ。関西ではチヌ。近似種のキビレは汽水域を好み、尻ビレと尾ビレの下端が黄色いので区別できる。

コウイカ

◎コウイカ目コウイカ科

本州中部以南の沿岸域に分布し、水深10～100mの砂底または砂泥底に棲む。春から初夏にかけて浅場で産卵する。釣りあげた時などに大量の墨を吐くことから、スミイカと俗称で呼ばれる。近似種のカミナリイカは胴の表面に散在する白いキスマークのような紋様で見分けられる。

キュウセン

◎スズキ目ベラ科

ベラの仲間は数多いが、最も普通に見られるのが本種。名の由来は、体側を9本の縦帯が走ることから。岩礁交じりの砂地を好む。オスは単独行動が多く、メスは数尾で小さな群れを作って泳ぎ回ることが多い。関西方面では人気のターゲット。

ギンポ

◎スズキ目ニシキギンポ科

全長は最大で30cmほど。北海道南部から太平洋側では高知県、日本海側では長崎県までに分布する。岩礁帯や砂泥底に棲み、投げ釣りで掛かることがある。なかなか数の釣れる魚ではないが、天ぷらにすると美味。

クロウシノシタ

◎カレイ目ウシノシタ科

一般的にはシタビラメと呼ばれている。砂浜からのキス釣りの外道で釣れることがあり、波打ち際から上がってきた瞬間には魚が釣れたとは思わない人も多い。ムニエルにすると美味。

コノシロ

◎ニシン目ニシン科

全長20～25㎝。本州中部以南に分布し、内湾に多い。産卵期には汽水域にも入ることが知られている。魚体は平たく、背ビレの最後部の軟条がイトのように長く伸びるのが特徴。10㎝前後の幼魚は、関東ではコハダと呼ばれ寿司のネタになる。

コトヒキ

◎スズキ目シマイサキ科

全長15～30㎝。本州中部以南の日本各地沿岸に分布。内湾の浅場、河口域などに棲み、群れで行動する。体色は銀白色で、体側に弓状の暗色の帯が3本入るのが特徴。砂浜や堤防からの投げ釣りで掛かることが多い。

サヨリ

◎ダツ目サヨリ科

北海道南部以南の日本各地沿岸に分布。全長40㎝。サンマに似た細長い体形で、下アゴがまるで1本のトゲのように長く伸びるのが特徴。沿岸の表層を群れで回遊する。砂浜からでもウキ釣りの外道で掛かることがある。

シイラ

◎スズキ目シイラ科

側偏し、すらりとした体形の魚で大海の表層を広く回遊する。10㎞を超す大ものもいる。ハリ掛かりした後の引きは強烈。中～小型は水温の高い時期に沿岸近くにも寄る。小型をペンペンと呼び、砂浜からのルアーフィッシングでねらうことができる。

サバ

→P104

◎スズキ目サバ科

独特の背の模様は暗緑色でやや細かく、腹側は美しい銀白色である。かなり大きな群れで大海の宙～表層を回遊し、中～小型は湾内の砂浜周りにも寄る。沿岸で釣れるサバは2種類。体側に不連続のくっきりした斑紋が見られるのがゴマサバ、見られないのがマサバだ。

スズキ

→P112

◎スズキ目スズキ科

日本沿岸に生息。全長100㎝。セイゴ、フッコ、スズキと成長するにつれて呼び名が変わる出世魚。春から夏にかけて沿岸近くに回遊する。汽水や淡水域までも入り込み、河川のかなり上流まで遡上することもある。流れ込みのある砂浜などでルアーでねらう釣り人が多い。

ソウダガツオ

→P116

◎スズキ目サバ科

日本各地の暖かい海の外洋に生息し、表層に群れを作って高速で泳ぐ。全長40～50㎝。ソウダガツオと呼ばれる魚には2種類あり、ヒラソウダとマルソウダに分けられる。外見は非常によく似ているが、ヒラソウダは体側の有鱗域が体の中央付近で急に細くなる。それに対して写真のマルソウダは、有鱗域が徐々に細くなるので見分けがつく。

タチウオ

→P120

◎スズキ目タチウオ科

東日本の沿岸域に分布。全長130cm。細長く平らな体型で銀色に輝くため、サーベルフィッシュと呼ばれることもある。日中は深場にいて、夜、浅いところにエサを求めて上がってくる。駿河湾など深場を間近に控えた砂浜からもねらうことが可能だ。

シマイサキ

◎スズキ目シマイサキ科

主に南日本以南に分布。内湾や河口付近に多く見られ、淡水域にも入る。吻（ふん）はとがり、尾ビレには不明瞭な黒色帯が縦に入る。体側の地色は白色で黒色の縦帯が4～7本走る。投げ釣りの外道として掛かってくる。

シマダイ

◎スズキ目イシダイ科

北海道南部以南に生息。岩礁帯を好む。イシダイの若魚で鮮やかな縞模様があり、内湾を群れで回遊する。沈み根が点在するような砂浜で、大型のシロギスねらいの投げ釣りや、ウキ釣りのクロダイの外道として掛かることが多い。

シロギス

→P108

◎スズキ目キス科

投げ釣りのメインターゲット。北海道以南に分布。全長35㎝。砂、または砂泥底を好んで棲み、ゴカイ・イソメ類が主食。海底付近を小さな群れを作って泳ぎ回り、漏斗（ろうと）状になる吻を伸ばしてエサを捕食する。捕食活動は基本的に日中で、夜間は寝ている。

ホウボウ

◎カサゴ目ホウボウ科

北海道南部以南の日本各地沿岸に分布。砂地や砂泥底を好んで棲む。全長は最大で45㎝ほどになる。大きな胸ビレの下部が脚状になっていて、これで海底を這いまわる。

トラギス

◎スズキ目トラギス科

全長20㎝前後。沿岸のやや浅い砂底や砂泥底に棲む。砂浜や堤防からの投げ釣りでよく掛かる。一見ハゼのように見えることからトラハゼの俗称もある。頭部に鮮やかな青色の筋模様があるのが特徴。

ボラ

◎ボラ目ボラ科

全長は20～70㎝。北海道以南の日本各地沿岸に分布。外海から内湾、汽水域など、幅広い環境に対応できる。いわゆる出世魚で、ハク、オボコ、イナッコ、イナ、ボラ、トドと成長するに従って呼び名が変わる。砂浜でもウキ釣りの外道としてよく掛かる。

ヒイラギ

◎スズキ目ヒイラギ科

全長は15㎝前後。投げ釣りなどでよく釣れる。本州中部から九州の沿岸域に生息。内湾や河口域の砂地または砂泥底を好んで棲む。魚体は粘着性のヌメリを帯びている。吻が伸びる形状で、海底のエサをその漏斗状の口で吸い込んで食べる。

マゴチ

→P132

◎カサゴ目コチ科

東北以南、南日本の沿岸域に分布。全長80㎝。体に比べて幅広い頭部はまるでヘビのよう。体色は濃茶褐色。水深30m以浅の砂泥地、岩礁交じりの砂地に好んで棲む。単独で行動し、海底にほとんど埋もれるようにして潜み、目の前に現われたエビ類、小魚などに襲いかかって捕食する。

ヒラメ

→P128

◎カレイ目ヒラメ科

北海道以南の日本各地沿岸に分布。全長100㎝。体形は縦扁し、片側に両方の眼がある。カレイと比べると口が大きく鋭い歯が並んでいるので見分けやすい。砂地、砂礫底、岩礁帯の海底に潜み、主に小魚類を襲って捕食する。

メゴチ

◎スズキ目ネズッポ科

全長10～25㎝。トビヌメリ、ネズミゴチなどを、メゴチ（関東）やガッチョ（関西）と総称している。砂浜からの投げ釣りでは必ずといっていいほど掛かってくる。ヌルヌルとした粘液で魚体が覆われているが美味。

マダイ

→P136

◎スズキ目タイ科

日本各地に分布。全長100㎝。体高のある美しい魚体はタイ科ならでは。体色は淡紅色で、背側を中心に鮮やかな青い小斑点が散在する。水深10～100mの岩礁帯や砂泥底を好んで棲む。産卵期は関東では5~6月頃。「乗っ込み」といって産卵前に浅場で荒食いする。砂浜からは主に投げ釣りでねらう。

クロメジナ

メジナ

◎スズキ目メジナ科

北海道以南に分布。磯釣りの人気ターゲットだが沈み根のある砂浜でも釣れる。釣りの対象となるのはメジナ（口太）とクロメジナ（尾長）の2種。両種はよく似るが、最も簡単な見分け方はエラブタの縁が黒いものがクロメジナ。習性も異なり、メジナに比べクロメジナのほうが外洋性が強い。

マダコ

→P140

◎八腕目マダコ科

本州北部以南の沿岸域に分布。全長60㎝（腕の長さ含む）。8本の腕（近年の研究では3対の腕と1対の足）がある軟体動物。体色は黄色味を帯びた褐色や赤褐色など、生息環境による差がある。岩の割れ目や砂地の穴などに巣を作って棲む。砂浜からはタコテンヤやタコジグなどをキャストしてねらう。

メッキアジ

◎スズキ目アジ科

ギンガメアジ、カスミアジ、ロウニンアジなどの若魚、幼魚を総称してメッキアジと呼ぶ。黒潮に乗って本州沿岸にたどり着き、冬には死滅するので死滅回遊魚ともいわれる。主にルアーでねらう。

ハゼ（マハゼ）

→P124

◎スズキ目ハゼ科

北海道南部以南に分布。全長25㎝。幼魚時代は河口から河川に入り、汽水域というよりも淡水域まで入り込むこともある。1年で一生を終える年魚。河口に隣接するような砂浜からウキ釣りや投げ釣りで楽しめる。

危険な外道たち

ヒガンフグ

◎フグ目フグ科

日本国内では毎年、ふぐ調理師免許を持たない人が調理したフグを食べて食中毒事故が発生している。基本的にフグの仲間が釣れたらすべて逃がすように心掛けたい。ヒガンフグのように大型になるものは、ハリ外しの際、指をかまれないように注意したい。

ゴンズイ

◎ナマズ目ゴンズイ科

ナマズのようなヒゲを持つ魚で、夜の投げ釣りで釣れる機会が多い。背ビレと左右の胸ビレにあるトゲには毒があり、刺されるととても痛いので要注意。

ウミケムシ

◎ウミケムシ目ウミケムシ科

投げ釣りのエサに用いられる虫エサ類と同じ多毛類だが、体表に多数の剛毛があり、刺されると痛む。水深のある場所でシロギスやマダイをねらっているとハリ掛かりしてくる。釣れたらハリスの途中で切ったほうが無難。

ウツボ

◎ウナギ目ウツボ科

千葉県以南の外洋に面した岩礁帯に隣接する砂浜で釣れることがある。ウツボは鋭い歯を持ち、噛まれると危険なので要注意。小さな子供には絶対触らせないように気をつけたい。

アカエイ

◎トビエイ目アカエイ科

エイは一般的な魚（硬骨魚類）ではなく、軟骨魚類に分類されている。夜の投げ釣りや、ルアー釣りでよく掛かる。尾の棘（とげ）に毒バリがあるので要注意。トゲを切って持ち帰る人もいるが危険なので真似しないように。

アイゴ

◎スズキ目アイゴ科

東北以南に分布。沿岸の海藻の多い岩礁帯に生息。体形は平らで体色は茶黄褐色だが、生息域によりかなり変化する。美味だが、ヒレの毒トゲに注意したい。

ハオコゼ

◎カサゴ目ハオコゼ科

全長10㎝ほどの小さな魚で、一見可愛らしくも思えるが、トゲに猛毒があるので要注意。ハリ掛かりしたら必ず、メゴチバサミとハリ外しを使ってハリを外すようにしたい。

目次

●SURF FISHING TARGET GUIDE
ターゲット別徹底攻略法

●COLUMN

構成　時田眞吉
BOOKデザイン　佐藤安弘（イグアナ・グラフィックデザイン）
イラスト　堀口順一朗

SURF FISHING BASIC GUIDE

釣行前に知っておきたい 基本中の基本

砂浜で釣りを楽しむために、知っておきたい基本的な知識がある。
以下のコンテンツを理解・実践できれば、砂浜の釣りデビューの日や、
初めてのターゲットでも、よりスムーズに釣りを楽しめるだろう。

- 砂浜って、どんなところ
- 用意したいアイテム
- マスターすべき結び方
- 釣った魚の持ち帰り方
- 知って便利な海釣り用語

SURF FISHING BASIC GUIDE

釣行前に知っておきたい基本中の基本

砂浜って、どんなところ

砂浜とひと口にいっても、さまざまな形態がある。水深の違いや干満で現われる浜、外洋に面していたり、湾奥の小さな浜など。ここでは、どんな砂浜があって、どんなところがポイントになるのかを解説する。

日本の海岸線の37%を占める砂浜。そのほとんどが海釣りのフィールドだ

砂浜海岸という言葉がある。砂礫や泥によって形成された海岸の総称で、磯などは岩石海岸と呼ばれている。日本の海岸線の総延長は約3万5000km。このうち砂浜海岸は約1万3000km。総延長の約37%が砂浜ということになる。

本書のフィールドである砂浜とは、この砂浜海岸を差す（以下、砂浜と略する）。

砂浜にはそれぞれ目に見えて分かる違いがある。細かい砂で構成された、文字どおりの砂浜は比較的波の穏やかな遠浅の地形をしている。

小石の砂利浜は、外洋に面した場所に多く波打ち際の先からドン深で遊泳禁止になっていることが多い。

さらに石の大きなゴロタ浜（人の頭大～車ほどの大きさの岩が敷き詰められた海岸）というものもある。陸に見られる石や岩はそのまま海中へと続いていることが多く、砂浜というよりも岩礁帯の特徴が強いため、本書では砂浜の定義外とした。

逆に、潮の干満で河口部などに現われる砂泥地の干潟は砂浜に含むものとする。

広大な砂浜では、あらかじめ魚が集まりやすいポイントを知っておくと効率よく探ることができる。ポイントの目安は4つで、まず海中にある障害物。干潮時に偏光グラスをかけて砂浜の少し高いところから観察すると、青白い砂地の中に黒々とした根や藻場が確認できる。これらは魚の付き場となるほか、潮の流れに変化を生み、エサが溜まりやすい。沈み根や藻場の際、根と

砂浜のポイントの目安

×＝ポイント

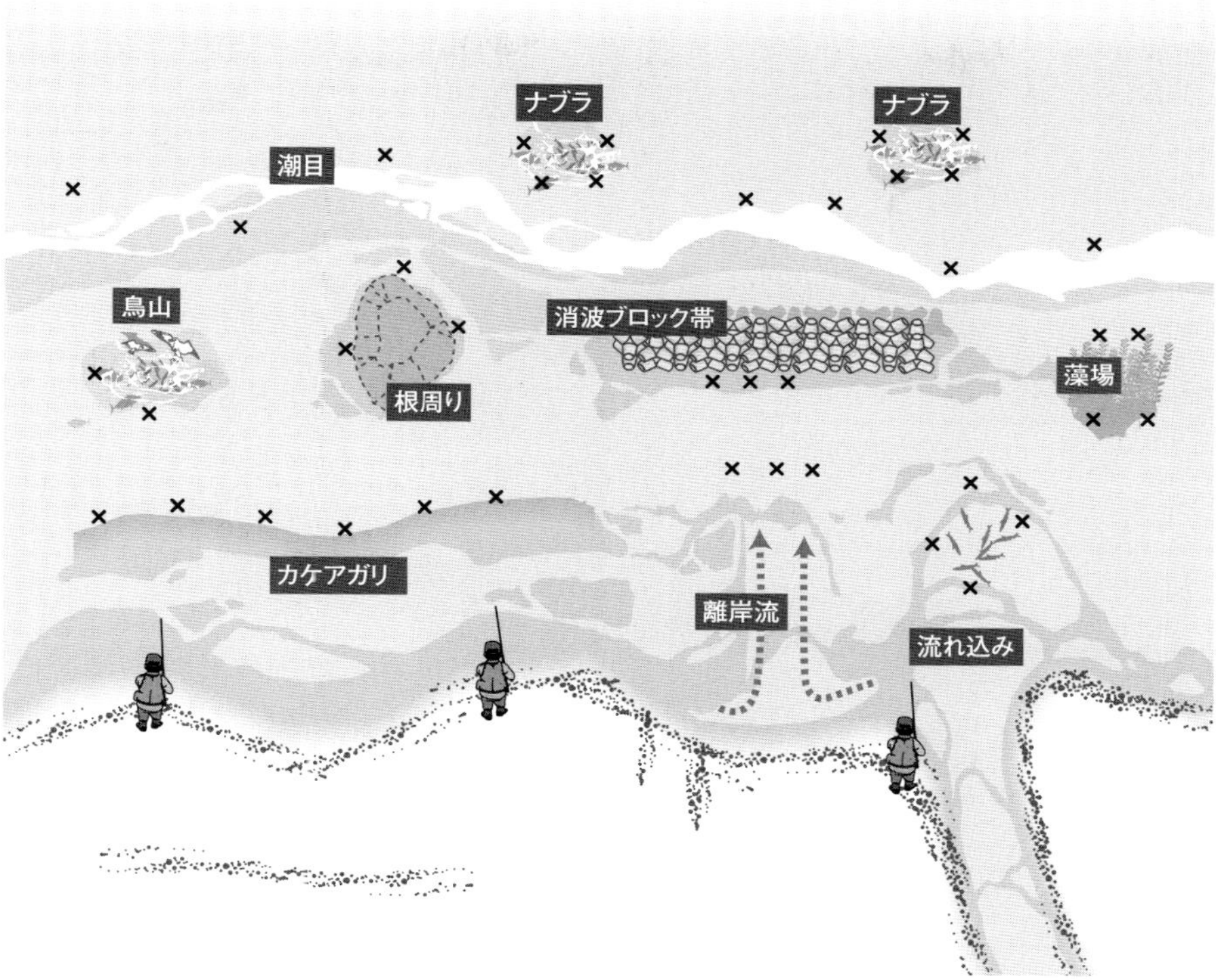

根の間の溝などがポイントとなる。

２つめは砂浜の地形。海岸線を俯瞰《ふかん》すると、岬状に出っ張っている部分と、逆に砂浜が侵食されて凹状になっている部分があるはず。凹状の部分は、海岸線に波が押し寄せ、沖に戻る時の引き波で砂が運ばれている証で、離岸流が発生していると考えられる。

さらに波打ち際を注意深く観察すると、離岸流が発生しているポイントでは、その強い引き波に細かい砂がさらわれて砂の粒が荒くなっていることが多い。また、離岸流の海面は波が立ちにくく、サラシの泡や濁り、ゴミなどが沖へと運ばれていることが多い。

離岸流は潮の流れで魚の付き場となるうえに、これを利用して仕掛けを沖のポイントへと流すことができるので釣り人は広範囲を探ることが可能となる。

また、離岸流が起こりやすいところでは砂浜のすぐ沖に消波ブロックが設置されていることも多い。このブロッ

外洋に面した砂利浜は、水深があり潮通しもよいので回遊魚ねらいにおすすめ

細かい砂で形成された砂浜は穏やかな海域に多く、シロギスの投げ釣りには最適

大きな石や岩で形成されたゴロタ浜は、どちらかといえば岩礁帯の釣り場

河口などに広がる干潟ではノベザオでハゼ釣りが楽しめる

ク自体も魚に絶好の隠れ場所を提供しているのでねらいめだ。

3つめは海底の変化。これは波の立ち方を観察したい。沖から打ち寄せる波が決まって盛り上がる場所があるはずだ。その下はカケアガリがあり、浅場にぶつかった波が大きく膨らんでいるのだ。そして、波立ちの沖が深くなっているため、魚の通り道になっていることが多い。またカケアガリ自体が1つの壁、すなわち根と同じ効果を発揮しているため、急激であればあるほど魚は付きやすい。

水深が深くて海底のようすが分からない場合は、水色がぐっと濃くなるところがカケアガリと判断すればよい。基本的には砂浜と平行してカケアガリは形成されている。シロギスやカレイの投げ釣りではヨブと呼ばれる、海底の砂が潮の流れで凸凹になっている場所もポイントとなる。

4つめは、砂浜の沖に現われる変化。離岸流と沖を通る潮がぶつかる潮

離岸流の見つけ方

沖を流れる潮と離岸流が
交わる部分はエサが
溜まりやすい
沖の潮流
沈み根
離岸流の際には泡やゴミなどが
流れていたり、
さざ波が立っていたりする
離岸流が沈み根などの
障害物とぶつかると、
その周囲にエサが溜まる
砂浜の水際が凹んでいるところや

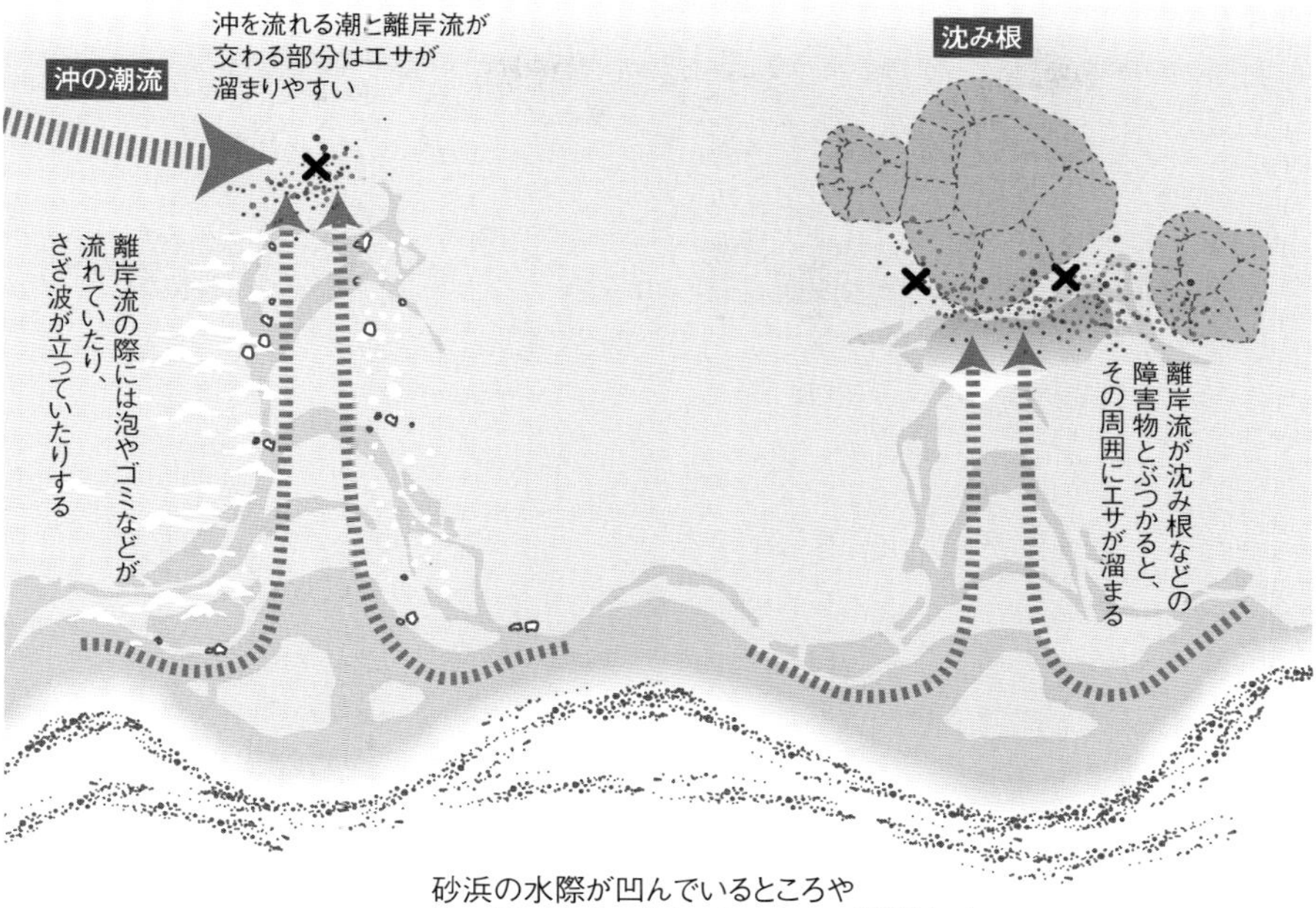
砂の粒が荒く、大きいところは、離岸流が
発生している可能性が高い

目や、その潮目に集まった小魚をねらって回遊魚が捕食する時に起こるナブラ、海面へと追われた小魚をねらう海鳥が集まる鳥山などだ。

特に回遊魚をターゲットにする場合、ナブラや鳥山は格好の目安となる。ただし、ナブラや鳥山が立っているところに仕掛けを直接投げ込むと魚が散ってしまうこともあるので、その先をねらうこと。また、いずれも朝夕マヅメに起こりやすいことも覚えておきたい。

最後に注意点を1つ。海の方向から風が強く吹いている時はウネリも高くなり、砂浜での釣りは危険が伴うので控えること。特に遊泳禁止となっているようなドン深の砂利浜などでは大きな波が打ち寄せる。いったん海が荒れた後にウネリが収まれば、適度な濁りが入って最高の条件になることが期待できるので、それまでは釣行を避けよう。

SURF FISHING BASIC GUIDE

釣行前に知っておきたい基本中の基本

用意したいアイテム

大自然の中で楽しむ釣りは、砂浜といっても気温の寒暖や降雨など、服装にも注意が必要。また、ねらうターゲットによっても必要なアイテムは変化する。ここでは、砂浜の釣りで必ず持参したい装備やアイテムを紹介したい。

クロダイをねらうウキ釣りのスタイル。ロッドケースにバッグ、そして撒きエサを入れるバッカンも必要だ

砂浜は危険な場所ではないが、動きやすいスタイルと、できれば万が一に備えてライフジャケットを装着していると心強い。日陰や物陰がない場所がほとんどなので、夏場の暑さ対策、冬場の防寒対策もしっかり忘れずに。また釣りのスタイル以外に、砂浜で釣りを楽しむために必要なアイテムも紹介しておく。

帽子、偏光グラス

日差しが強い夏はもちろん、四季を通じて帽子と偏光グラスは必需品。偏光グラスは、見た目は色を付けただけの安価なサングラスに似ているが、水面のぎらつきをカットしてくれる。少し高価だが目の保護にもなるし、水中が非常に見やすい。

長袖シャツ&長ズボン

遮蔽物のない砂浜では直射日光を受けるだけでなく、水面からの照り返しも強い。日焼けは体力の消耗を早めるので、夏でも薄手の長袖、長ズボンが

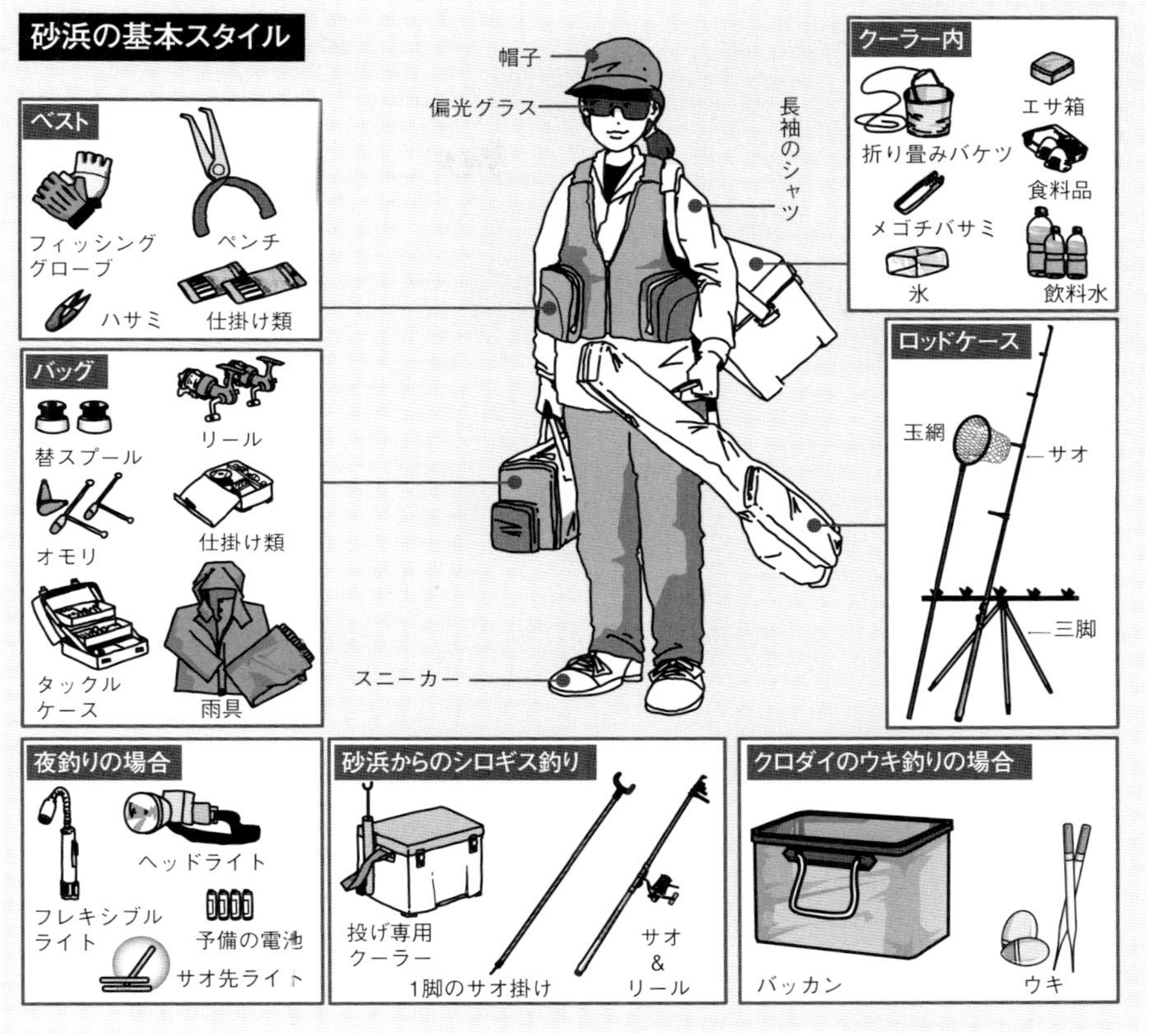

おすすめ。

スニーカー

波打ち際は足元が濡れるのでフィッシングブーツなどでもよいが、転倒などで中に海水が入ると大変危険。そのため、できれば動きやすいスニーカーなどがよい。足裏に隙間ができるサンダル類は、欠けたガラスや貝殻の破片などでケガをすることもあるので避けたい。

ロープ付き水汲みバケツ

寄せエサを使用するウキ釣りやカゴ釣りなどでは必需品。回遊魚などの血抜きをする時にもあると便利だ。

タオル

手拭き、魚をつかむ、日よけ、止血など、いろいろな場面であると便利。複数枚用意しよう。

メゴチバサミ、ペンチ

魚の硬い口に掛かったハリは意外に外しにくい。ヌメリのある魚やヒレに毒がある魚はメゴチバサミで挟み、先細のペンチでハリをつまんで外す。

クーラーボックス

　魚を持ち帰るためだけではなく、飲み物や食料の保冷ボックスにもなる。また、シロギスやカレイの投げ釣りでは、エサのイソメ類を保冷し活きを保つためにも必要だ。

　シロギス釣りでは10～12ℓの小型で、テンビンオモリなどの収納カバーやサオ受けなどを装備した投げ専用クーラーも市販されている。

　通常なら、各種エサ、飲食物、氷などが余裕を持って収納できる18～20ℓを標準サイズとしておすすめしたい。

広大な砂浜を探り歩くルアー釣りでは、必要最低限のアイテムで機動力を重視したい

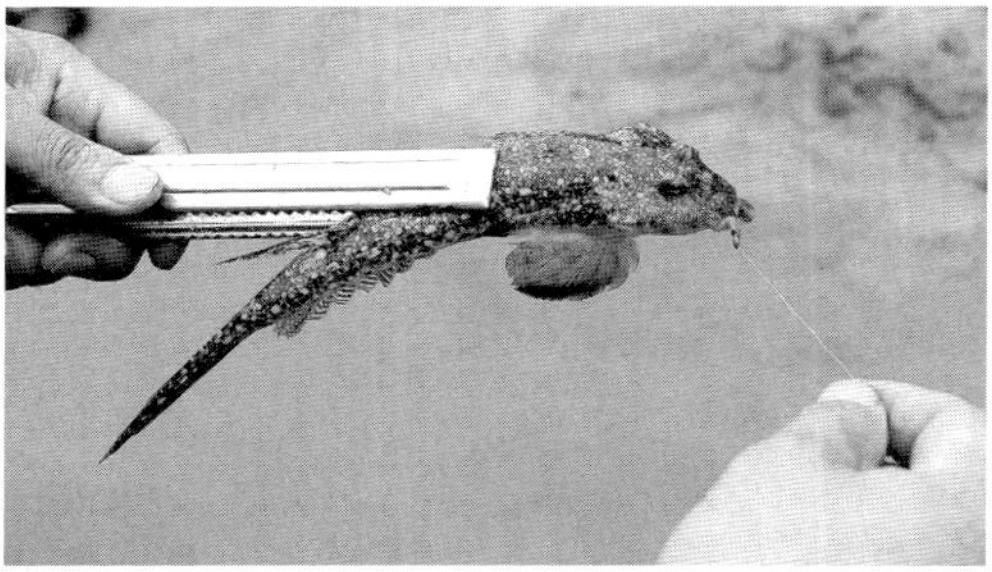

投げ釣りで重宝するのがメゴチバサミ。ヌルヌルの魚体も安心してつかめる

サオ掛け

　砂浜に直接タックルを置くと、サオやミチイトが傷ついたり、リールの故障の原因にもなるので、サオ掛けに置くこと。砂浜では刺して使用する1脚式（1本足タイプ）がおすすめだ。

ロッドケース

　釣りザオやサオ掛けを入れる細長いバッグ。使わないサオは片付けておけるし、サオの持ち運びに便利。長さがいろいろあるので、サオの仕舞寸法よりも長いものを選ぼう。

釣りバッグ

　リール、使用するオモリ、仕掛けなどを収納するバッグ。防水タイプなら雨の日でも気にならない。大きなフタ付きのものが道具を取り出しやすい。

バッカン

　ウキ釣りのクロダイなどでは、配合エサとオキアミを混ぜて撒きエサにす

大切なタックルを守るためにも、サオ掛けは必需品。砂に刺して使用する1脚タイプがおすすめだ

砂浜を移動して探るシロギスの投げ釣りでは、サオ掛けやアイテムが収納できる専用クーラーも用意されている

ルアー釣りで使用するフィッシュグリップも便利

るので、それらを収納する入れ物(バッカン)が必要になる。サイズは36〜40㎝の大きさなら問題ない。

フィッシュグリップ

ルアー釣りなどで、釣れた魚の口を挟んで保持する器具。ハリを外す際、暴れてヒレやエラなどで手を傷つけないようにするためのもの。魚に直接触れることがないので、元気よくリリースできるメリットもある。

タックルケース&バッグ類

ルアー釣りなど、必要最低限の荷物で移動しながら釣る場合は、ルアーを収納できる小型のタックルケースを、ルアーの種類別に揃えてショルダーバッグなどに収納しておくと使い勝手がよい。最近では収納スペースを重視したライフジャケット一体型も市販されているので、これを利用するのも手だ。

SURF FISHING BASIC GUIDE

釣行前に知っておきたい基本中の基本

マスターすべき結び方

イトとイト、イトとハリ、イトと接続具など、これらの結び方は、釣りをするうえで必須のものだ。ここでは比較的簡単で、代表的なものをピックアップした。これだけマスターできればまずOK！

チチワ&ぶしょう付け（サオとの結び）

●ノベザオのリリアン穂先などにミチイトを接続するための結び。
まずミチイトの先に大小のチチワを作りぶしょう付けで接続する

チチワ結び

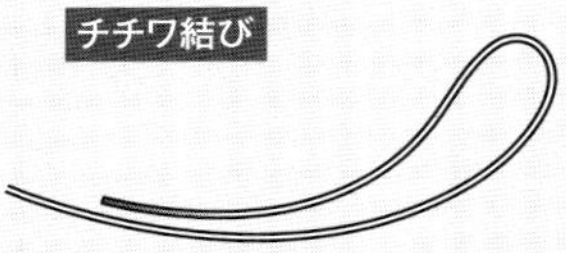

① ミチイトを
折り返す

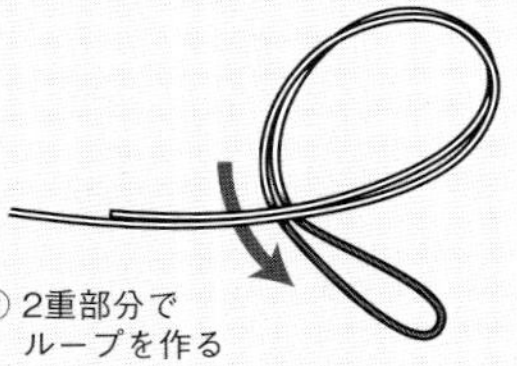

② 2重部分で
ループを作る

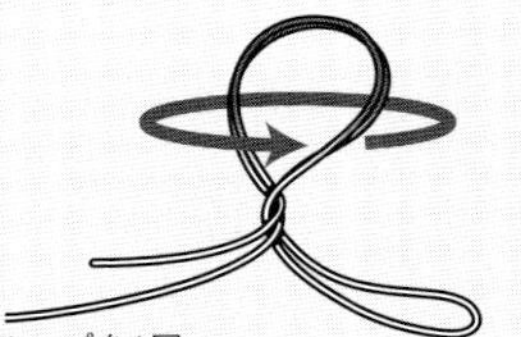

③ ループを1回
ひねって輪を作る

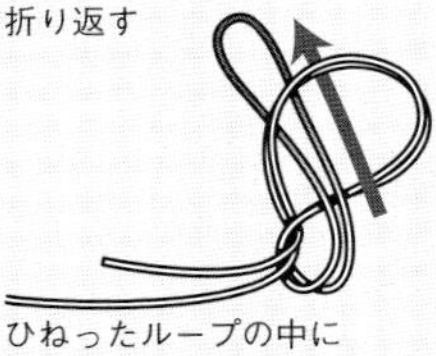

④ ひねったループの中に
折り返し部分を通す

⑤ 結び目を
ゆっくりと締め込む

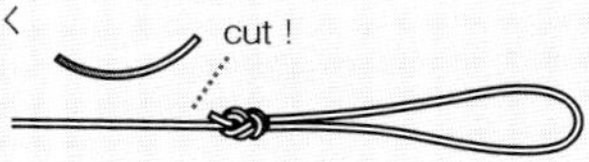

⑥ 余りを
切れば完成

ぶしょう付け

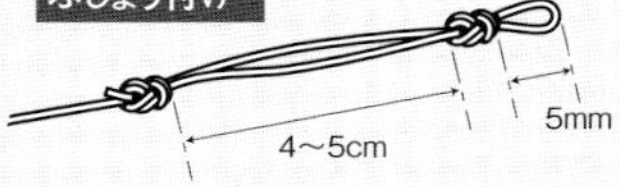

① 引きほどき用とチチワ止め用の
大小2つのチチワを作る

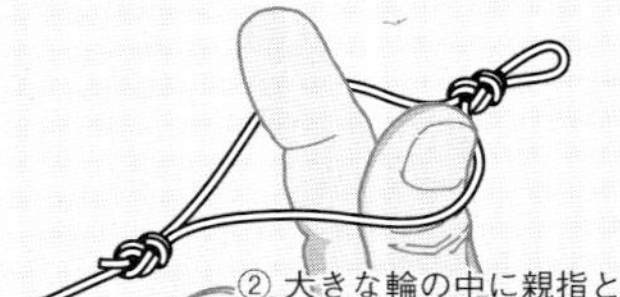

② 大きな輪の中に親指と人差し指を
差し込んで2本の中心イトをくくり取る

③ リリアン穂先に通す。ここでイトを
引き絞って止めれば普通のぶしょう付け完成

④ ほどくときは小さなチチワを
引っ張ればよい

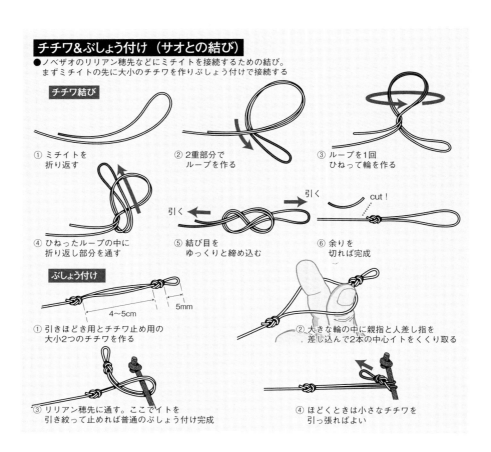

ダブルクリンチノット（接続具との結び）

●簡単かつスピーディーに行える結び方。サルカンの環にイトを二度くぐらせる。
一度しかくぐらせないものはクリンチノットという

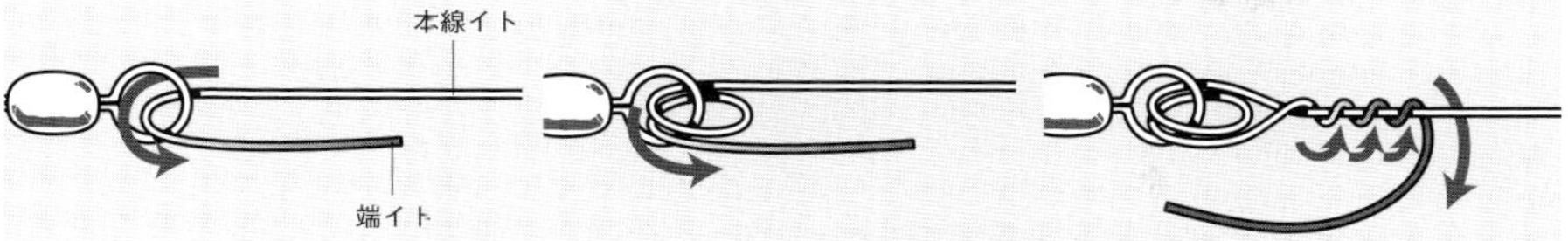

① 図のように
イトを通す

② さらにもう一度
イトを通す

③ 端イトを本線イトに
3回ほど巻きつける

④ 2つの輪に
端イトを通す

⑤ 端イトを折り返すように④で
できた輪に通す

⑥ 本線イトと端イトを引き締め、
余りを切れば完成

ユニノット（接続具との結び）

●サルカンへの結び方としては、クリンチノットと並んでポピュラー。
さまざまなジャンルの釣りで活用されている

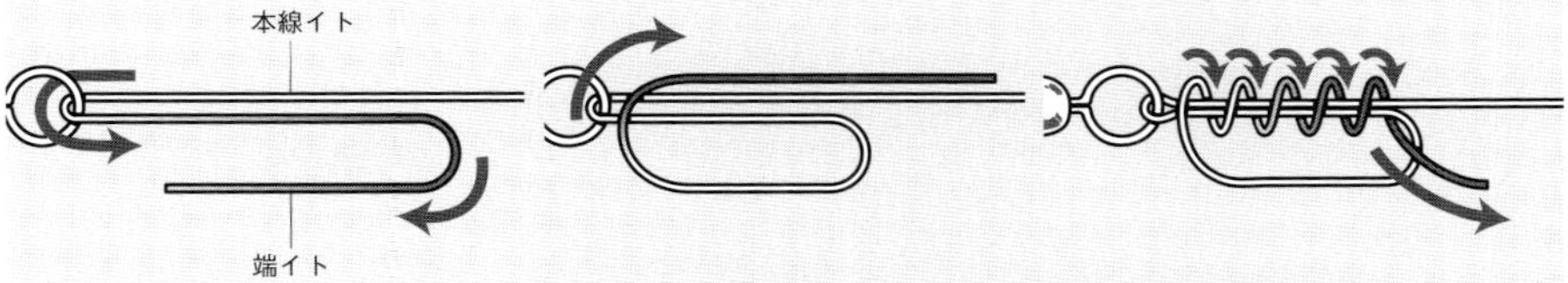

① 図のようにイトを通し、
端イトを折り返す

② 2本のイトに端イトを
交差させて輪を作る

③ 本線イトと端イトの輪に
5回前後巻きつけていく

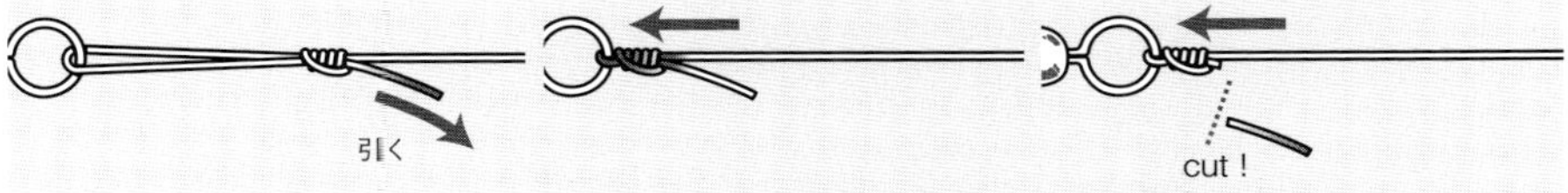

④ 端イトを軽く引き締めて
結び目を作る

⑤ 本線イトをゆっくり引き締めて
結び目を移動＆固定する

⑥ 余りを
切れば完成

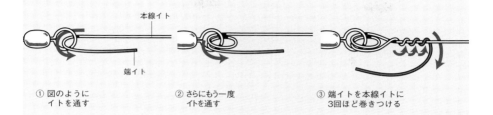

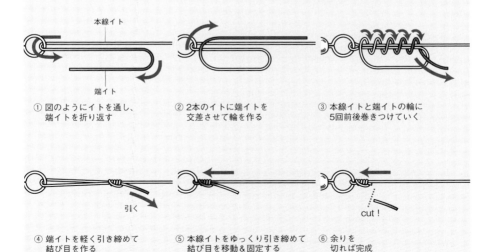

ループノット（接続具との結び）

●ルアーのアイから離れた位置に結び目が作れるため、自由にルアーが動く。
スナップがない時はこの結び方がおすすめ

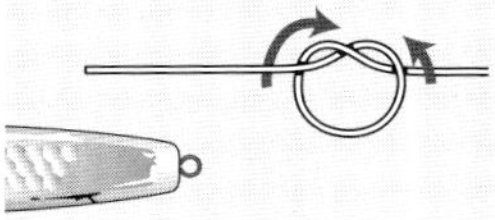

① イトにあらかじめ
片結びのもと（輪）を作る

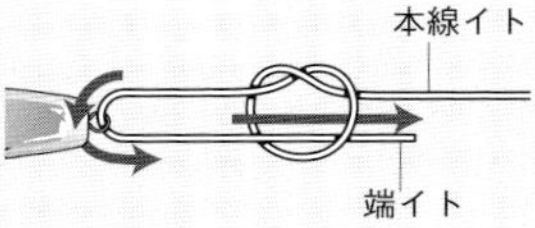

② イトをアイに通してから
①の輪に入れる。この時点では
投げなわ結びの形になっている

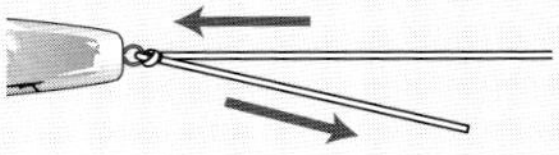

③ 端イトを軽く引き、一度アイの
根元に固定する

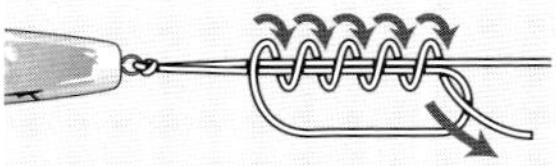

④ 端イトで図のように
ユニノットを行なう。この時、
アイとユニノットまでの
距離で完成時のループ幅が
決まる

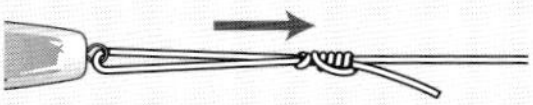

⑤ 端イトをゆっくり引き締めて
ユニノットの結び目を作る。
続いて本線イトをゆっくり
引き締めるとアイ付近の結び目が
ユニノット側に移動して一つになる。
余りを切れば完成

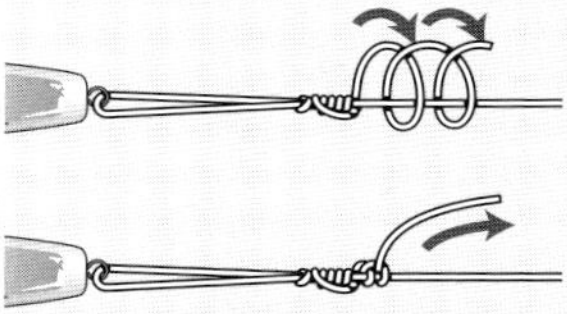

⑥ 補強したい時は必要に応じて
ハーフヒッチを数回行なう

外掛け結び（ハリとの結び）

●外掛け結びはハリを結ぶための基本。簡単に強い結び強度が得られる。
作りやすく覚えやすいのでビギナーにおすすめ

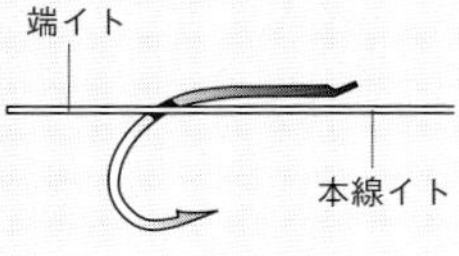

① イトを
ハリ軸に当てる

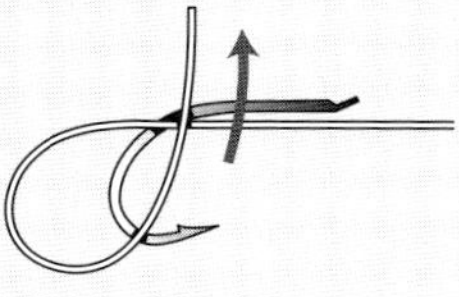

② 端イトで図のように
小さな輪を作り、ハリに
当ててからしっかり押さえる

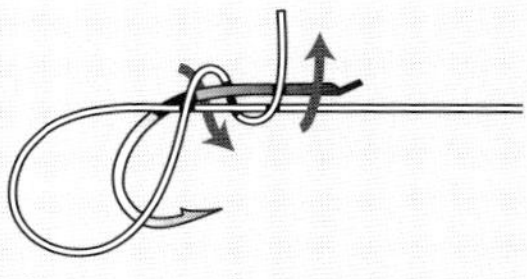

③ 輪をしっかり押さえたまま、端イトを
ハリ軸と本線イトに巻きつけていく。
本線イトを張った状態で行わないと、
本線イトがハリ軸からは外れたり回り
込んだりすることがあるので注意

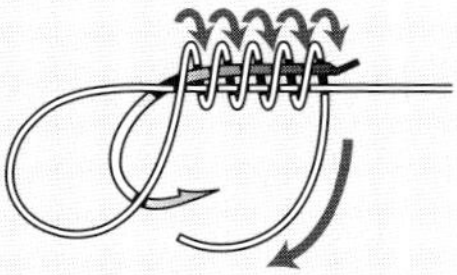

④ 巻く回数は
4〜6回

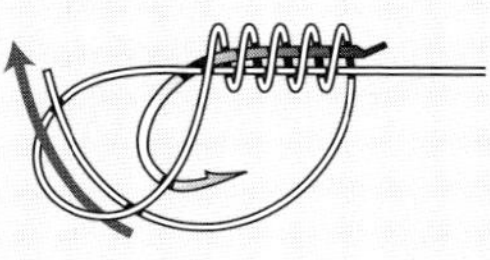

⑤ 端イトを折り返して②で
作っておいた輪に通す

⑥ 本線イトをゆっくりと引き締め、
端イトも締める。一度仮止めの状態
から、本線イトがハリ軸（チモト）
の内側から出るように調整し、
しっかりと締める。
余分なイトを切れば完成

ブラッドノット（イトとイトとの結び）

●結んだ端イトをぎりぎりでカットできるため、結び目が小さくできるのが特徴だ。
太さの近いイト同士で使用したい

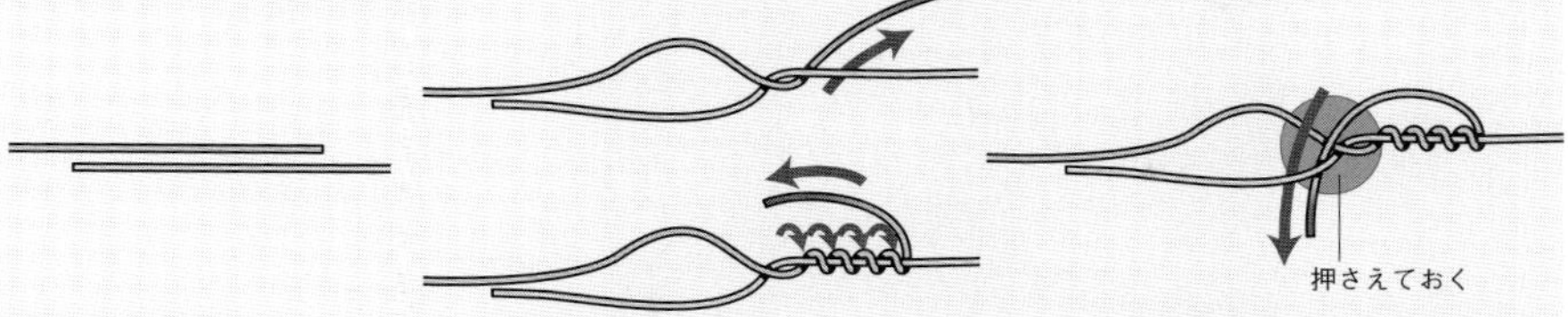

① イト同士を重ねる

② 片側のイトを図のように4~6回巻きつける。次に端イトを元の位置側に折り返す

③ イト同士が交差する最初の箇所に戻して間に通す

④ もう一方のイトも同じ回数で巻きつける。先端部は③と同じ位置に、ただし逆側から通す

⑤ 両側の端イトと本線イトを軽く引き、結び目ができる直前の状態にして…

⑥ 両側の本線イトをゆっくり引き締める。余りを切れば完成

電車結び（イトとイトとの結び）

●ナイロン同士、ナイロンとフロロカーボンなどを結ぶのに適している。
ウキ止メの結びにも応用される

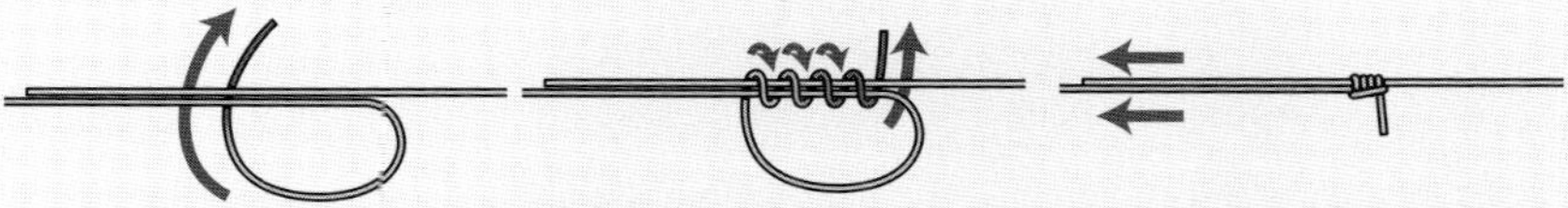

① イト同士を重ねて、一方の端イトで図のように輪を作る

② 輪の中に端イトを通し、3~5回通す

③ 左側の端イトと本線イトをゆっくり引き締めて結び目を作る

④ もう一方のイトも、同様に結ぶ

⑤ 結び目が2つできた状態

⑥ 左右の本線イトをゆっくり引き締めて結び目を1つにする。最後に余りを切れば完成

ウキ止メイトの結び方（電車結び）

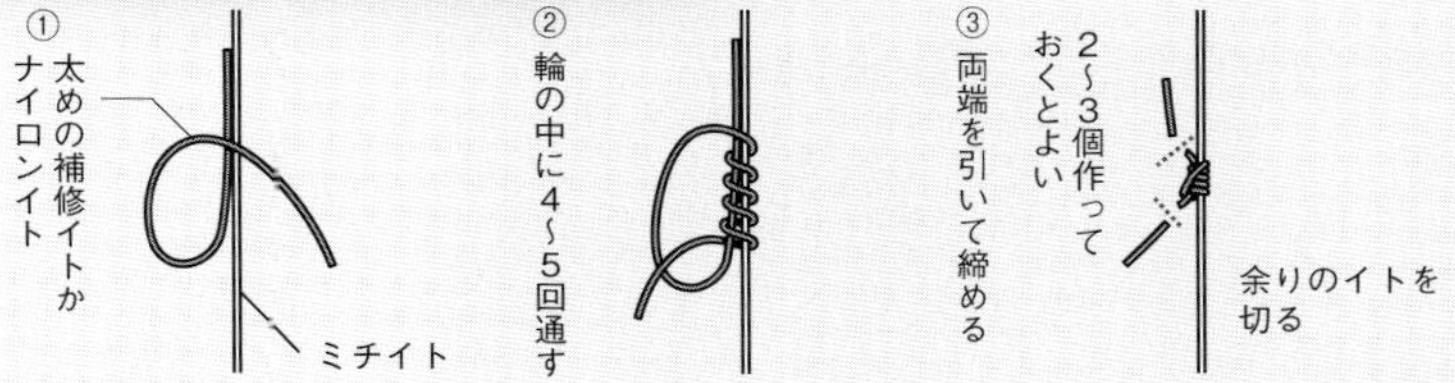

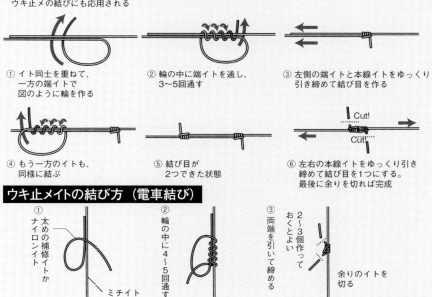

FGノット（イトとイトとの結び）

●ＰＥラインと他素材のリーダーをつなぐ、編み込み主体のいわゆる摩擦系ノット。
手早く確実に結ぶには慣れが必要だ

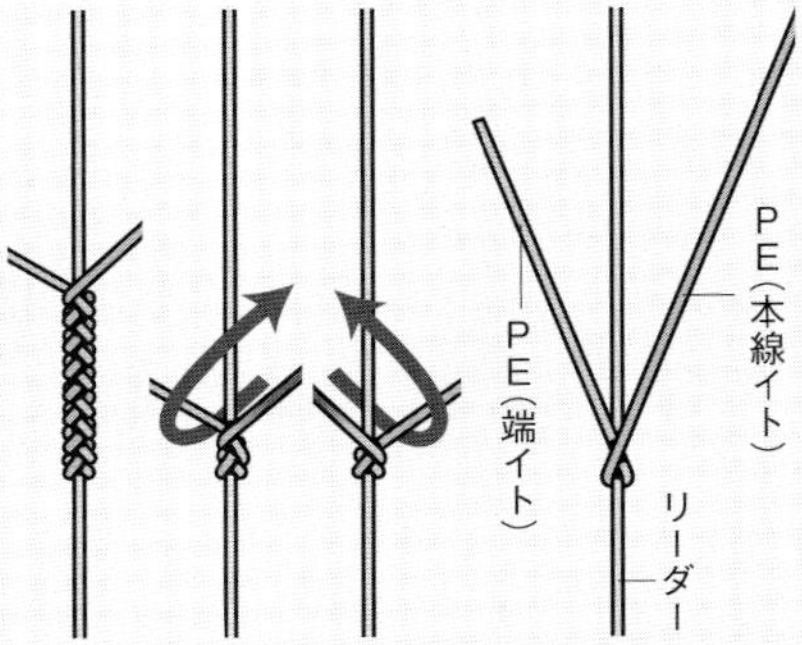

① リーダーにPEを10回前後編み込んでいく

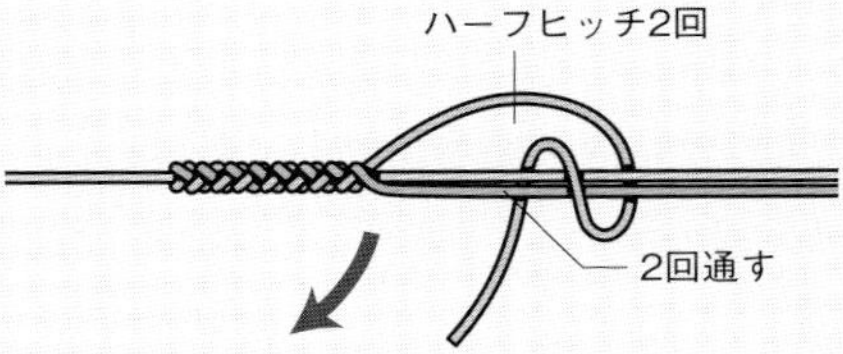

② PEの端イトで図のようにPE本線イト、
リーダーを巻き込んで一度留める

③ PEの端イトでふたたびPE本線イト、
リーダーを巻き込んでハーフヒッチ。
1回ずつしっかり締めながら10回同じ
作業を繰り返す

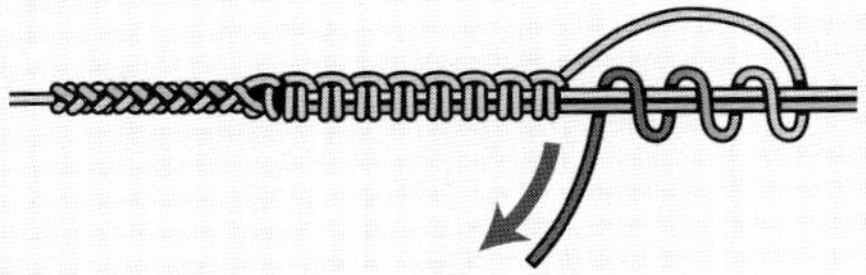

④ 最後は図のようにPEの先端で
リーダー、PE本線イトを3回巻き
込むようにして結ぶ

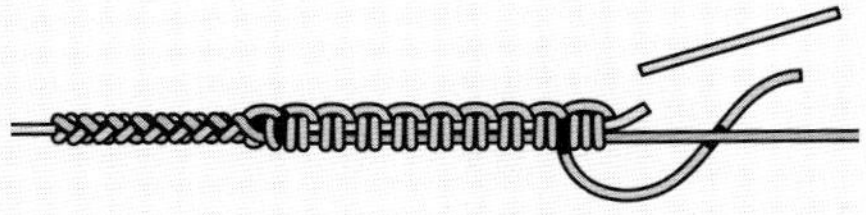

⑤ リーダー
を2mm残してカット

⑥ リーダーからPE本線をガードする
目的でPEを編みつける

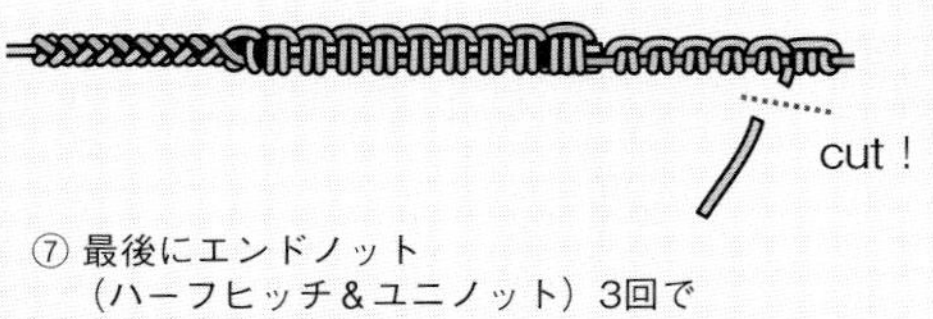

⑦ 最後にエンドノット
（ハーフヒッチ＆ユニノット）3回で
余りを切れば完成

枝スの出し方（イトとイトとの結び）

●8の字結びを応用した方法。簡単でしかも強度も得られる。
枝スを出す以外に幹イトと先ハリスを結ぶのにも利用できる

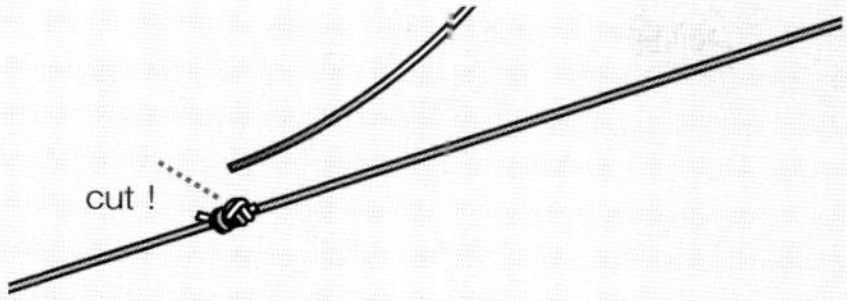

① ハリがなくなった枝スを結び目
ギリギリでカット

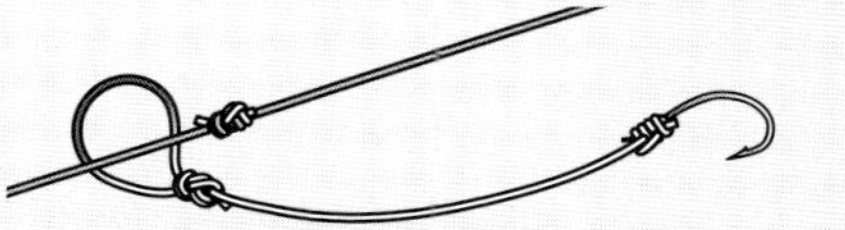

② イト付きバリの先端に8の字結びで
チチワを作る

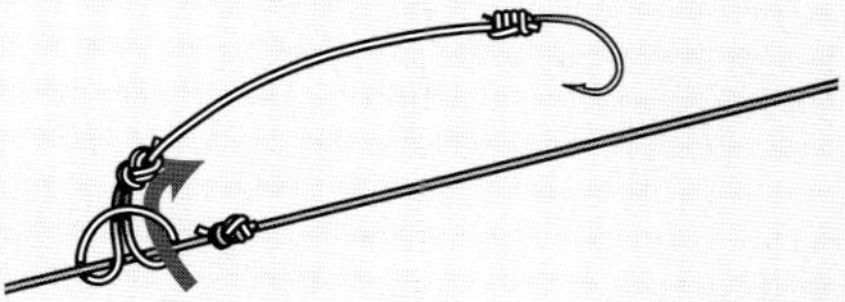

③ 結びコブの下側で
チチワに枝スを通す

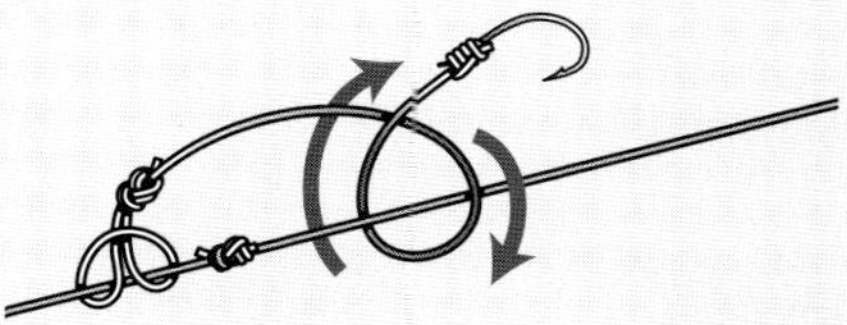

④ 結び目の上側に枝スを
図のように回す

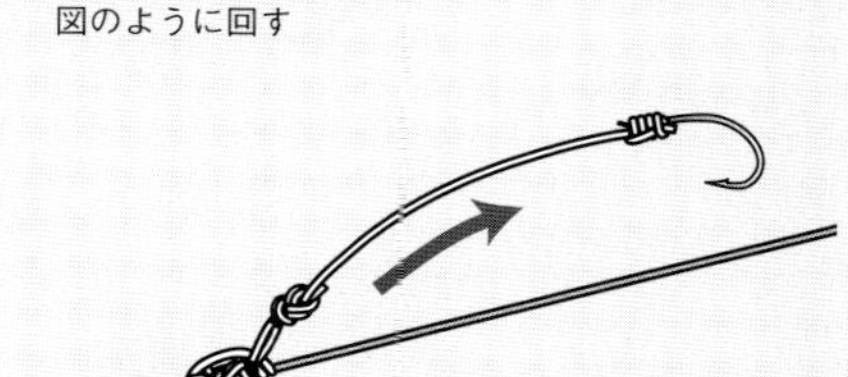

⑤ 枝スをゆっくり引いて結び目を
挟み込むようにしっかり締め込んで
完成

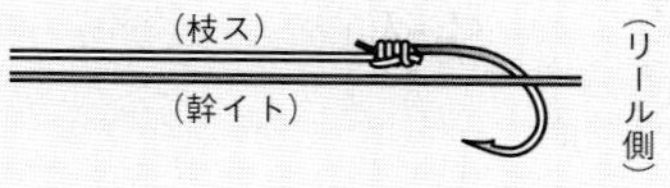

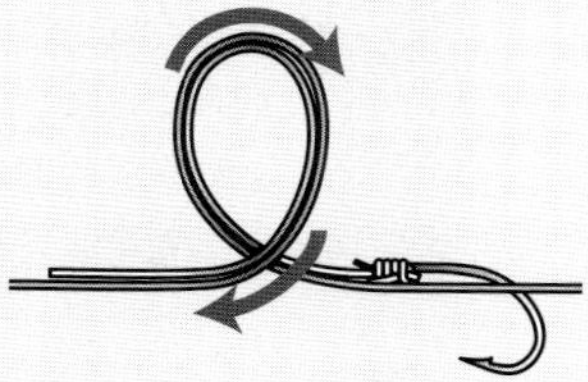

① 枝スと幹イトを重ねて輪を作る

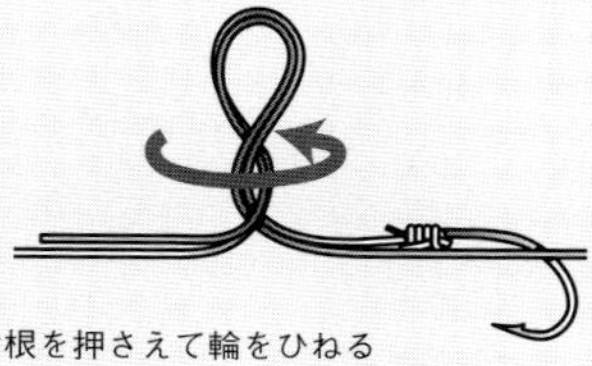

② 付け根を押さえて輪をひねる

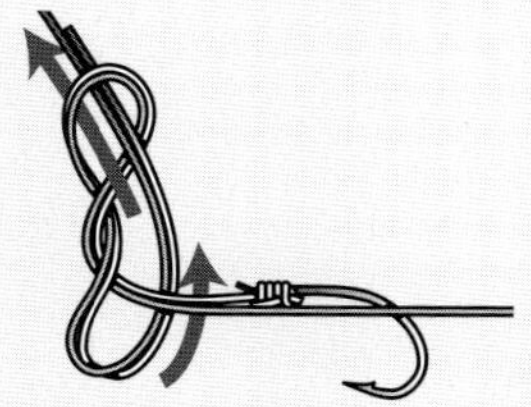

③ 先端の輪に両方のイトを通す

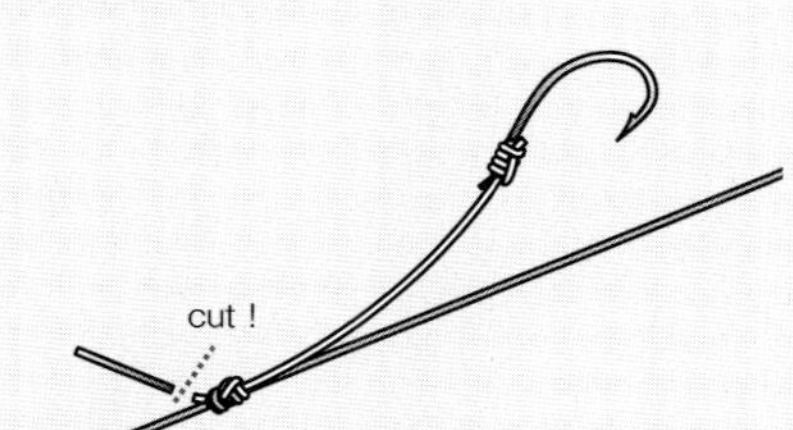

④ 各イトをゆっくりと引き締め、
余りをカットして完成

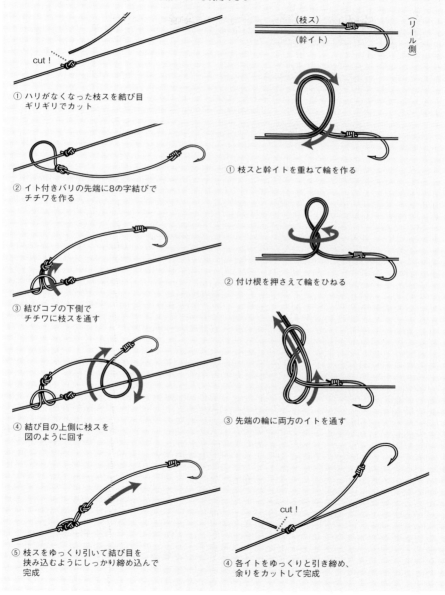

SURF FISHING BASIC GUIDE

釣行前に知っておきたい基本中の基本

釣った魚の持ち帰り方

魚は鮮度が命。釣ったばかりの魚でも、管理を怠ると台無しになる。盛夏はいうまでもなく、初夏から秋口までの気温が高い季節は要注意。せっかくのご馳走は美味しく持ち帰りたい。

1日に何回もない時合、こんなチャンスタイムは逃すまいと熱中した挙句、釣れたそばから魚を生暖かくなった海水のバケツに入れっぱなしにした経験はないだろうか？ 釣りに夢中になる気持ちはよく分かるが、せっかく釣りあげた魚だから、フレッシュに持ち帰り、おいしく調理していただこうではないか。

冷蔵保存用のクーラーも、ただ氷を入れておくだけでなく、その活用法は魚体の大小、魚種などによって、ひと工夫するのがキーポイントだ。

まずは大型魚の場合。クロダイなどは現場でスカリに入れて生かしておくケースも多いが、納竿して魚をクーラーに入れる前には、必ずフィッシングナイフなどを使って生き締めにしたほうが、より鮮度のよい状態で持ち帰ることができる。

生き締めとは、エラブタ下と尾の付け根の2カ所に刃を入れて中骨を切断

生き締めはエラブタ下と尾ビレ付け根の2カ所に刃を入れて中骨を切断し血抜きをする

背ビレなどでビニールが破けないように濡れた新聞紙などで包むとよい

小中型魚は、海水を氷で冷やしたクーラーの中にドブ漬けでもOK

する血抜きの締め方。これによって魚独特の生臭さがなく、身の透き通った状態をキープできる。

大型魚の部類に入るイナダやカンパチ、メジナ、スズキも同様に、生き締めの下処理が最良と思ってよい。また、サバやソウダガツオなどは、釣れたらすぐ首を折って（サバ折り）血抜きをするのが手っ取り早い。

生き締めにした魚は、粗く砕いたたっぷりの氷に海水を加えた海水氷に漬け込む。海水と氷の割合は20ℓ以内のクーラーボックスに対して2kgのアイスブロック1個を目安とし、容量の4分の1から3分の1ほど海水を注ぐ。氷が溶けるにしたがって海水の塩分が薄まるので、粗塩をひとつまみ程度加えるとよい。

さらに大切に持ち帰る保冷法としては、ビニール袋の密封をおすすめしたい。大型のビニール袋に魚を収納して口を縛り、海水氷か砕いた氷で氷漬けにする方法だ。この時、魚のヒレやエラなどでビニールが破けるのを防ぐために、海水で濡らした新聞紙等で魚を包んでからビニール袋に入れたほうが安全だ。

中小型魚も、魚種別の正しい保冷法を知っておこう。

落ちの時期を迎えたハゼは水を嫌う。汽水域の水っぽい薄い海水氷に入れてしまうと、身がふやけて味が落ちるので、ビニール袋に入れて氷に浸すか、凍らせたペットボトルで保冷するとよい。

そのほかアジやイワシ、サバなどは海水氷のドブ漬けがよく、現場を出発する際にはもう一度クーラーの中を確認し、氷が溶けていたら迷わず補充しておくことを忘れずに。

シロギスねらいで投げ釣りに出かけた時、困るのが外道のメゴチ、ヒイラギから出るベトベトの粘液。この場合シロギスとは別に、メゴチ&ヒイラギ専用ビニール袋で魚を分けるのが得策だ。

知って便利な海釣り用語

●あ行

【青もの（あおもの）】アジ、サバなど背部の青い回遊魚の総称。**【上げ潮】**干潮から満潮に向かう潮。込み潮などともいう。**【アタリ】**魚がハリの付いたエサを口にした時、サオ先やミチイト、ウキにあらわれる変化。**【アワセ】**サオをあおって魚の口にハリを掛ける動作。**【居食（いぐ）い】**魚がじっとしたままエサを捕食すること。動かないのでアタリが出にくい。**【居着（いつ）き】**季節移動などをせず一定の場所にい続ける魚のこと。**【イトフケ】**サオ先から海面までのミチイトのたるみ。**【ウキ下】**ウキからハリまでのイトの長さ。**【上潮（うわしお・じお）】**海面に近い表層部分の流れ。底層の流れを「下潮（したしお・じお）」と呼び、上潮と下潮の方向や速度が異なる状態が二枚潮と呼ばれる。**【上（うわ）もの】**表層や中層を泳ぐ魚の総称。代表的な魚にメジナなどが挙げられる。底層を泳ぐ魚を「底もの」と呼び、代表的な魚はイシダイなど。**【エサ取り】**エサだけ食べてハリに掛かりにくい魚の総称。外道を差す。**【エサ持ち】**ハリに付けたエサの状態。「エサ持ちがよい・悪い」などと言う。**【大潮（おおしお）】**干満による潮位差が最も大きくなる潮回り。満月または新月とその前後3、4日間に起こる。**【送り込み】**魚のアタリや引きに応じてサオやミチイトを出す操作。**【押さえ込み】**アタリでウキやサオ先がジワッと押さえられたまま動きを止めた状態。**【落ち】**浅場にいた魚が越冬などに備えて秋～初冬に深場へ移動すること。またその時期の釣りものを差して「落ちハゼ」などと言う。**【落ち込み】**海底が急に深くなる場所。釣りのポイントの目安。**【オマツリ】**仕掛けやミチイトが絡むこと。または絡んだ状態のこと。**【オモリ負荷】**サオやウキにとって適正なオモリの重量。オモリの号数、グラムによって表記される。

●か行

【カエシ】エサのズレや、ハリ掛かりした魚が外れることを防止するためにハリ先に設けられた逆方向の突起。カエシのないハリを「スレバリ」「バーブレス」などと呼ぶ。**【掛（か）かり】**ハリの刺さり具合。「掛かりが浅い」などと言う。または、海中にある岩などの障害物。**【隠れ根】**海面下に隠れている岩礁。「沈み根」「シモリ根」とも。**【カケアガリ】**海底が傾斜している個所。「急な（緩やかな）カケアガリ」などと言う。**【型】**魚のサイズ。または魚。「型がいい」は良型や大型の意味。「型を見る」は目的の魚が釣れたことを差す。**【カミツブシ】**イトを挟む溝を入れた柔らかい楕円状の小さなオモリ。**【ガン玉】**イトを挟む溝を入れた柔らかい球状の小さなオモリ。**【聞く】**魚が付けエサをくわえていないかどうか、サオ先でミチイトをそっと張って確かめること。**【汽水（きすい）】**河口周辺などの海水と淡水が混じり合った水。

河口部は「汽水域」の代表。**【魚影（ぎょえい）】**海中の魚の数、密度。「魚影が多い・少ない」と表現する。**【食い渋り】**魚がいるのになかなか付けエサを口にしない状態。**【消し込み】**ウキが海面下へ一気に引き込まれるアタリ。**【ケーソン】**堤防などを造る時に用いる函型の基礎工事用骨組み。その継ぎ目は魚が好む場所になる。**【外道（げどう）】**本来は仏教用語。本命以外の魚の総称。**【寄せエサ】**魚を寄せるためのエサ。

●さ行

【サオ下（さおした）】サオが届く範囲のエリア。**【刺しエサ】**ハリに刺すエサのこと。「付けエサ」とも言う。**【誘い】**仕掛けや付けエサを動かして魚の食い気を誘う動作。**【サビく】**仕掛けを巻いて魚の食いを誘うこと。**【サミング】**リールのスプールの端に軽く指を当て、ミチイトが出ていく速度・量をコントロールする動作。**【サラシ】**打ち寄せた波が消波ブロックや岩場などに当たって砕け、白く泡立った状態。**【時合（じあい）】**諸条件が重なって魚の食い気が旺盛になる時間帯。**【潮表（しおおもて）】**潮流がぶつけてくる側。反対側を「潮裏」と言う。**【潮変（しおが）わり】**上げ潮から下げ潮などへ移行する潮の変わりめ、または大潮から中潮などの潮回りの変わりめ。**【潮通（しおどお）し】**潮の流れ具合。「潮通しがよい・悪い」と言う。九州方面では「潮切れ」と表現する。**【潮止（しおど）まり】**満潮、干潮時などに流れが鈍くなること。またはその時間帯。**【潮目（しおめ）】**複数の潮がぶつかり、あるいはすれ違い、合流する境目。波立つ沖に細長く静かな海面が筋のように通っているところが潮目となる。プランクトンや小魚が集まるのでポイントになりやすい。**【時化（しけ）】**海が荒れること。**【シャクリ】**サオを大きくあおって仕掛けやルアーを動かし魚にアピールする動作。**【捨て石】**堤防を造る時にケーソンを安定させるために入れておく石。魚の付き場になる。**【スレ】**魚の口以外にハリが掛かること。魚の体がハリスなどに当たって出るアタリを「スレアタリ」とも言う。また「魚がスレる」と言えば、釣り人が多くて魚がスレッカラシになった状態を差す。**【ソコリ】**最干潮時。

●た行

【タダ巻き】変化をつけずに一定速度でリールを巻くこと。**【立ち込む】**海に入って釣ること。**【ためる】**サオを曲げて魚の引きに耐えること。**【タナ】**魚がエサを食ってくる水深。**【タナ取（ど）り】**ウキ下を調整してタナに合わせること。**【タモ】**玉網のこと。**【チモト】**チはハリの古語。ハリに最も近いハリス部分がチ・モト。**【釣果（ちょうか）】**釣りの成果。釣りあげた魚。**【釣り座】**サオをだすための場所。「釣り座をかまえる」などと表現する。**【渡礁（としょう）】**船で磯などへ渡ること。「瀬渡し」とも言う。**【ドラグ】**魚の引きに応じてスプールが滑り出しミチイトが自動的に出ていくリールの機能。

●な行

【ナギ】風や波がなく、海面がべったりとした状態。かすかなサラシもない状態を「ベタナギ」と言う。**【ナブラ】**魚食性の回遊魚が小魚を捕食するために追い回し、海面がバシャバシャと騒がしくなっているところ。またはその状態。「ナブラが立つ」などと言う。**【根（ね）】**海中にある岩礁。岩礁の状態により「沈み根」「隠れ根」「ハエ根」などと呼び分ける。**【根ズレ】**ミチイトやハリスが海中の根にこすれて傷つくこと。**【のされる】**魚の引きが強くてサオを立てられない状態。**【乗（の）っ込み】**魚が産卵準備のために深場から浅場へ入り込んでくること。早春から初夏にかけて乗っ込む魚種が多く、その時期には抱卵した大型が多く釣れる。

●は行

【場荒（ばあ）れ】釣り人が多く入りすぎることで魚が釣れなくなること。**【ハエ根】**磯の足下から張り出した岩棚。**【バックラッシュ】**仕掛けを投入する時、リールのスプール逆転速度よりも多くミチイトが飛び出し、もつれてしまうこと。それを防止するテクニックがサミング。**【払（はら）い出し】**沖へ出ていく流れ。「ハケ」とも言う。**【バラす】**ハリに掛かった魚を途中で逃がしてしまうこと。**【ハリス】**ス（素）はイトを意味する古語。ハリに結ぶイトだからハリ・ス。**【ヒット】**魚がハリ掛かりすること。**【ヒロ】**両手を広げた時の長さ。人によって長さは異なるが、単位としては約1・5ｍ。**【フッキング】**合わせて魚をハリ掛かりさせること。**【ヘチ】**「辺＝ヘチ」は、ほとりの意味。釣りでは堤防に沿った際などを差す。**【ポイント】**目的の魚が釣れそうな場所。または釣れた場所。

●ま行・や行

【マヅメ】日の出または日没前後の周囲が薄暗い時間帯。朝マヅメと夕マヅメがあり、魚が表層のプランクトンを捕食するため活発に動き出し、警戒心も和らいで大胆になるため、昔からの時合の目安とされる。**【向こうアワセ】**魚が動いて合わせなくてもハリ掛かりすること。**【矢引（やび）き】**弓を射る時の両手の間の長さ。ヒロと同じように人によって異なるが、一般的には80㎝前後。**【ヨリ】**イトが回転して縮れたようになること。またはその状態。ヨリ（縒り）を戻すのがヨリモドシの役割。**【ヨレ】**潮流がぶつかり合って海面がよじれたようになっている状態、またはその場所のこと。

●ら行・わ行

【ラインコントロール】サオを操作してサオ先からウキまでのミチイトをコントロールする技術。「ミチイト操作」のこと。風や表層の流れに乗ったミチイトのふくらみを修正する。**【ワンド】**小規模な湾状の地形。漢字で「湾処」と書く。流れが変化しやすく、寄せエサもたまりやすいので釣りでは好ポイントである。

SURF FISHING METHOD GUIDE

砂浜の釣りを満喫するための4釣法

砂浜の海では多彩な魚たちが待っている。
また、それぞれに適した釣り方がある。
そこで個別ターゲット解説の前に、
代表的な釣りのスタイルから紹介しよう

P.40

投げ釣り

砂浜といえば、
まずはこのスタイルから

P.48

ルアー釣り

広大なフィールドを
スピーディーに釣り歩く

P.54

ウキ釣り

目に見えるドキドキ、
ねらえるターゲットも多彩

P.60

カゴ釣り

沖の潮目をねらって釣ることが
可能な投げ＋ウキ釣り

投げ釣り

砂浜からの最もポピュラーな釣り方といえば、投げ釣り。入門者からベテランまで楽しめ、遠くのポイントまで広範囲を探ることができ、多彩な魚に出会えるチャンスがある。

砂浜からの投げ釣りといえば、最もポピュラーなターゲットがシロギスだ

投げ釣りは、海釣りの中でも最もポピュラーな釣りだ。「リールを使った初めての海釣りが投げ釣りだった」という人も多いだろう。実際、休日の砂浜や堤防にいる家族連れやカップルのほとんどは、投げ釣りを楽しんでいるように思う。これは投げ釣りが誰でも気軽に入門できる、親しみやすい釣りであることの証だろう。

●投げ釣りでねらえる魚たち

対象魚が豊富なことも投げ釣りの魅力の1つ。一般に関東地方では、投げ釣り=シロギス釣りというイメージで

広範囲を探ることのできる投げ釣りは広大な砂浜に適した釣り方であり、多彩なターゲットが期待できる

語られることが多いが、ポイントの形状や四季折々でねらえるターゲットも異なり、小ものから大型魚まで、何がヒットするか楽しみも多い。

さて、投げ釣りでねらえる魚にはどのようなものがいるのだろうか?

基本的に投げ釣りは、重いオモリを使って仕掛けを遠くに投げて釣るスタイルだから、底棲性あるいは底から数10㎝上を泳いでいるような魚がターゲットになる。

たとえば海底が砂地のエリアでは、シロギスやカレイ、イシモチ、キュウセン、メゴチなどをねらうことができる。またねらって釣るのは難しいが、マゴチやヒラメなどのフィッシュイーターも砂地に生息している。

これに対して、海底が岩場であったり海藻の生えているところでは、アイナメやカサゴ、ハタなどのいわゆる根魚と呼ばれる魚たちをねらうことができる。

完全な底棲魚ではないが、カワハギやマダイ、クロダイなども投げ釣りでねらうことができる。河口域ではハゼやスズキ、ヒイラギなどもターゲットになる。

さらに、同じ投げ釣りタックルで楽しめる和製ルアーの弓ヅノを用いたサーフトロウリングでは、ソウダガツオやサバ、イナダなどの回遊魚もターゲットになるのだ。

●タックル

サオは一般的な投げザオでよい。シロギスやベラ、メゴチなどをねらう場合は、引き釣り用のライトなものが使いやすい。号数は20～25号クラスで長さは4mまでのもの。

リールは投げ専用のスピニングリールで、ミチイトはナイロン2号を200mほど巻いておき、先端に力イトも結び付けておく。

掛けもターゲットに合わせて小さめのハリを選ぶこと。流線形のハリなら9号クラスが標準で、ハリスは2号も

1本バリのブッコミ仕掛けではクロダイなどもねらうことができる

あれば充分。3～5本バリの多点バリ仕掛けが効率的だ。テンビンオモリは20～25号で、L字型のものがアタリも出やすい。

カレイやアイナメなどをねらう場合には、潮流が速いところでも仕掛けを落ち着けられるようにヘビーなタックルが必要になる。サオは4mクラスの30～35号、リールは投げ専用の大型スピニングを使用する。ミチイトは、ナイロン3～4号を200mは巻いておく。

また、外洋に面した波の荒い砂浜では、ドウヅキ式仕掛けが用いられることもある。この仕掛けは一番下の部分にオモリが付いているため、枝スが絡みにくいのが特徴だ。

これらのタックル以外に、予備のテンビンオモリや仕掛け、力イトなどが必要だ。ほかには三脚のサオ立てがあると便利だろう。シロギスねらいなど砂浜を歩く釣りでは、サオ受けの付いた専用クーラーがおすすめだ。

●ポイント

投げ釣りのポイントは一様ではない。魚種によって生息環境は大きく異なるからだ。そして、それは海底の状況に密接に関係している。

たとえば、沖の岩礁帯周りは障害物などの物陰を好むアイナメやカサゴの好ポイント。さらに潮通しのよさが加わると、マダイやクロダイの回遊ポイントにもなる。

きれいな砂地底はシロギス、カレイ、メゴチが好む。ここでは平坦なところよりもカケアガリ付近に魚影が多い。この砂地底に若干砂礫が交じれば、ベラやメゴチが多くなる。

沖を通る潮目は、潮に乗って回遊している回遊魚やイシモチ、潮の動きで食いが立つカレイの好ポイント。潮目の位置は潮の流れ具合で変わるが、カケアガリに潮目が絡めばポイントの価値もアップする。

河口域など、淡水と海水が交じり合

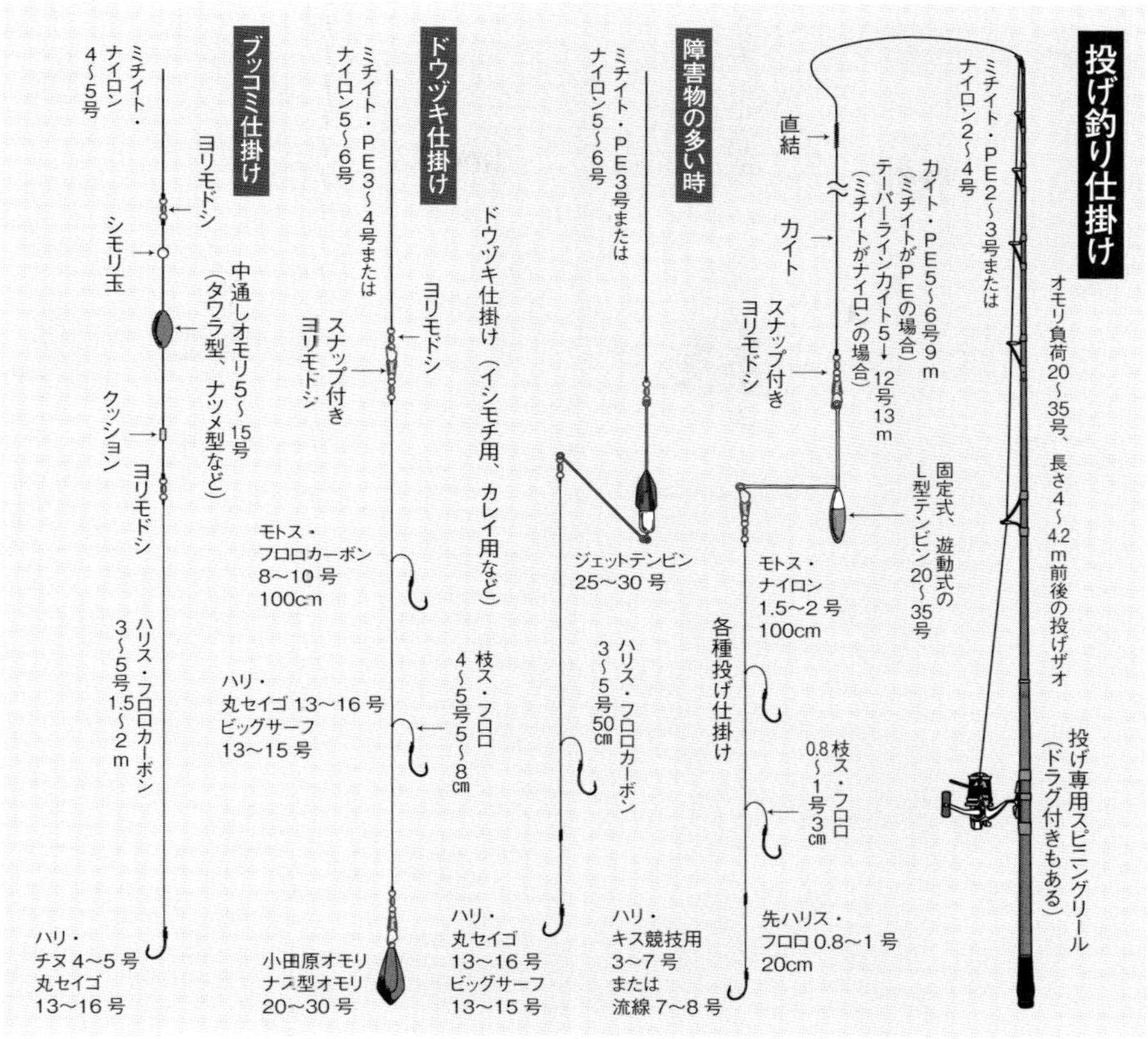

う汽水域はスズキ、クロダイ、ハゼの好ポイント。特にスズキ、クロダイは雨後の濁り水が入った時がチャンスとなる。

投げ釣りで使用するエサはイソメ類が基本。身持ちがよいので100mほど投げてもハリからちぎれない。シロギス、ハゼ、メゴチなどの小ものにはジャリメが最適で、カレイやアイナメ、カサゴなどには動きのよいアオイソメや、匂いが強いイワイソメなどが主に使用される。

そのほかマダイやクロダイ、スズキなどの大ものねらいには、コウジやユムシに実績がある。

●投げ釣りのテクニック

まずは、ポイントへと正確に投げ込むキャスティングを覚えよう。構えは、投げる方向（海）に向かって半身の姿勢。オモリはサオ先から1・5mほど垂らし、サオは海と反対側に倒す。この時、サオ先から仕掛けまでが一直線になる

エサ付けのバリエーション

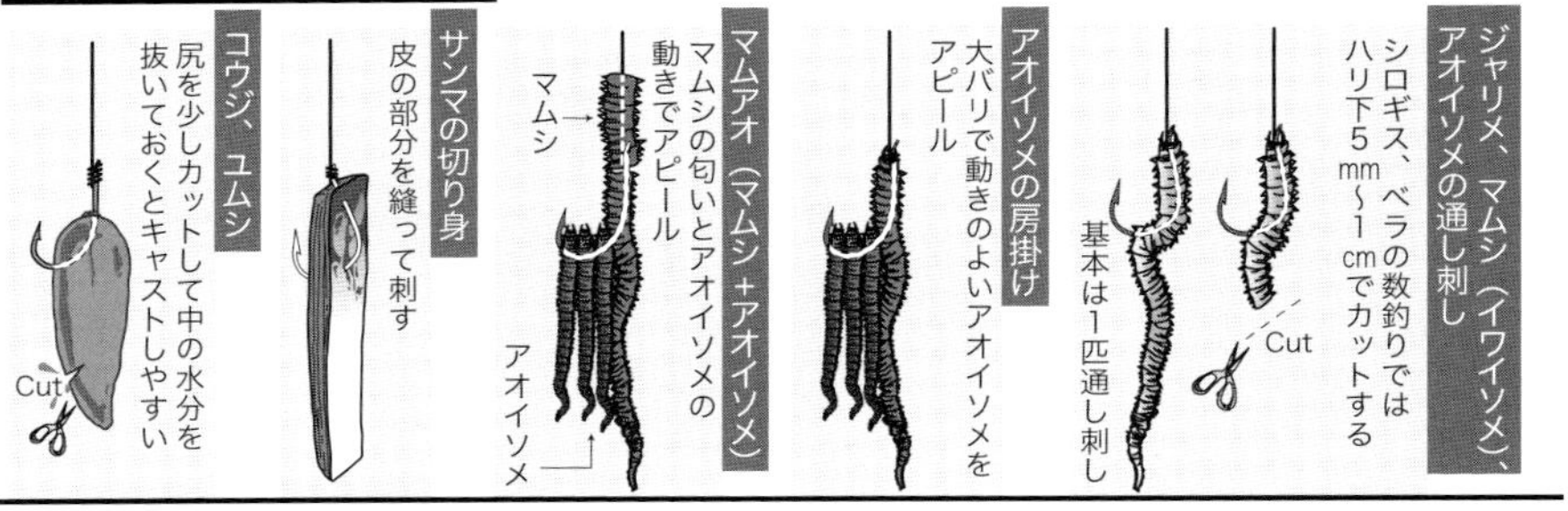
ジャリメ、マムシ（イワイソメ）、アオイソメの通し刺し
シロギス、ベラの数釣りではハリ下5㎜～1㎝でカットする
Cut
基本は1匹通し刺し
アオイソメの房掛け
大バリで動きのよいアオイソメをアピール
マムアオ（マムシ＋アオイソメ）
マムシの匂いとアオイソメの動きでアピール
マムシ
アオイソメ
サンマの切り身
皮の部分を縫って刺す
コウジ、ユムシ
尻を少しカットして中の水分を抜いておくとキャストしやすい
Cut

引き釣りと置きザオ釣り

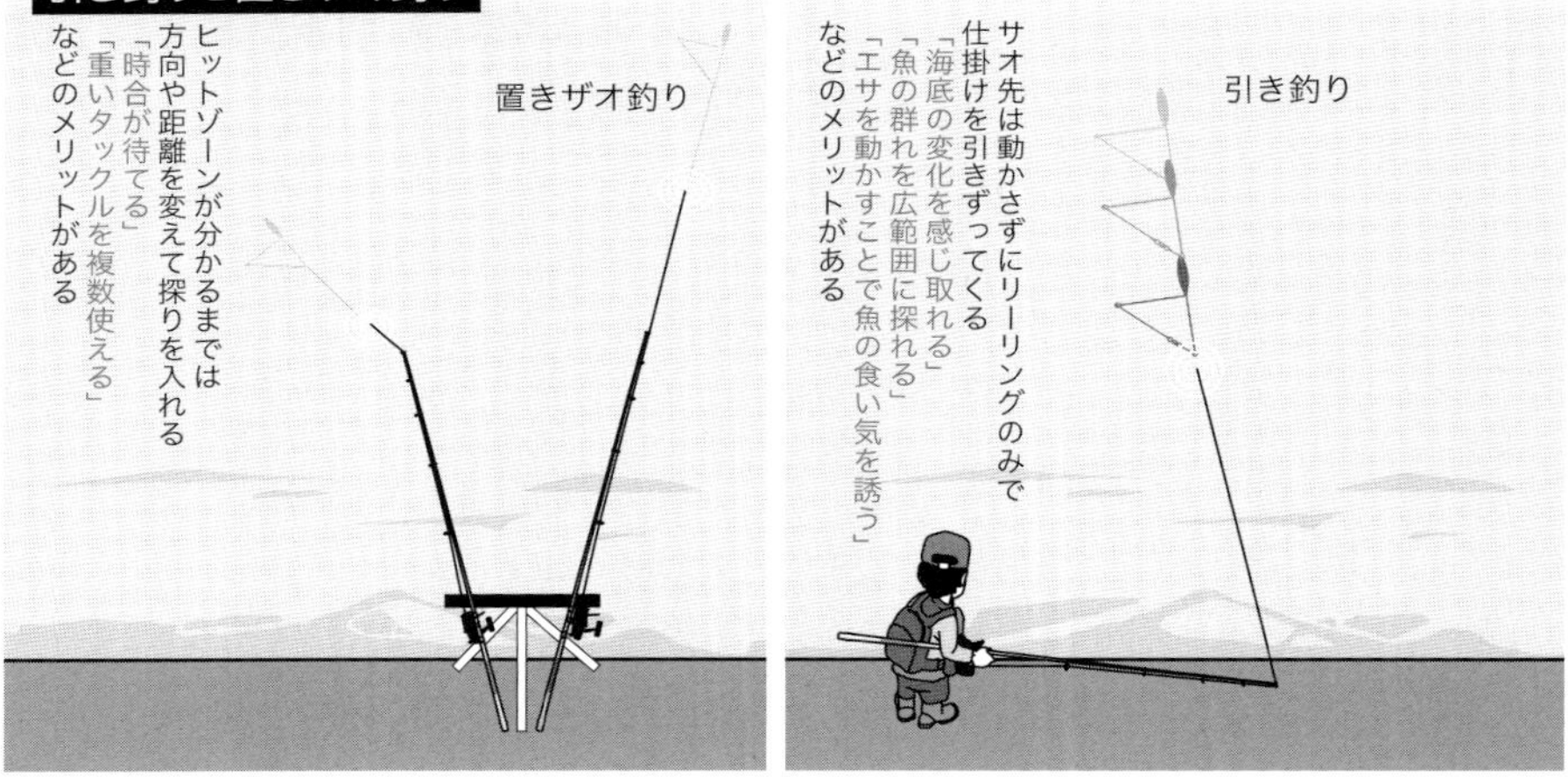
引き釣り
サオ先は動かさずにリーリングのみで仕掛けを引きずってくる
「海底の変化を感じ取れる」
「魚の群れを広範囲に探れる」
「エサを動かすことで魚の食い気を誘う」
などのメリットがある
置きザオ釣り
ヒットゾーンが分かるまでは方向や距離を変えて探りを入れる
「時合が待てる」
「重いタックルを複数使える」
などのメリットがある

ように、サオ先から手前に仕掛けを這わせる。この時点で、周囲に人がいないか充分安全を確認しておくこと。

スイングは、右利きの人は左足を前に踏み出し、右手を押し出しながら、左手を引きつける。右手人差し指に掛けたミチイトは、リールが顔の前あたりにきたところで話す。

フィニッシュはサオを45度の角度でピタリと止める。オモリが着水したらリールのベールを起こし、ラインを張って仕掛けの着底を待つ。

ここから先は大きく2つの釣り方に大別される。引き釣りと、置きザオ釣りだ。

引き釣り

シロギス、ベラ、メゴチなどの小型魚をねらうのに適した釣り方。仕掛けが着水したらゆっくりとリーリングして、仕掛けを移動させせながら広く探る。広範囲に散っている魚たちにエサの存在を気づかせやすく、春から秋に

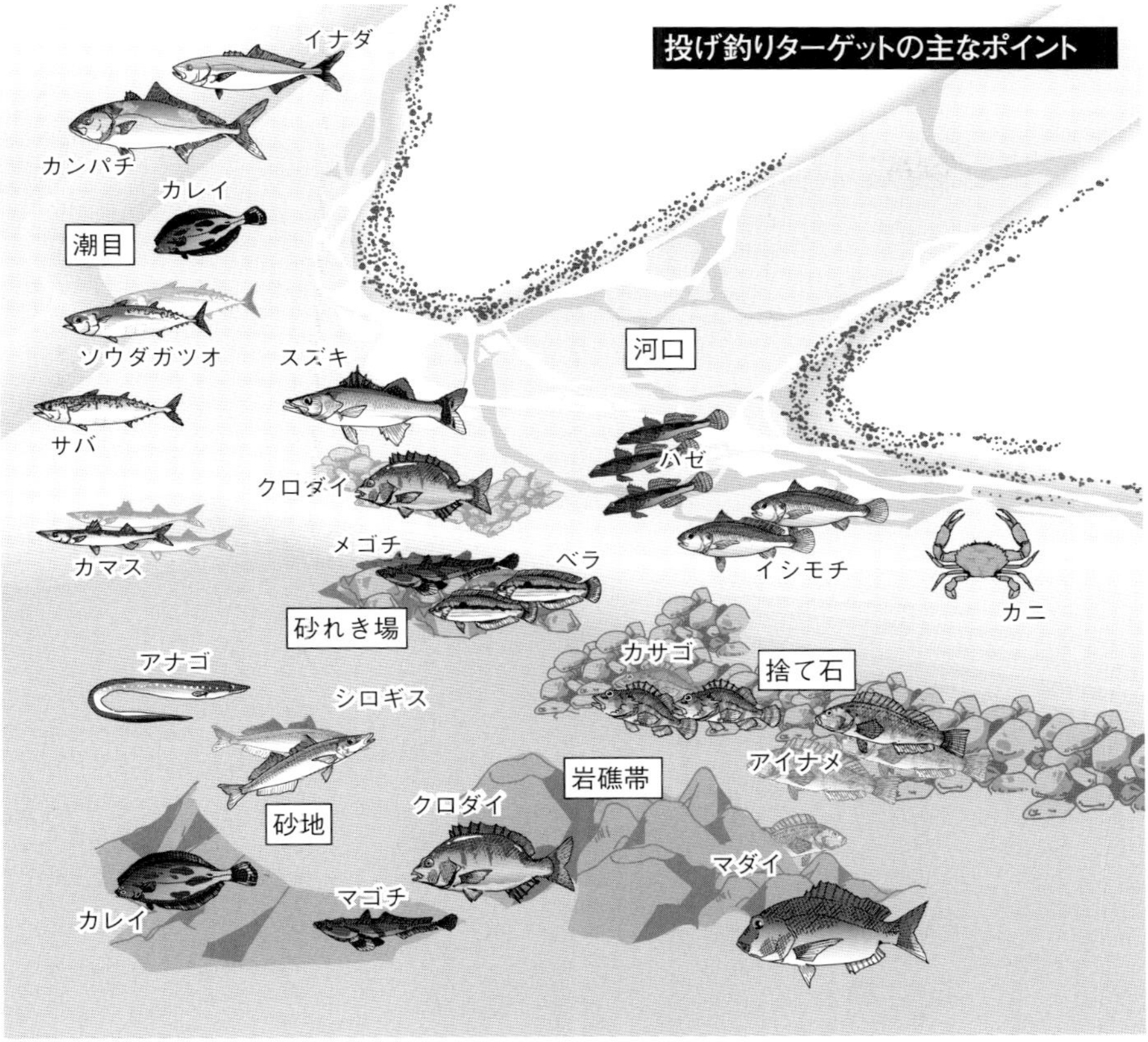

かけては多くのアタリを出すことができる。

仕掛けを移動させるスピードは、人がゆっくりと歩く速度くらい。引いている最中にアタリが出ることも多いが、ときどきストップさせると、さらにアタリが出やすい。

アタリがブルブルッと手元に伝わったら、ひと呼吸おいて大きく合わせる。

置きザオ釣り

カレイのように時合が来なければアタリが出ない魚や、海底の障害物周りに潜むアイナメやクロダイ、マダイなどをじっくりねらう場合は置きザオ釣りが有効だ。

仕掛けが落ち着いたのを確認したら、ミチイトのたるみを取り、サオを置いてアタリを待つ。仕掛けが流されたら投げ直すことも必要で、何の変化がなくても10分に1回くらいは仕掛けを少し移動させたりして、サオを放っておかないことが大切。

こんな投げ釣りもある

ブッコミ釣り

ブッコミ釣りとは、主に20m以内の障害物周りをシンプルな1本バリ仕掛けでねらう釣り方だ。

中通しのナツメオモリと1本バリの組み合わせなら、根掛かりを最小限に抑えられるため、一般的な投げ釣り仕掛けでは二の足を踏む沈み根周りや沖の岩礁帯もダイレクトにねらえる。

サオは、根に張り付こうとする根魚を引きずり出すことを考えると、若干長さとパワーがあるほうが有利。具体的には5・3mの磯ザオ3〜4号と、ドラグ性能に優れる大きめのスピニングリールの組み合わせだ。

釣り方は、といっても大げさなものではなく、根掛かりに気をつけてできるだけ障害物に近いところに仕掛けを落ち着かせる。アタリがあれば少々強引に巻き上げる。

このほか、磯ザオの食い込みのよさを活かして河口域のクロダイねらいや、夜釣りでのスズキねらいにも用いられることがある。

サーフトロウリング

サーフトロウリングは名前のとおり、広義の意味でのサーフで行なうトロウリングのこと。砂浜から弓ヅノと呼ばれる擬似餌を投げて巻き寄せ、魚を掛けるという実にシンプルな釣りである。

基本的に回遊魚がターゲットだが、弓ヅノは和製ルアーと呼ばれるように、底を引いているとヒラメやマゴチ、ホウボウなども釣れることがある。

タックルはシロギスなどをねらうためのものが流用できる。4m前後の投げザオでオモリ負荷30号程度。ミチイトはPE1号+力イトが巻いてあれば問題ない。

ミチイトの先にはテンビンオモリを付ける。一番よく使われるのがジェットテンビンで、表層から底層まであらゆる層を引けるので使い勝手がよい。また、トレーラーと呼ばれる専用のオモリも市販されている。これにフロロカーボンなど張りのあるリーダーを介

投げ釣りタックルのまま、和製ルアー・弓ヅノを引けば回遊魚もゲットできる

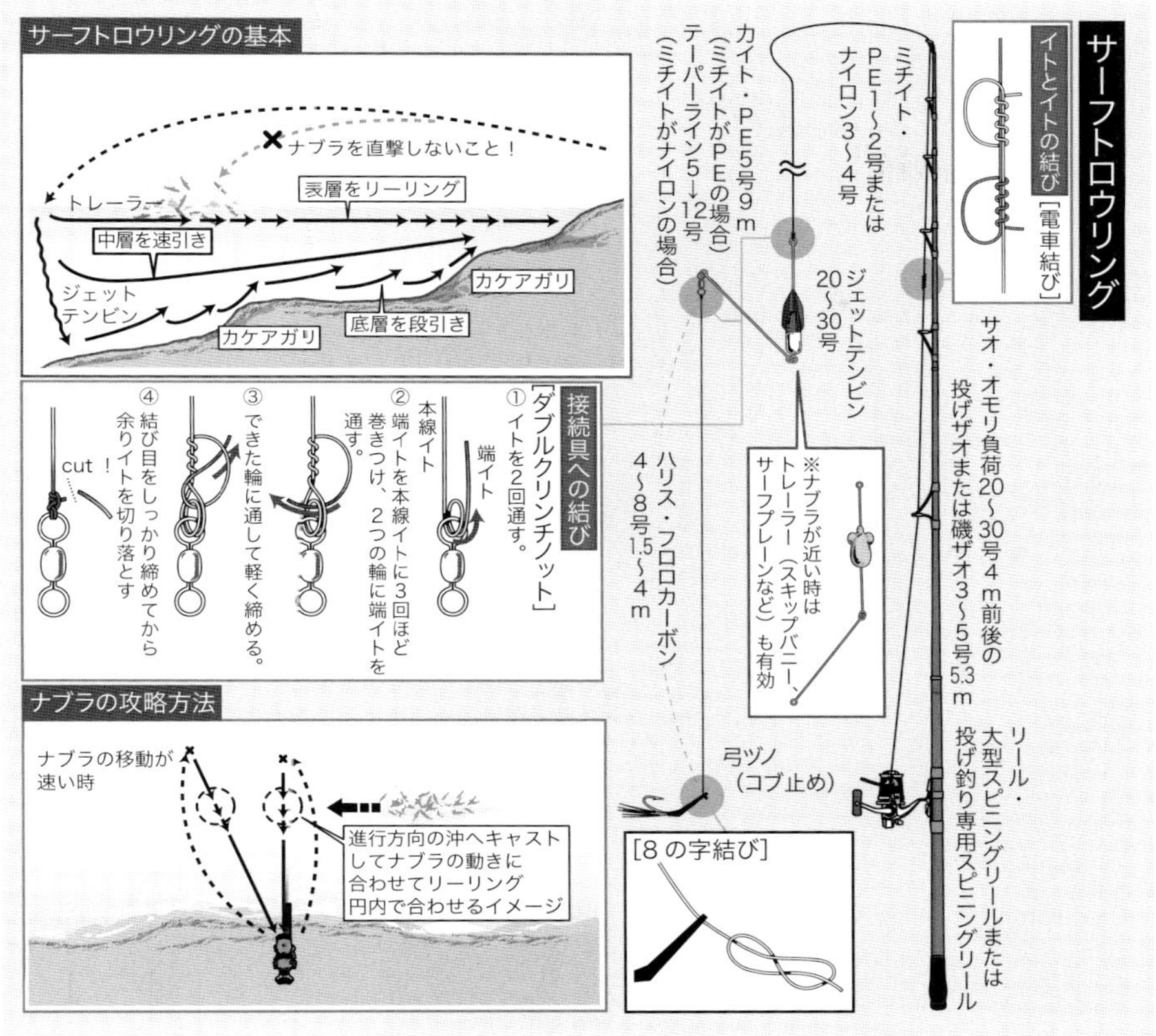

して弓ヅノを結ぶ。

　サーフトロウリングはキャストし、ただ巻いてくるだけでＯＫ。まずキャストだが、回遊魚が表層で小魚を追ってバシャバシャとナブラを立てている状況であれば、その先に仕掛けを投入する。決してやってはいけないのが、ナブラの中にキャストすること。せっかく集まっている魚を散らしてしまうだけである。

　ナブラが出ていなければ、できるだけ遠くにキャストして広範囲を探る。釣り場が空いていれば扇状に投げて探るのもよい。また、キャストして弓ヅノを一度底まで着けてから巻いたり、着水後、何秒か数えてから巻くなどして、あらゆる層を引いて探ること。

　アタリはガツンときて、回遊魚独特のバイブレーションとともに引きが伝わってくる。特に合わせる必要はなく、一定のスピードで巻き寄せる。砂浜なら波打ち際では寄せ波に乗せて、無理せずに引き上げたい。

ルアー釣り

ターゲットは小魚をエサとするフィッシュイーター全般。魚食魚の習性に訴え、広範囲をスピーディーに釣ることができる特徴は砂浜にもマッチする

イナダなどの回遊魚はサーフで楽しめるルアーターゲットの代表

ルアーとは「lure＝誘惑する」という意味の言葉で、釣りでは金属やプラスティック素材の擬似餌のこと。ルアー釣りとは、擬似餌を操り魚に食いつかせる釣り方である。

海のルアー釣りをひと言で表わすと、「小魚をエサとするフィッシュイーターすべてがターゲット。それらの魚を、ルアーをエサの小魚のように操作して釣る」ということになる。

ルアー釣りのメリットは、道具立てが非常にシンプルであること。そして遠くのポイントを釣ることができる。これは、「広範囲をスピーディーに探

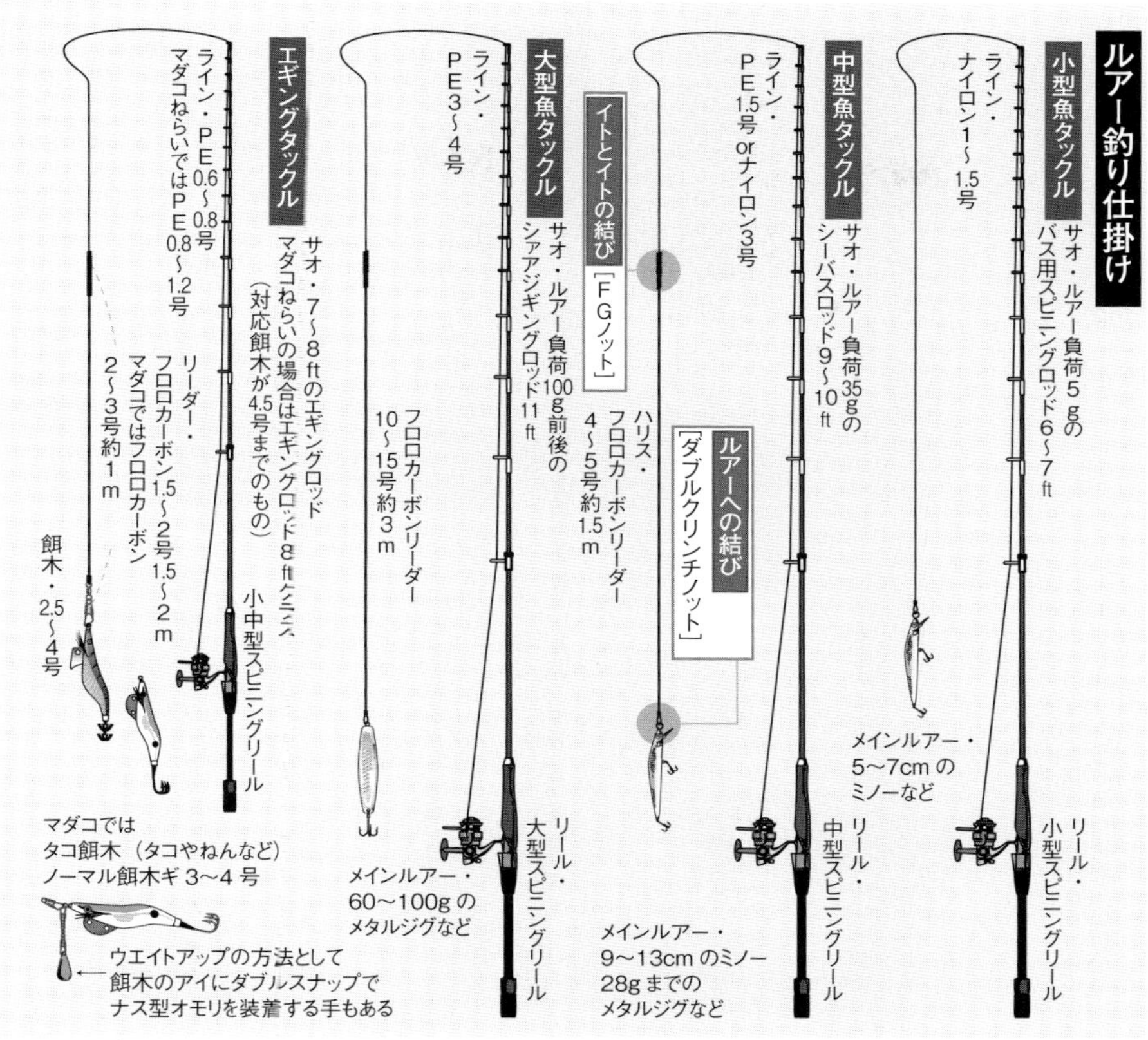

れる」という部分に繋がってくる。結果がすぐに出るので、釣れなければ次々にポイントを変えていくことも可能だからだ。そのため、広大なサーフを探るには打って付けの釣法といえる。

　ターゲットも豊富だ。前記したフィッシュイーターを個別に挙げると、イナダ、カンパチ、ソウダガツオ、サバなどの回遊魚に加えて、スズキやヒラメ、マゴチ、タチウオ、さらにはマダコやアオリイカなどの〝軟体系〟も手にできる。

●ターゲットに合わせたタックルを

　タックル選びの基本は、まずターゲットを決める。それに合わせたルアーを思い浮かべ、そのルアーを操作するのに適したバランスタックルを揃えればよい。基本的には、ロッド、リール、ライン、そしてルアーがあればこと足りる。

　とはいえ、ルアー釣りのターゲット

広大な砂浜もルアーなら広範囲をテンポよく探ることができる

は20㎝ほどの小型魚から1m前後の大型魚までさまざま。ワンセットですべての釣りをこなすのはとても不可能だ。そこで大型、中型、小型魚と3つに分けてそれぞれ基本的なタックルを紹介したい。

大型魚用【カンパチ、ブリ、シイラなど】

ターゲットは60㎝〜1m。メインの使用ルアーは60〜100gのメタルジグとなるため（シイラ、ブリの場合は30gのポッパーやペンシルベイトも使用）、陸から使う最強力のタックルが必要になる。ショアジギングロッドの中から、最大ルアー負荷が100g前後のものを選ぶとよい。

リールはパワータイプよりも、巻き取り速度が速いギア比の大きな物がよい。特にジグを使う場合は高速でアクションさせることも多く、またルアーも早く回収できる。

ラインは遠距離でのフッキングやアクションの付けやすさを考慮すると、PE（3〜4号）が絶対的に有利。これに根ズレ対策のフロロカーボンリーダー（10〜15号）を接続する。リーダーとルアーの接続は、高強度（100〜150lb）のルアー用スナップが便利だ。

中型魚用【ワカシ、イナダ、サバ、ソウダガツオなど】

30〜50㎝のターゲットなので、一般的なシーバス用ルアーロッドで充分。ただ、9〜13㎝のプラグ以外に28gクラスまでのジグをキャストする機会も多いので、シーバスロッドの中でも最大ルアー負荷35gのヘビータイプを使いたい。

ラインはPEに限らず、ナイロン3号クラスでも大丈夫。いずれもフロロカーボンリーダー（4〜5号）を接続する。このバランスなら電車結びで結べるので、わずらわしいラインシステムも不要だ。

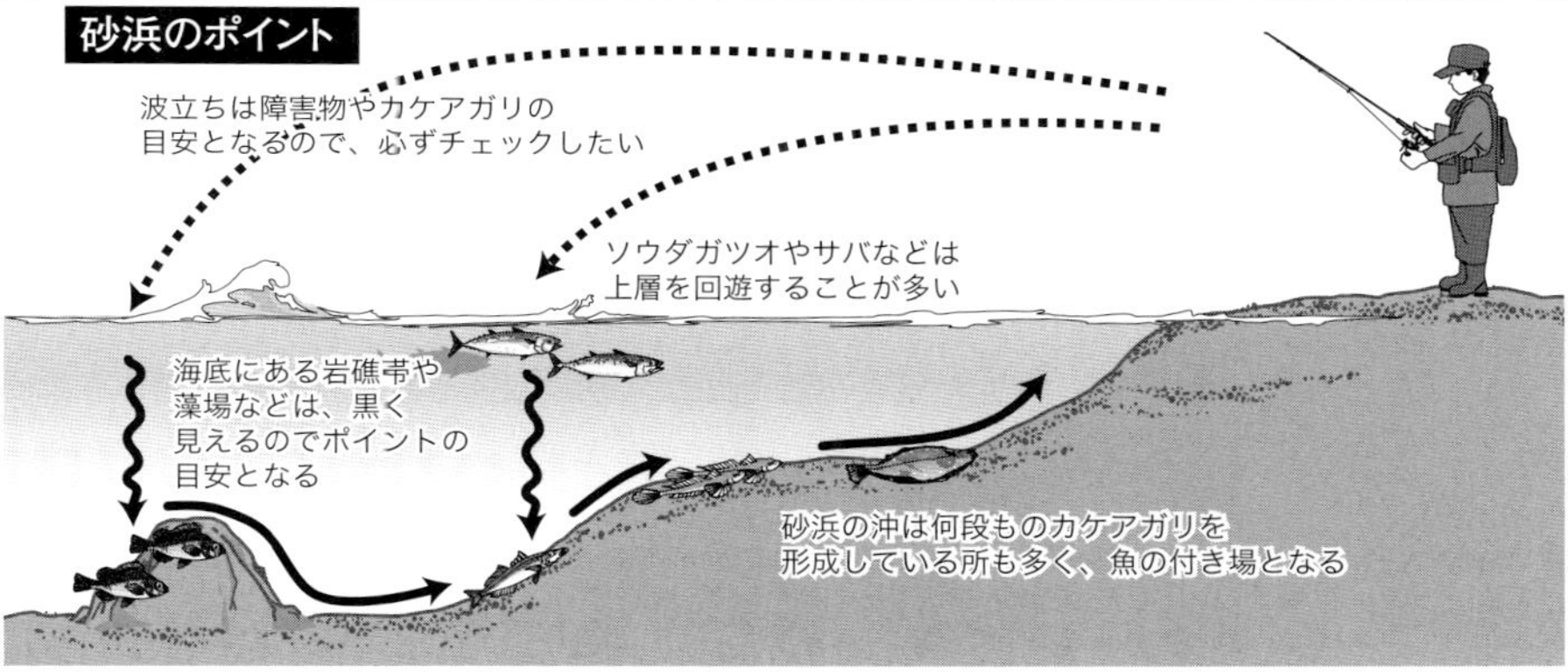

小型魚用【メッキ、カマス、アジなど】

大きくても30㎝ほどの魚たちなので、ブラックバス用のスピニングルアーロッドで充分。5〜7㎝のミノープラグや、2gのジグヘッドリグ・ワームがキャストできればよい。

ラインはナイロン1〜1・5号を使用し、リーダーは使わず直接ルアーに結びつける。例外はカマスで、歯が鋭いため1・5号以上のリーダーは使いたい。

●サーフでのポイントの見つけ方

本来サーフ（surf）は波を意味する言葉だが、釣りでは砂浜全般を差す。きれいな砂地底のサーフは、初夏になるとシロギスなどが接岸する。それに伴い秋から初冬の頃まで、フィッシュイーターのヒラメやマゴチが姿を見せるようになる。

潮通しのよいエリアでは時期になるとカタクチイワシの群れもよく入ってくる。これらはしばしばイナダやサバ、

砂地底に生息するヒラメやマゴチも高確率でヒットしてくる

タチウオをねらうなら朝夕マヅメがチャンス

堤防や磯からのイメージが強いアオリイカやマダコもご覧のとおり

ソウダガツオなどの回遊魚やシーバスを引き寄せる。サーフといっても、根魚以外の魚種は意外に豊富なのだ。

延々と同じような砂浜が続くエリアで、すぐにポイントを特定するのは難しい。基本的には広く釣り歩いてポイントを探ることが、ヒット率のアップにつながると覚えてほしい。

もちろんポイント探しのヒントはある。波打ち際が深くなっている場所や沖で波頭が崩れる場所。海岸線が突き出ている、奥まっているところなど。ほかのエリアと水深が違っていたり、地形が変化する場所は、一度はルアーを通してチェックしておきたい。

そのほか、鳥山やベイトボール（カタクチイワシの群れなど）、潮目などを注意して探しながら釣り歩くのもよいだろう。うまく見つけられれば、シーバスや回遊魚がエサを漁るナブラが起きることもある。またナブラを待ってねらい撃ちする方法もある。

時合は、まず朝夕マヅメは外せない。

各種ルアーとターゲット

ルアー	サイズ	ターゲット
ミノー 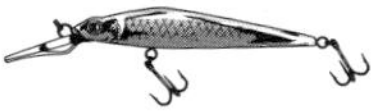	5〜7 cm	メッキ、カマス
	9〜10 cm	スズキ、イナダ、カンパチ、サバ、ヒラメ、マゴチ、タチウオ
バイブレーション 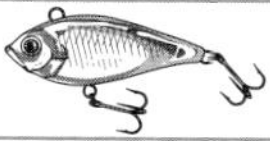	16〜28 g	スズキ、ヒラメ、タチウオ
メタルジグ 	5〜7 g	サバ、メッキ、カマス、アジ
	14〜40 g	スズキ、イナダ、カンパチヒラメ、サバ、マゴチ、タチウオ
ワーム  (ジグヘッド7〜14g)	4〜5 in	スズキ、ヒラメ、マゴチ、タチウオ
小型ワーム  (ジグヘッド1〜3.5g)	1.5〜2 in	メッキ、カマス、アジ

ルアーの基本アクション

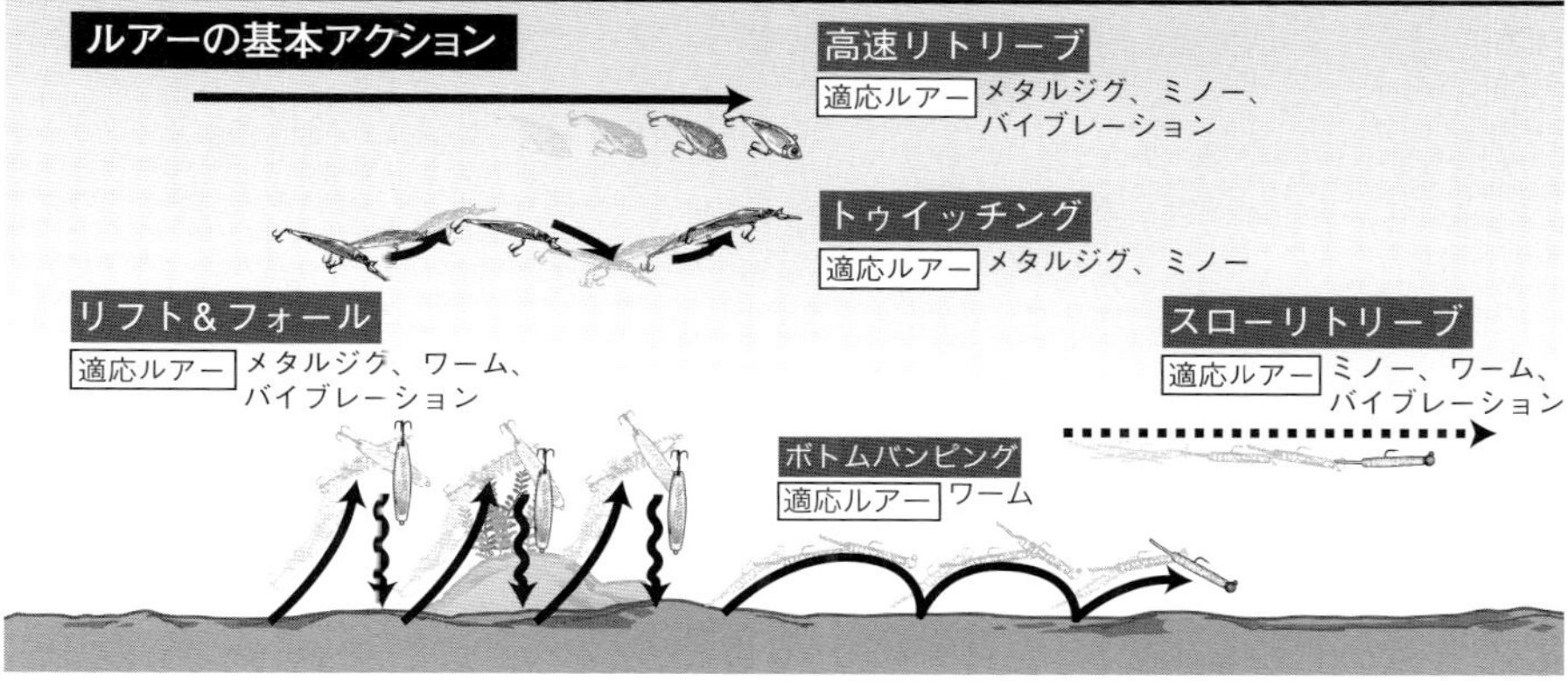

また、回遊魚は日中も活発に動き回っているため、常に態勢を整えておきたいものだ。

●餌木を使って"軟体系"も釣れる

ルアー釣りは欧米から輸入された釣り方だが、日本にも古くから擬似餌の釣りがある。その1つが、餌木と呼ばれるエビや小魚を模した木製ルアーを投げ、ゆっくり引いたり大きくシャクったりしてイカに餌木を抱かせて掛ける釣り方だ。手軽に楽しめて、美味しいイカが釣れるので、ほかのルアー釣りはしない人でも餌木を持ち歩くほど人気がある。

ターゲットはアオリイカ、スミイカなどで、サーフからもねらえる。近頃では餌木にヒットするマダコが多いことから、マダコ専用の餌木も市販されている。

タックルは、いずれも中型魚用の物に餌木またはタコ餌木をセットすればOKだ。

ウキ釣り

タナ調節が簡単にできる特徴を生かして多魚種をねらえる。ビギナーでも魚を掛けやすく、ウキが沈む瞬間はいつでもドキドキ・ワクワク大興奮

砂浜からねらうクロダイ釣りは、渚釣りと呼ばれ各地でも注目されている

陸《おか》っぱり（陸）から海の魚を釣る方法はたくさんあるが、ウキ釣りほどフィールドやターゲットが豊富で効率のよい釣り方はないだろう。

堤防や磯が代表的なフィールドで、メジナやクロダイ、スズキ、ハゼなどが人気ターゲット。もちろん砂浜でもこれらの魚を釣ることは可能だ。特にクロダイなどは、新しいフィールドとして渚（砂浜、砂利浜）釣りが注目されている。

●ウキ釣りで釣れる魚たち

ウキ釣りの大きな利点は３つある。

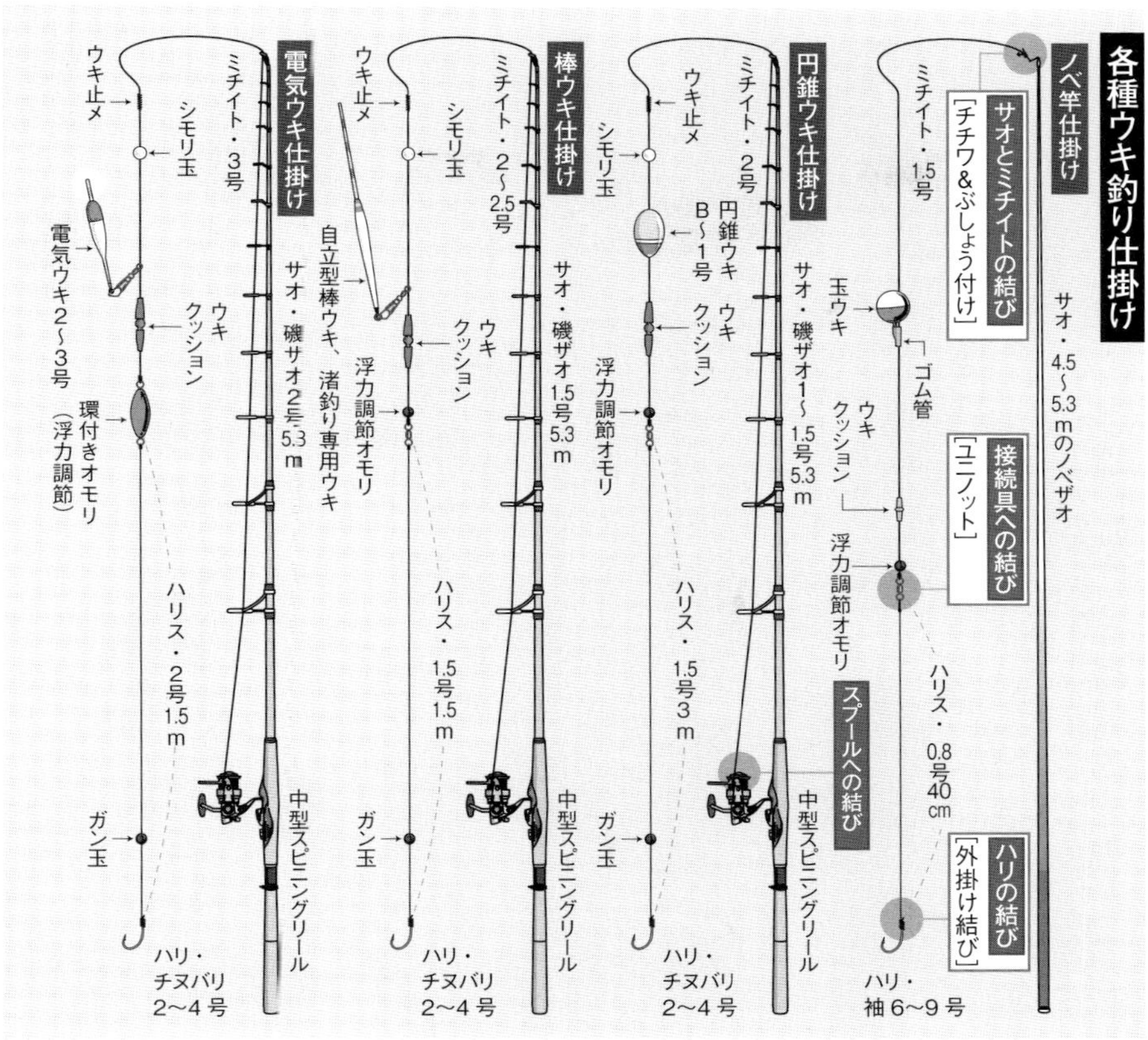

1つめはアタリを目で確認できること。そのためビギナーでも魚を掛けやすく、さらに楽しさを増幅してくれる。ウキが水中に消えていくさまは、何回見てもワクワク、ドキドキするものだ。

2つめは、ウキ下を調整することで幅広い泳層の魚をねらうことが可能になる点。そして3つめは、ウキはポイントまで仕掛けを流すためのアイテムにもなるということだ。特に砂浜は波打ち際付近の水深が浅く、潮の動きを利用して沖めを探ることが多くなるので、3つめの利点がキーポイントとなる。

広大な砂浜のどこでもウキ釣りが楽しめるわけではない。条件としてまず挙げられるのが、水深のあるドン深の砂浜。遊泳禁止になっているような砂利浜が適している。

加えて、沈み根や海草帯などの障害物があること。白く見える砂地に、黒い岩礁帯や藻場が見えるようなら有望だ。

場所によってはサヨリの回遊もある

夜、電気ウキでねらえばスズキなどもヒットする

岩礁帯周りではメジナも手にできる

ウキ釣りのターゲットは本当に多彩で、なおかつ、それぞれに適した仕掛けやスタイルがある。基本として押さえておきたいのが次の2スタイルだ。

【ノベザオの小もの釣り】

4・5〜5・3mのノベザオで釣る方法。リールザオに比べてサオが軽く子供でも扱いやすい。河口に面した遠浅の砂浜や、運河内の砂浜からハゼなどをねらうことができる。

【ウキフカセ釣り】

磯ザオとリールを駆使して主にメジナ、クロダイをねらう。円錐ウキなどを使い、寄せエサを撒いて付けエサのオキアミと同調させ、魚に食い付かせる。ウキ下の調整ができる遊動式仕掛けが一般的だ。

●ウキ釣りに必要なタックル

近距離の浅場などでハゼなどの小ものを釣る場合は、渓流ザオや万能ザオ

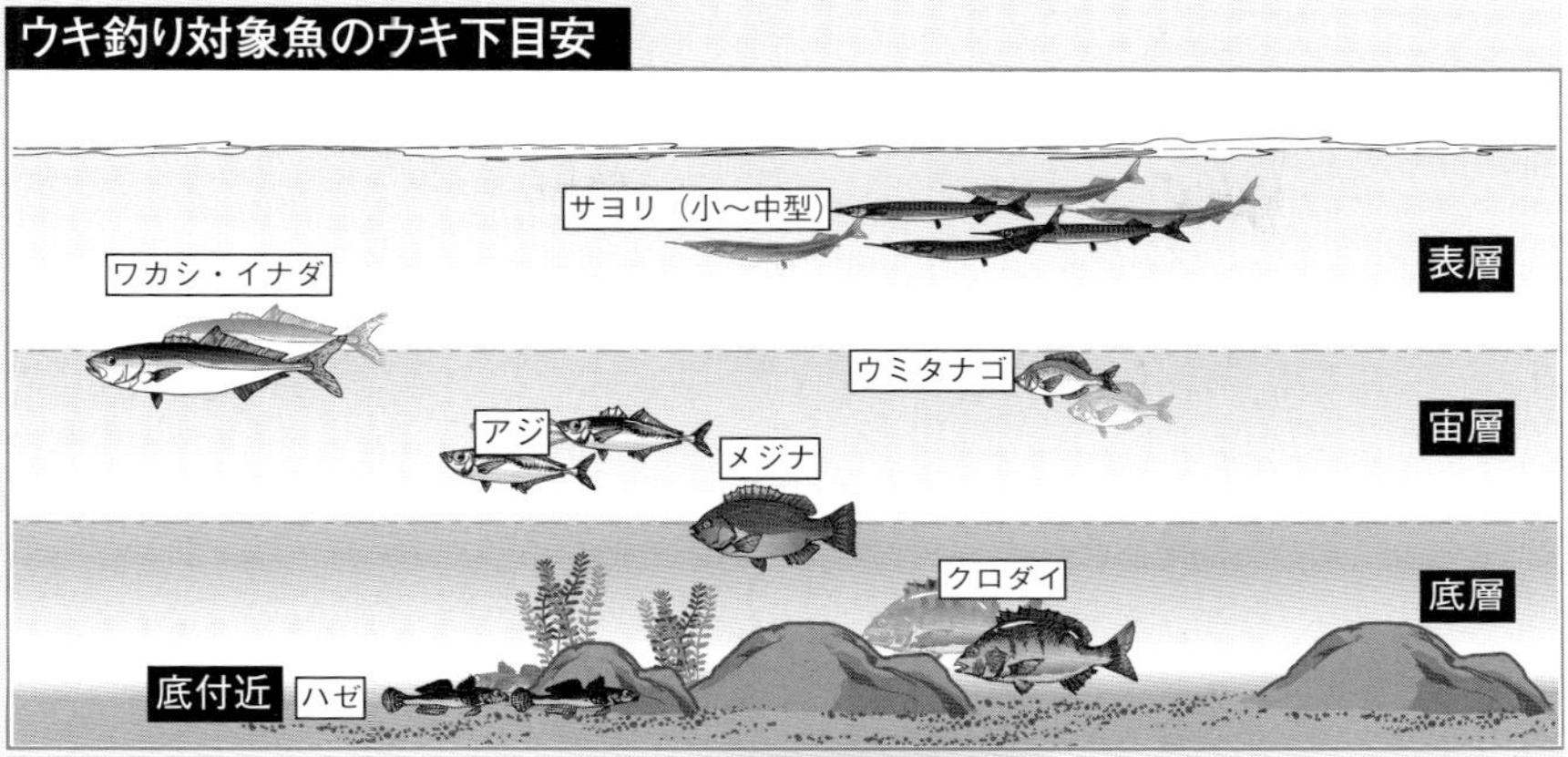

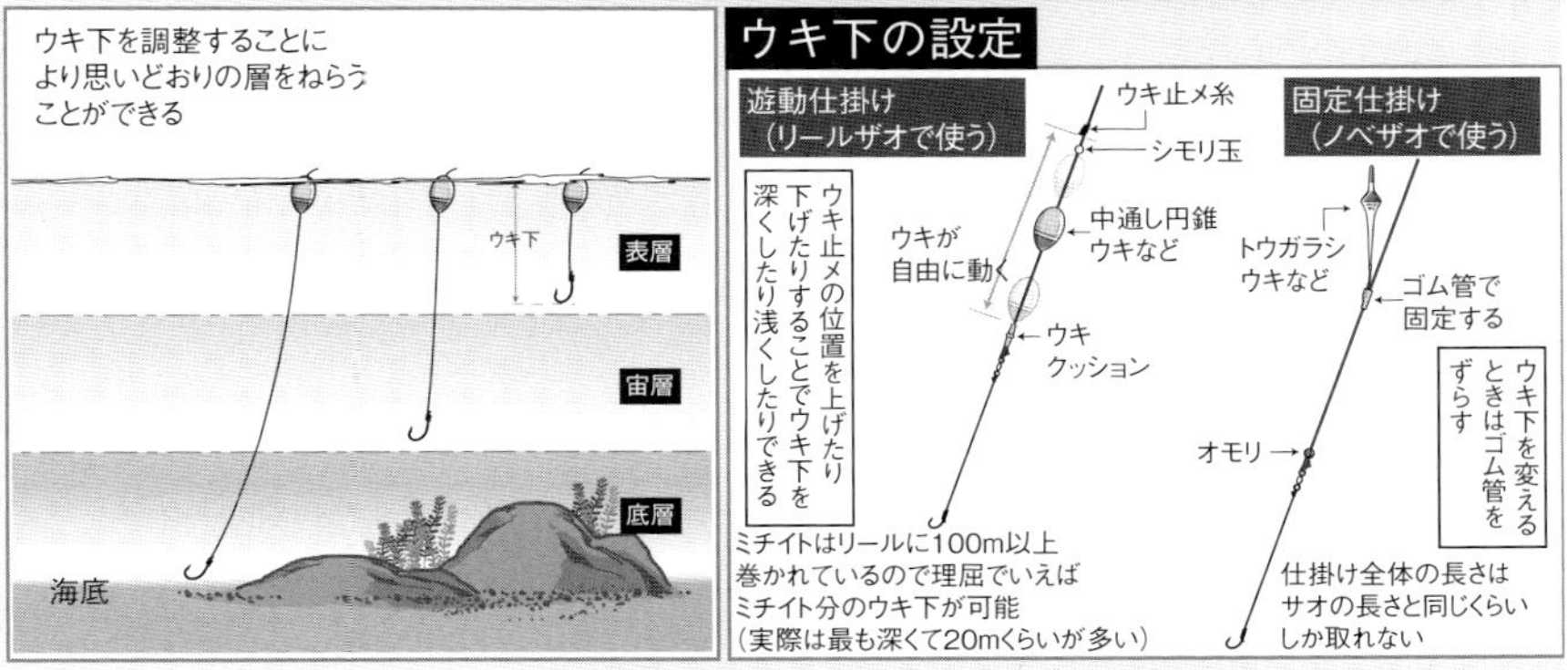

（清流ザオ）などのノベザオ（振り出しザオ）がおすすめ。長さは4・5～5・3mが扱いやすい。本当に足元付近をねらう場合は、2m前後の安価なグラスザオでも充分だ。

ポイントが遠い、手前から水深がある、潮が速い、大ものをねらう時などは、磯ザオに小型スピニングリールの組み合わせがよい。

磯ザオはカーボン製で長さは5・3mが標準。調子（硬いか軟らかいか）は1号、2号などの号数で表示されており、一般的にクロダイやメジナねらいでは1～1・2号がおすすめだ。また、磯ザオには外ガイド式と中通し式（ミチイトがサオの内部を通る方式）がある。ビギナーには穂先絡みなどのトラブルがない中通し式が使いやすい。

スピニングリールは、イトを巻いておくスプール部分に2～3号のミチイトが150m程度巻けるものを選びたい。負荷に応じてイトが出ていくドラ

岩礁帯のある砂利浜はいろいろなターゲットをウキ釣りでねらえる

子供でも簡単に釣れるハゼは入門にもおすすめ

運河の中にある砂浜ではノベザオでハゼなども楽しめる

グ機構には、ドラグ式とレバーブレーキ式があるが、機械任せにできるドラグ式のほうが初心者向きといえるだろう。

そのほか、寄せエサを撒く釣りでは、入れ物のバッカンや水汲みバケツ、投入のためのコマセヒシャクなども用意したい。

●ウキフカセ釣りのテクニック

クロダイやメジナ、回遊魚など、多彩なターゲットに対して最も頼りになるのがウキフカセ釣りだ。まず、釣り座を決めたらオキアミなどの寄せエサを海水で解凍する。その間に仕掛けをセッティングしたい。

寄せエサが解凍したら、ヒシャクを使って少量ずつ間断なく撒き続ける。できれば配合エサなどを加えて寄せエサを撒きやすくしておくこと。またヒシャクは柄が細く長い専用のものを使うと遠投も利く。

ハリに刺すのは付けエサ用のオキア

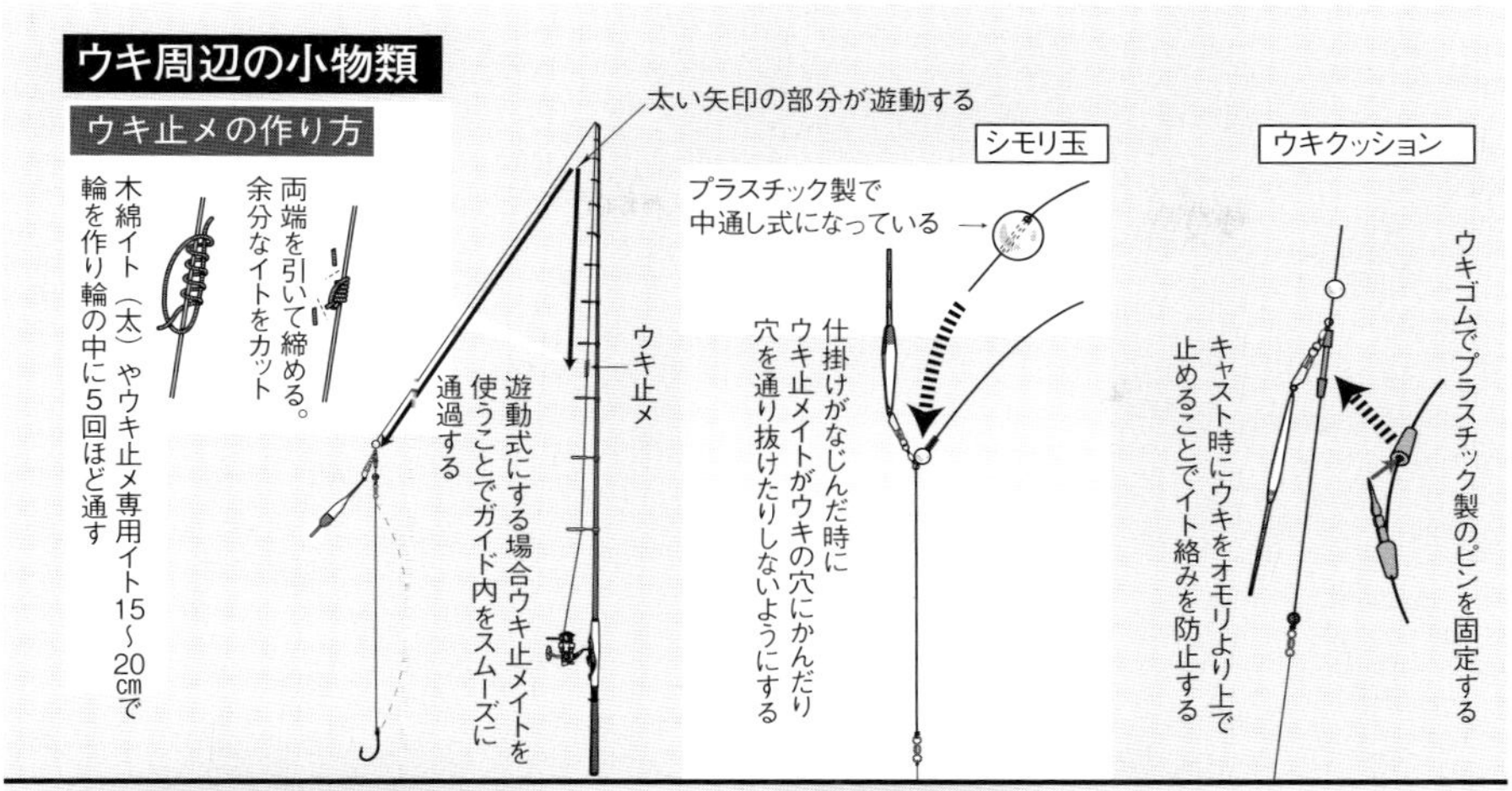

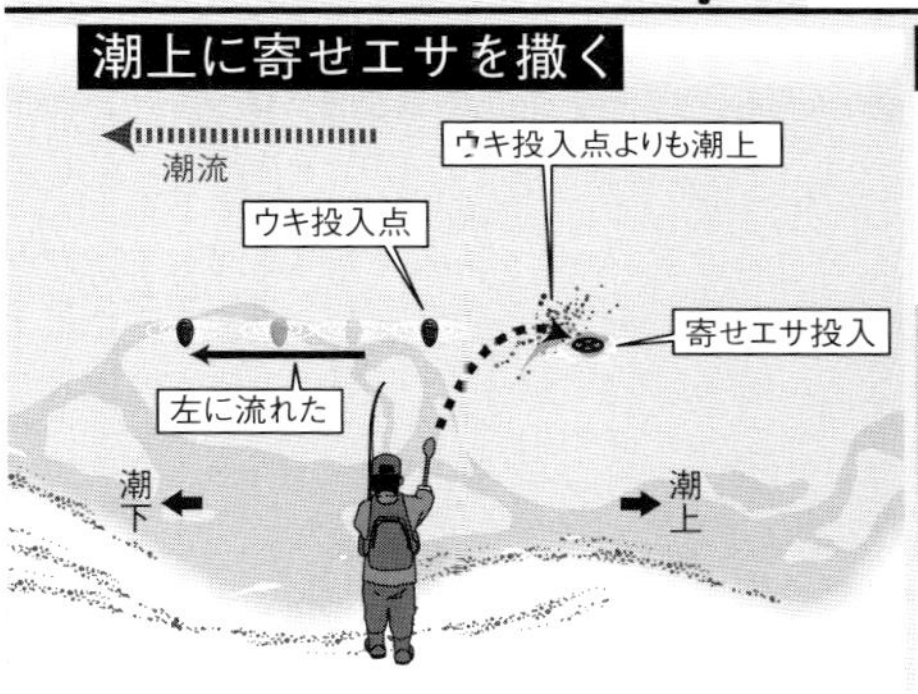

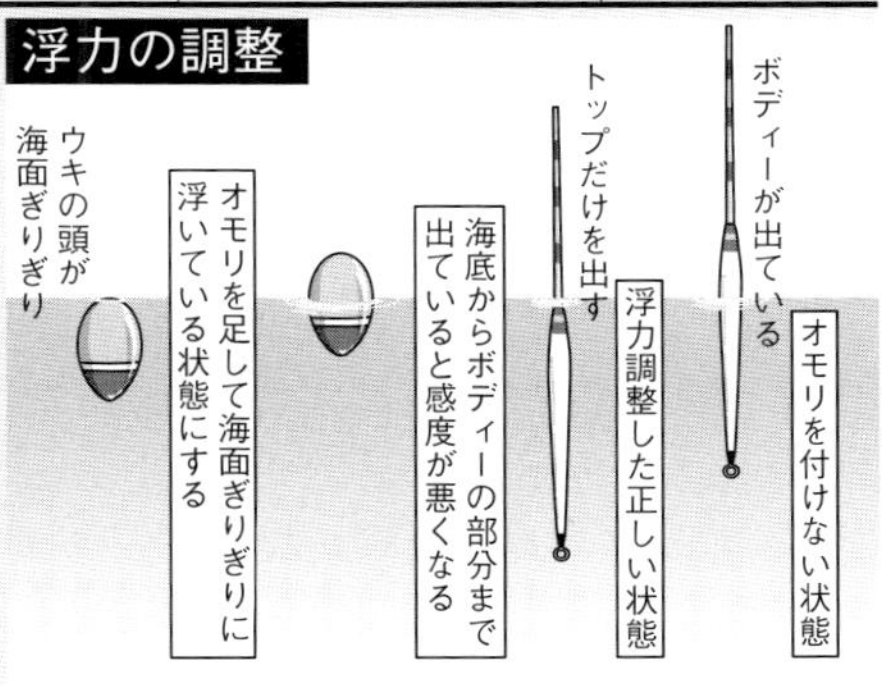

ミがよい。ターゲットによってはイソメエサやサナギ、海草（ノリ）なども使われる。

　仕掛けの投入後、最も大切なのは、仕掛けと寄せエサが流れる層を同調させること。砂浜では左右の流れに加えて、足元から沖へと流れる離岸流がある。これを利用して寄せエサを沖へと運ばせることも可能だ。

　ウキ下は1・5ｍを基準に、アタリが遠ければウキ下を変化させてみる。ターゲットによってもねらう層は異なる。これをタナと呼び、クロダイなどは底近く、メジナは岩礁帯の上などの宙層、サヨリなどは水面直下の表層がタナとなる。

　アタリはウキが水中に消し込む（沈む）ので、目で確認してサオをあおり、合わせればよい。

　砂浜での取り込みは玉網を使わず、打ち寄せる波を利用する。寄せる波に魚体を乗せて砂浜へと引き上げるようにすること。

SURF FISHING METHOD GUIDE

カゴ釣り

足下まで寄って来ない沖の中型回遊魚やマダイなどの高級魚も潮目ねらいで手にできる。ねらいのタナで寄せエサを仕掛けに同調させやすく、スタイルも多彩

カゴ釣りのメインターゲットは回遊魚。サビキで食いの悪い時でも、エサなら食ってくる

カゴ釣りとは、コマセカゴをセットしたウキ釣り仕掛けのエサ釣り。寄せエサを仕掛けに同調させやすいので、潮流が速い場所での流し釣りに最適といえる。一般的には磯などからブリやカンパチ、ヒラマサなどの大型回遊魚をねらうのに適した釣り方だが、砂浜からでもカゴ釣りは可能だ。イナダやサバ、ソウダガツオなどの回遊魚のほか、マダイ、クロダイなどもねらうことができる。

カゴ釣りを楽しむには、まずポイントを見極めたい。広大な砂浜では、地形的な変化よりも、回遊魚のエサとなる小魚が集まる潮目などがキーポイントになる。潮目とは潮の流れがぶつかり合うところ。広大な砂浜には、磯と同じように潮が沖に払い出す場所がある。「ハケ」などと呼ばれる離岸流が沖へと流れ出すところで、これが沖の流れとぶつかって潮目ができる。沖の波立ちを観察すると、海面が川のように蛇行して見える部分が潮目だ。

離岸流を探すには、波打ち際から沖へと向う泡や濁り、ゴミなどが目安になる。その最も沖に潮目ができているはずだ。そこがカゴ釣りの1級ポイントとなる。

タックルは重いコマセカゴをセットするため、サオは磯ザオの遠投タイプ3号5・3mが標準で、中〜大型スピニングリールをセットする。ミチイトは5〜6号を150m以上は巻いておきたい。

沖の潮目へとカゴをキャスト。マダイ、イナダ、ソウダガツオなど多彩な釣果が手にできる

●カゴサビキ釣りは3スタイル

サビキと呼ばれる複数の擬似餌仕掛けには、さまざまなスタイルがある。代表的なものは「ドウヅキ式」「吹き流し式」「ブリッジ式」の3スタイルだ。

ドウヅキ式

いわゆるサビキ仕掛けの先にオモリをセットした先オモリ式。仕掛けが絡みにくいので遠投も可能。通常のウキ釣りと同じく仕掛けが水中で立つ格好になるので、上下に広い範囲のタナを探ることができる。

釣り方はコマセカゴにアミエビを詰め、沖の潮目に向かってキャストする。仕掛けがゆっくり流れ始めたら、サオ先を大きくシャクって寄せエサを振り出す。この時、寄せエサが流れる速さと同じくらいで仕掛けを流すのが効果的だ。

アタリはウキがスパッと入る（水中に沈む）。それからゆっくりサオを立てるとよい。先オモリ式なので、魚が掛かっても仕掛けが絡みづらい。

吹き流し式

仕掛けが自然に潮になびくため、寄せエサと同調させやすい利点がある。しかもその仕掛けが魚を誘うので、食

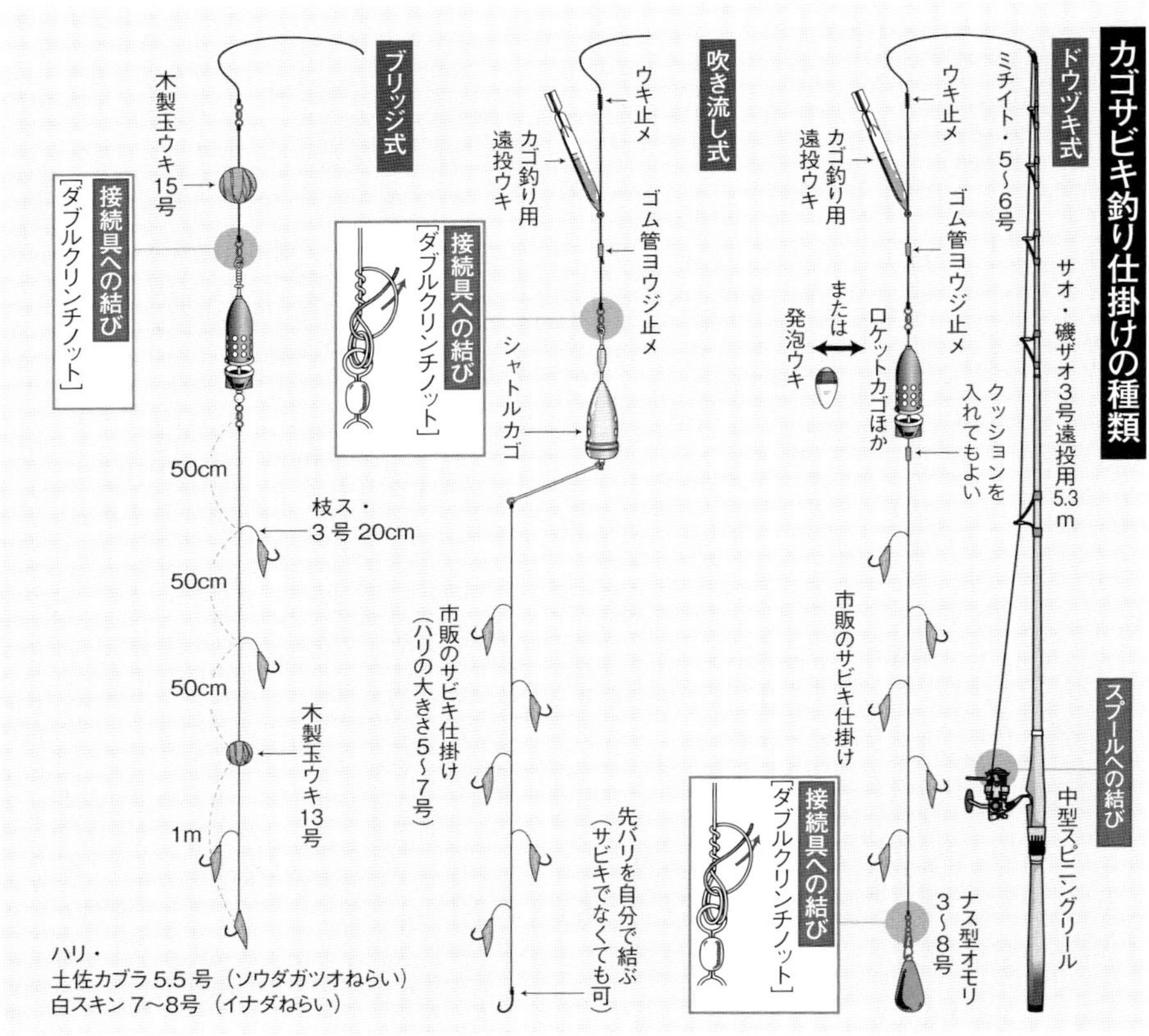

いの渋い状況で威力を発揮する。潮が動かない時間帯でも、仕掛けを移動させることで充分に効果的な誘いになる。これらの理由から、ソウダガツオ、イナダ、カンパチなど、潮の動きが悪いとすぐに食い渋る回遊魚をねらう場合に適している。

欠点としては、潮が速すぎると仕掛けが水平に近くなり、上下のタナを効果的にカバーできなくなる場合がある。このような状況下ではこまめにタナ（ウキ下）を探ることが肝心だ。

釣り方はドウヅキ式と同様、潮に乗せての流し釣りが基本。小さなアタリは出にくく、食い走りのアタリとなる。この時、いきなり大アワセをするのではなく、イトフケを取ってから大きくゆっくりと合わせたい。

自然にたなびく仕掛けのため、ドウヅキ仕掛けほど誘う必要はない。魚が食べやすい速さで仕掛けを流すことを心がけるとよいだろう。

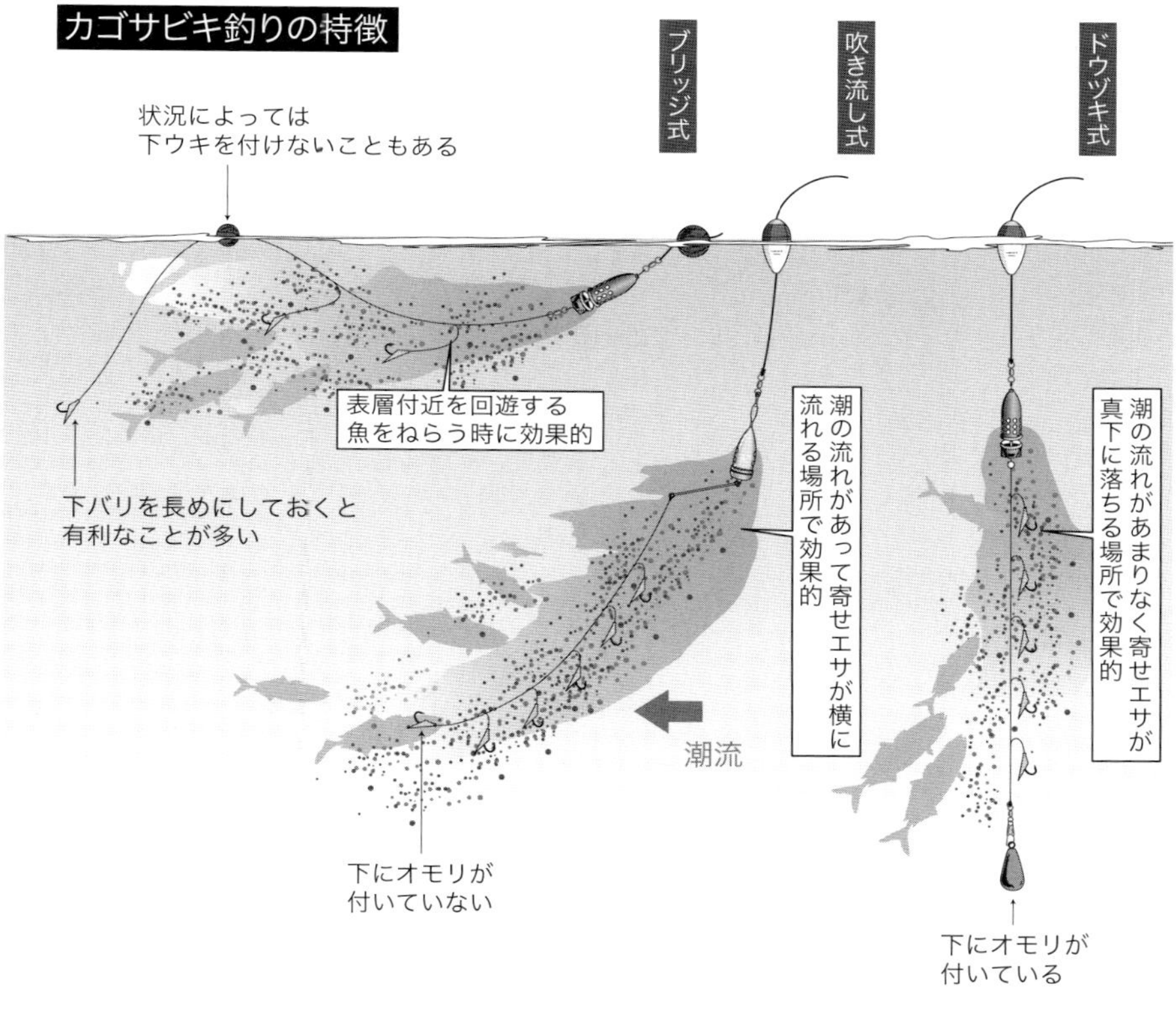

ブリッジ式

仕掛けの両端にウキをセットして、サビキを吊り下げるように流す釣り。サバ、ソウダガツオ、ワカシなどが表層を回遊している時に効果的だ。

釣り方は潮に乗せて流すだけでなく、ゆっくりとリーリングを続けて誘うのもよい。木玉ウキが水の抵抗を受けて揺れ動き、仕掛けそのものが魚を引きつけるアクションを生む。

ナブラがなければ寄せエサが必要だが、ナブラが起きるなど魚が高活性の状況では、寄せエサなしでも充分釣りになる。

以上がカゴサビキ釣りの主な仕掛けである。いずれの場合も寄せエサで寄せるが、最終的には擬似餌を食わせる釣りなので、回遊魚の時合である朝マヅメを集中的にねらいたい。

●大型ねらいならエサのカゴ釣り

カゴ釣りの仕掛けは吹き流し式と同じだが、グレバリなどのハリにオキア

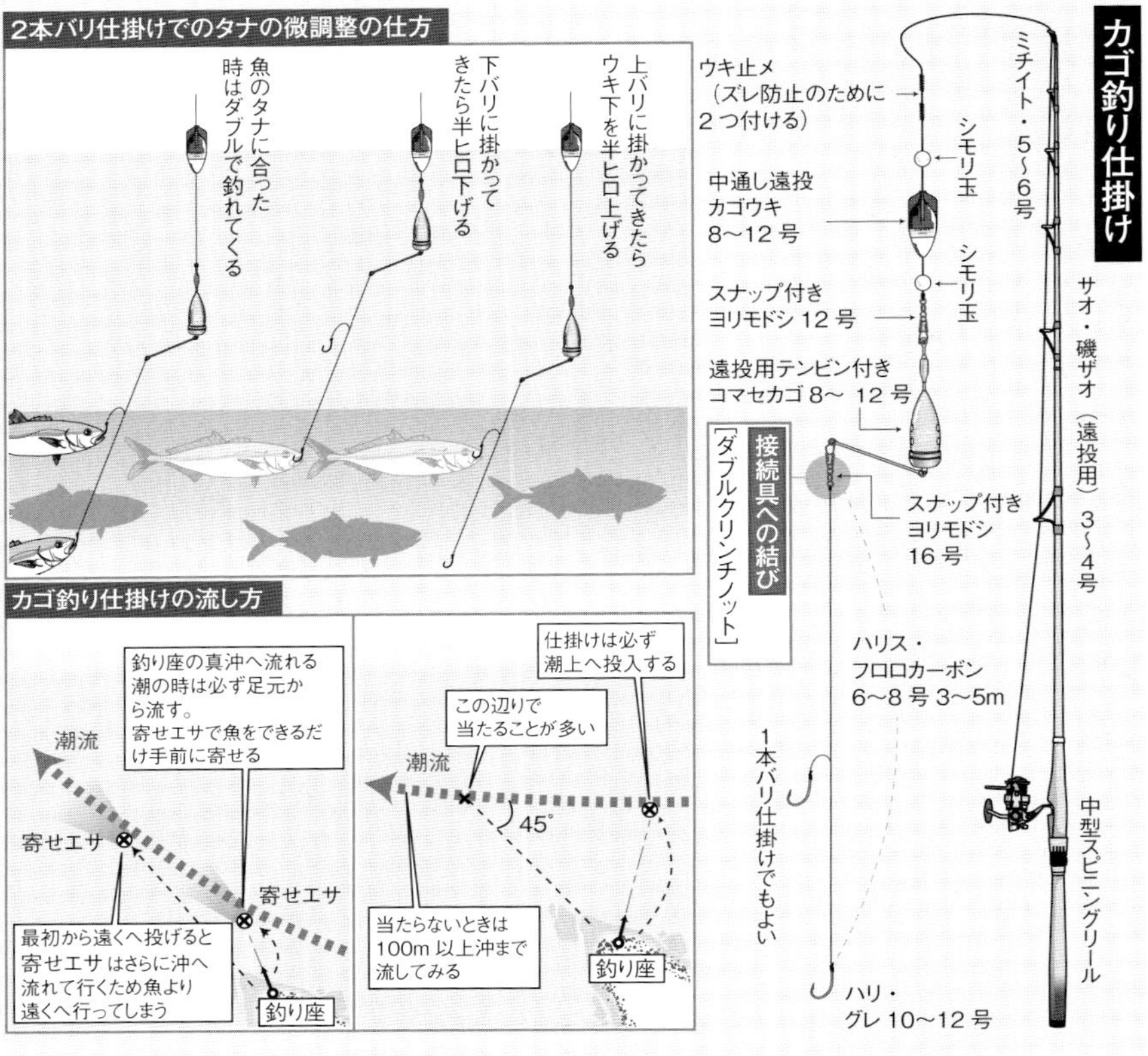

ミを付けエサとして用いる。寄せエサはアミだけでもよいが、つぶしたオキアミを加えてもよいだろう。

ウキフカセ釣りでは手（ヒシャク）で寄せエサを撒くため、潮の流れを利用してもやはり距離的な制約は大きい。しかし、カゴ釣り仕掛けなら、遠投して沖めを釣る際にも、ねらったタナで寄せエサを付けエサに同調させることができる。

カゴサビキ釣りとの違いは、やはり擬似餌よりも本物のエサのほうが断然食いがよいということ。寄せエサに集まってきた魚は、付けエサも違和感なく口にするだろう。また、エサ釣りではクロダイ、メジナ、マダイなどの、青ものと呼ばれる回遊魚以外の魚もターゲットになる。さらに仕掛けを太くすることでヒラマサやカンパチ、ブリなどの大型魚もこのスタイルでねらうことができるのだ。

ただし弱点もあって、エサ取りが多い時には付けエサが持たないこともあ

カゴ釣りでねらえる魚と遊泳層

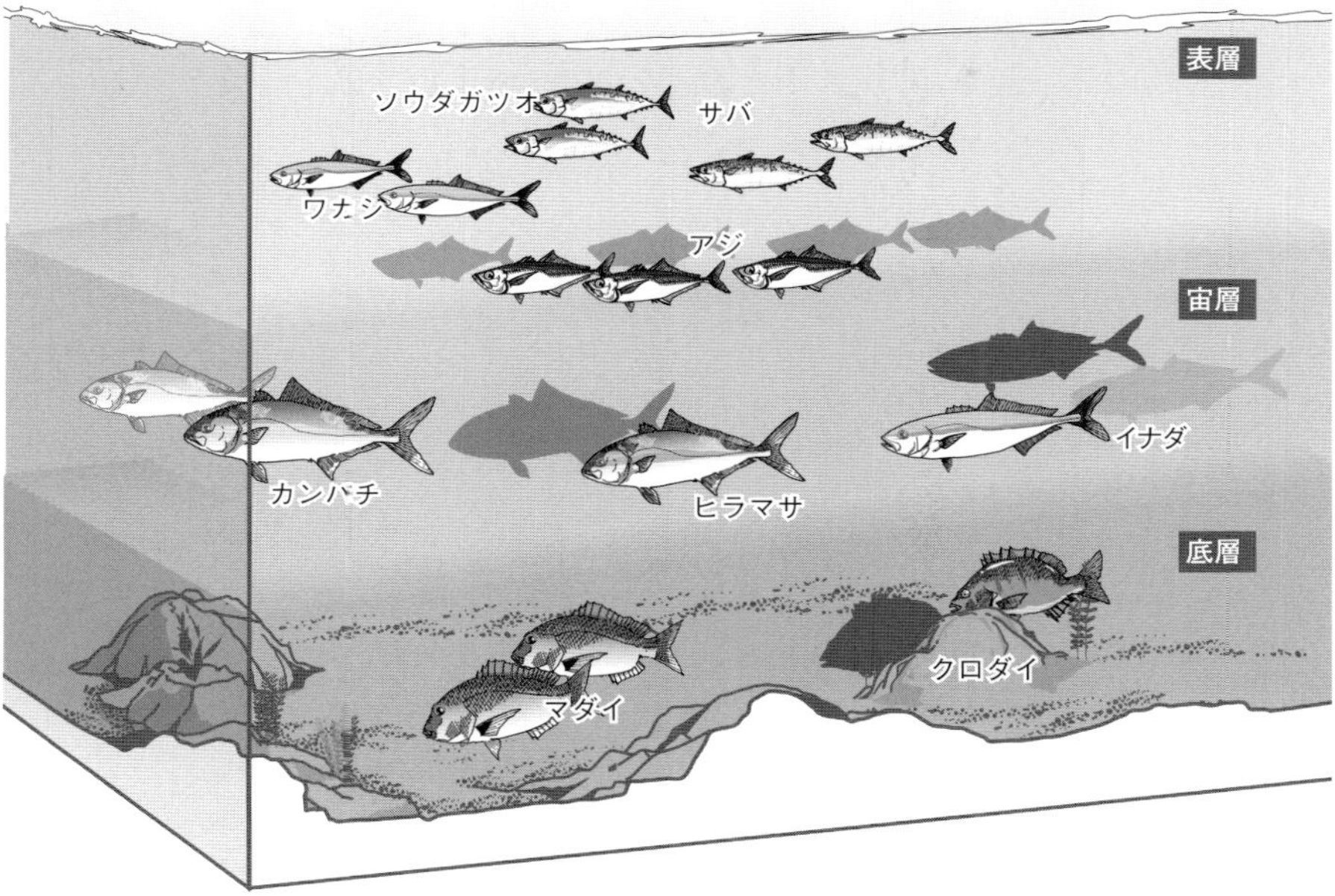

る。このような状況下や、サビキにバシバシと食ってくる場合は、カゴサビキ釣りのほうが手際よく釣りができる。

釣り方は、目差すポイントに仕掛けを投げ、着水したらサオを手前に引いて仕掛けを真っすぐにすることが重要。着水したままにしておくと、ハリスが絡んだり、ハリスが曲がった状態で沈むので、その間に魚が食ってもアタリが出ないこともある。手前に引くことでハリスは真っすぐに伸び、よけいなたるみも出なくなる。

さらに、サオを二、三度大きく振ってコマセカゴから寄せエサが出るように演出したい。魚はドバッと放出される撒きエサに一気に突っ込んでくる性質があるので、投入直後は緊張の一瞬。この時、付けエサと寄せエサがうまく同調していれば、ヒットする確率が高くなる。

天気と風向きの話

実際に釣りへ行こうと思った時、その釣り場に関するポイントなどの情報を事前に得ることも重要だが、それ以上に大切なのは、天気予報を必ずチェックしておくことだ。

釣行日の天気が予測できれば、雨具を用意したり、風波の影響が少ないポイントを選んだりすることが可能になる。荒天時には、釣行の中止も早めに決断できる。また、砂浜からの釣りでは沖に仕掛けやルアーを遠投する必要があるので、追い風となる釣り場を選ぶことが釣果にも結びつく。

そんな風向きを見定めるのに必要なのが天気図の読み方。ある程度の知識があれば、予想天気図から自分なりに天気を予測できるようになる。

高気圧と低気圧

気圧とは大気の圧力の強さを表わしたもので、ヘクトパスカル（hPa）という単位が使われる。高気圧は周囲より気圧が高いところで、低気圧は周囲より気圧が低いところ。天気がよくなるのは一般的に高気圧に覆われた時で、等圧線の間隔が広いと風が弱まるので海の波も穏やかになる。

また、私たちが普段「風」と言っているのは、気圧の高いところから低いところに向かう空気の移動。高気圧付近では時計回りに吐き出し、低気圧付近では、反時計回りに吹き込む。風向きは等圧線に対して斜め方向となるから、予想天気図からもある程度の風向きは読める。そして、気圧の差が大きいほど、空気の移動は活発になり風は強く吹く。等圧線の間隔が接近しているところは風が強くなるということだ。

天気が崩れるのは、低気圧や前線の通過時だ。低気圧付近は、空気が軽いから、引き込んだ空気で上昇気流を作り出す。これが急激な気温の下降にさらされて雲となるのだ。

四季の代表的な気圧配置を図表したので、追い風となるような釣り場の選定に役立ててほしい。

季節による代表的な天気図

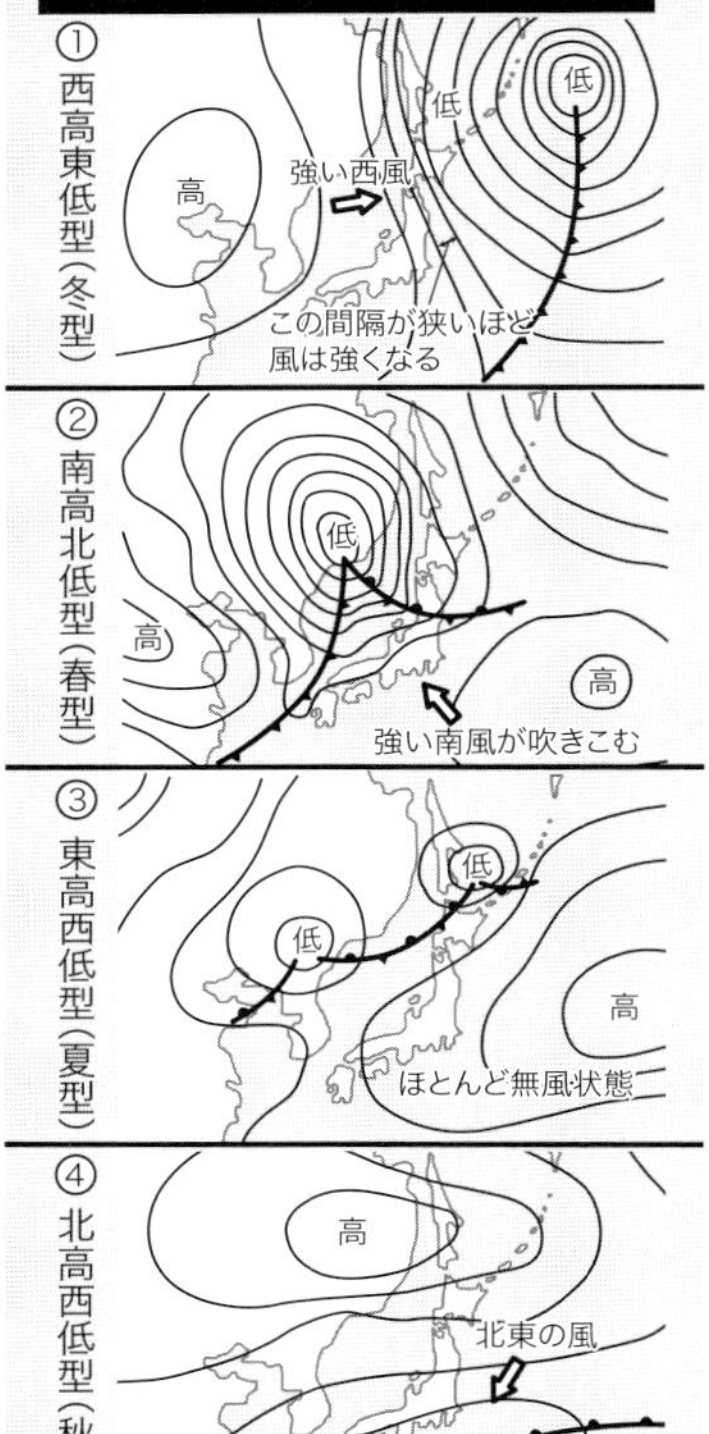

SURF FISHING TARGET GUIDE

ターゲット別
徹底攻略法

砂浜から釣れる魚は、シロギスだけとは限らない。
クロダイ、マダイ、多彩な回遊魚、底に潜むフィッシュイーター……
いろんな魚が待っている！
前記した4スタイルの釣りを柱に、魚種別攻略法を解説しよう。

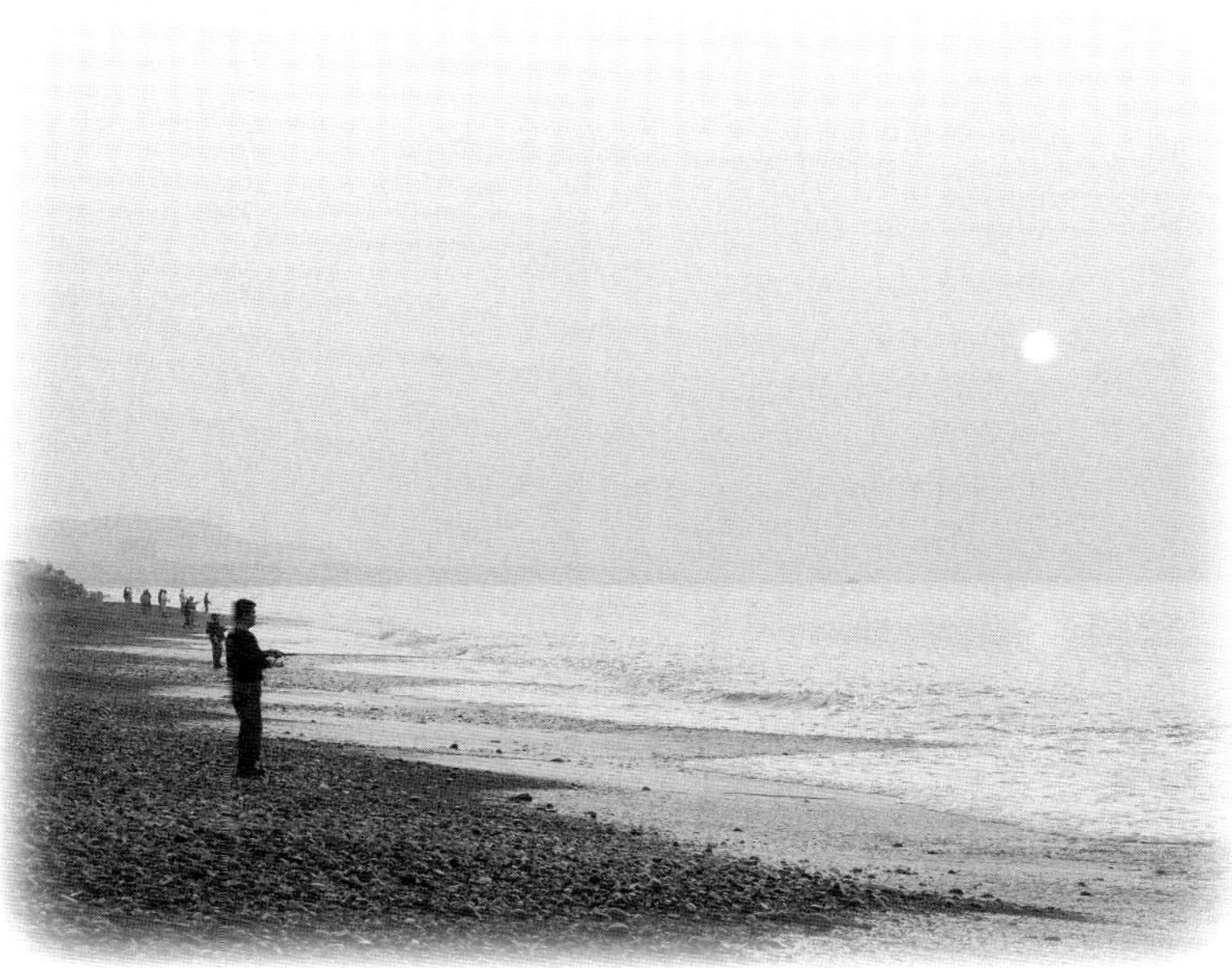

SURF FISHING TARGET GUIDE

アオリイカ

沿岸性の強いイカ。堤防や磯で大人気のエギングはサーフでも通用する

まだまだ場荒れの少ない砂浜では大型のアオリイカが餌木にヒットすることも多い

アオリイカは別名バショウイカとも呼ばれ、沿岸の堤防や磯などから手軽に釣れるうえに、食べても美味しい人気のターゲット。

ただそれだけに、手軽な港は釣り人で埋め尽くされてしまうケースも多い。人のいない場所を求めてハードルの高い磯に向かう釣り人が増えているが、経験を積んだベテランでなければたどり着けない危険な場所も少なくない。そこで注目されているのが、砂浜や砂利浜などの、サーフでの釣りだ。

●砂浜ではエギングがおすすめ

サーフのよいところは、ことといった特定のポイントを絞り込むことができないため、釣り人同士で先を争うことがなく、釣り場としての収容力があり、極めて安全性が高いことが挙げられる。

アオリイカは釣り方も多彩で、生きたアジをエサにするウキの泳がせ釣りや、ヤエンと呼ばれる掛けバリを投

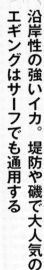

砂浜では波にミチイトが取られないようサオを立てて餌木の沈下を待つ

入するヤエン釣りなどがある。サーフで主に行なわれているのは、餌木を使用するエギングだ。

餌木を使った釣りは近年大ブレークした。誰でも手軽に楽しめることから、ビギナーの入門にも最適。タックルは専用のロッドに小型スピニングリールで、ミチイトには延びがないPEラインを使用する。ただし、サーフからキャストする場合、あまり短いサオでは飛距離が出ないうえ、ミチイトが波で叩かれてしまうことになる。そこで長めの9～10 ft前後で臨みたい。

タックル以外で重要なアイテムが偏光グラス。キャストした餌木の位置や動きを知ることは大切だし、餌木を追ってきたイカの姿が見えるかどうかで、その後の展開が大きく変わってくるのはいうまでもない。サーフに点在する海藻や沈み根の位置を確認するにも、偏光グラスはなくてはならない存在だ。

そして最も重要なアイテムとなる餌木だが、一般に釣具店では2～4・5号までの餌木が市販されているが、サーフでは遠投の利く3～4号が主流となる。また、遠浅の砂浜などでは、なるべくゆっくり沈むスローシンキングタイプの餌木も有効だ。

カラーだが、視認性のよいピンクとオレンジを基準に、地味系のグリーン、ブラウンを加えた4色を基本にするといいだろう。

●障害物周りをねらう

砂浜が広くてポイントの見当がつかないからといって、やみくもに餌木をキャストし続けても釣果を得られる確率は極めて低い。

アオリイカは根や海藻に寄り添うように潜む習性がある。したがって何の変化もない海底の水中に漂っているケースは少ない。

砂浜からアオリイカをねらう場合も、港や磯の時と同様、沈み根や海藻帯を見つけてその周辺をねらうのが基

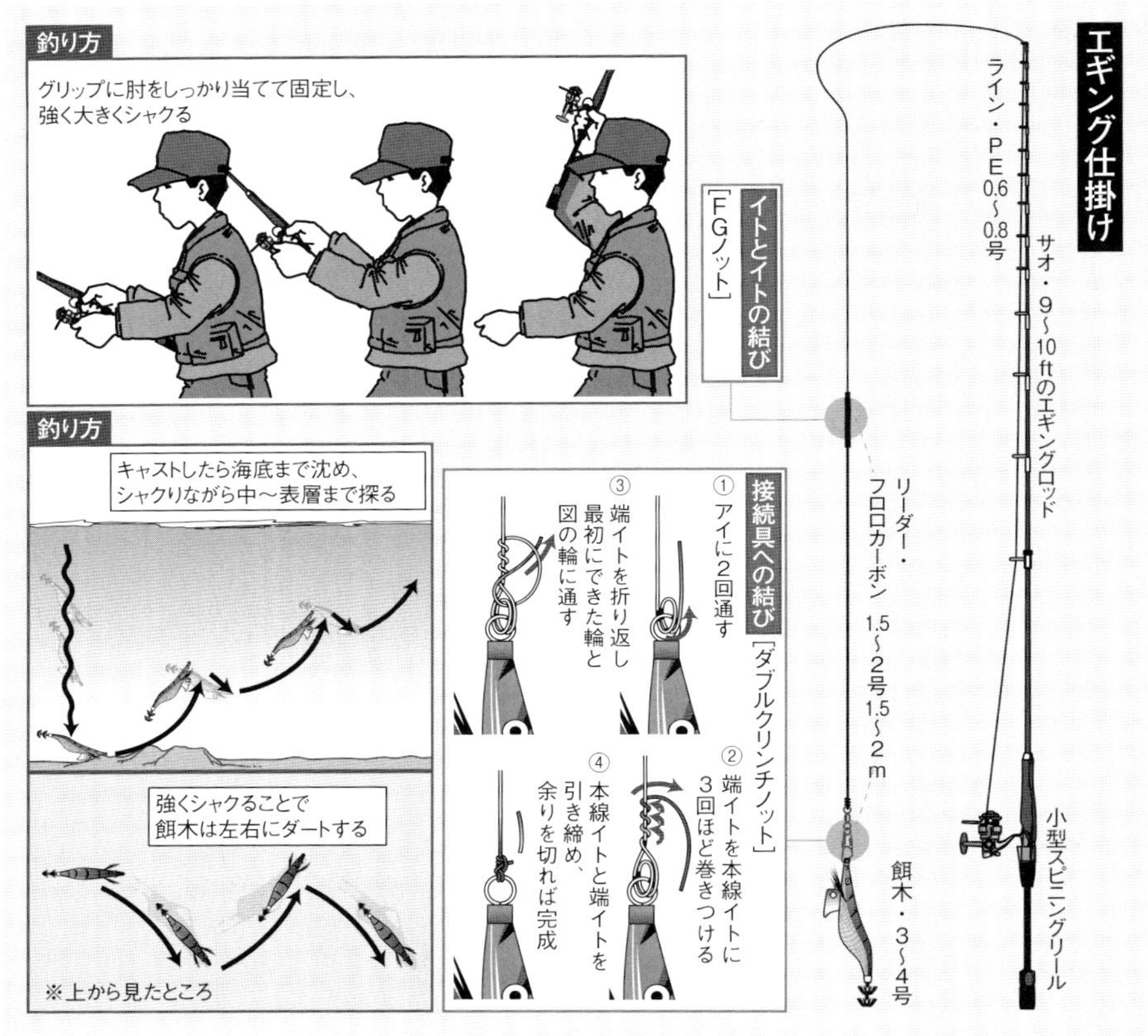

本となる。偏光グラス越しにそれらを発見できたら、迷わず周辺をチェックしてみること。

ドン深の砂浜など海底のようすが分からない場合は、水色がぐっと濃くなるカケアガリ周辺を重点的に流す。カケアガリ自体が1つの壁、すなわち根と同じ効果を発揮していることになるからだ。カケアガリは急峻《きゅうしゅん》であればあるほど、アオリイカが付きやすい。

沖合の根や海藻の有無については、餌木をじっくり沈め、根掛かりの有無や、海藻の切れ端がハリに掛かってくるかどうかで判断する方法もあるが、当然、餌木をロストする可能性もあるので予備は多めに持参したい。

●シーズンは春と秋

釣期はその年の海水温などによって多少違ってくるが、一般的には春の3月頃から7月にかけてと、9月中旬以降から12月までがねらいめ。大型をねらうなら産卵期の5～6月がベスト、

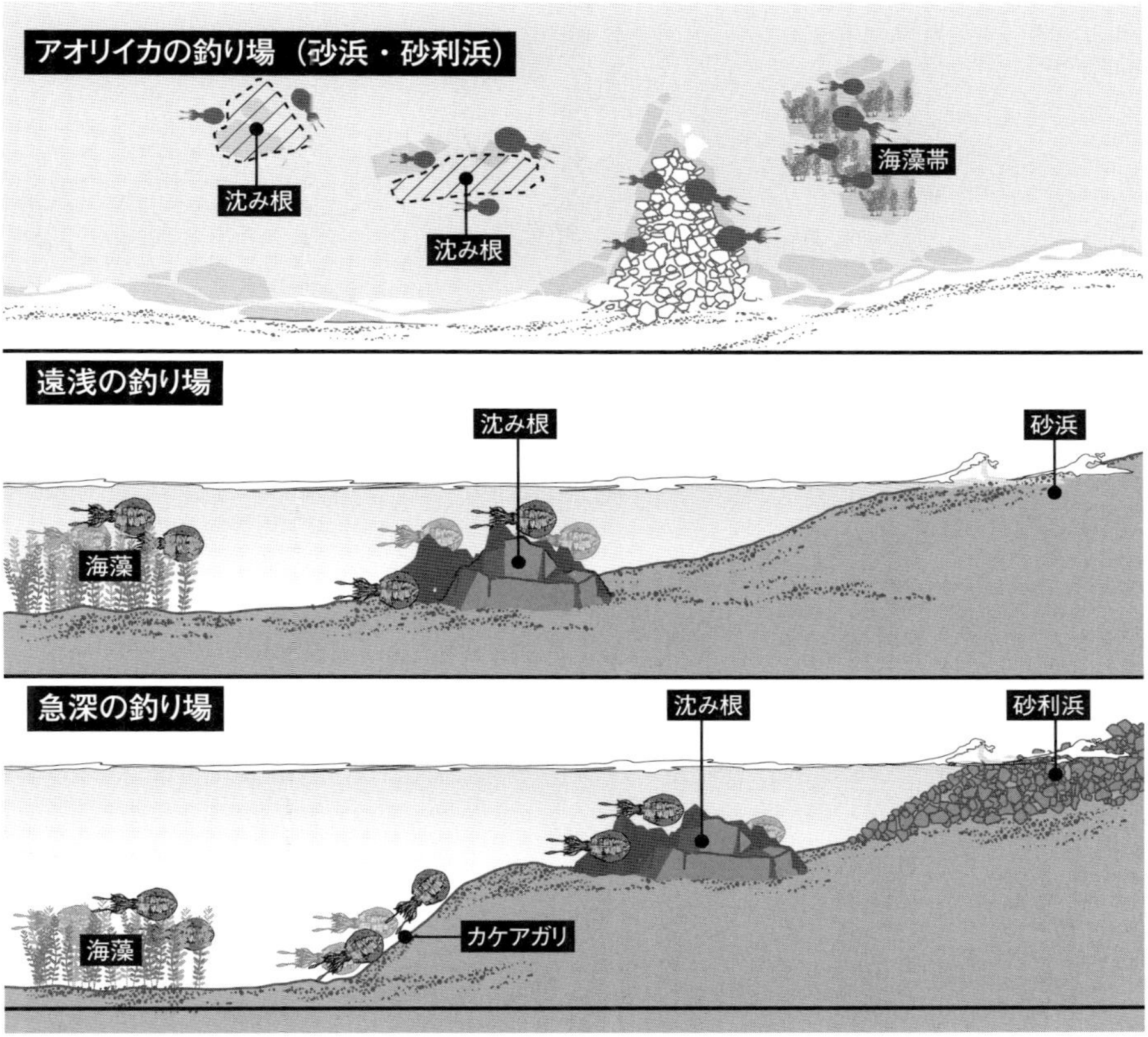

数を釣りたいなら9～10月がねらいめとなる。

釣り方は、まず餌木を投げ、海底付近まで沈ませる。ここからイトフケを取って大きくサオを2、3回シャクり、動きを止めて餌木を沈下させる。この時サオ先を下げて、ミチイトの動きを見ながら沈ませること。イカの活性がよければ、沈下途中の餌木に抱きつき、ミチイトが大きく動きながらサオ先にまでアタリが伝わることもある。アタリがなければ少し待ってミチイトのフケを取り、再度大きくシャクる。この時にイカが乗っているのが分かることもある。

掛かったら大きなアワセは不要で、そのままリールを巻く。引きが強ければ無理にリールを巻かず、ドラグ調整でしのぐ。大型になるとかなりの勢いでドラグが逆転するので、スリル満点だ。サーフでは玉網やギャフは不要。タイミングを図って、打ち寄せる波に乗せて引き上げたい。

アジ・イワシ

目差すはサビキ仕掛けに鈴なり釣果。中大型はカゴサビキ釣りで

アジ・イワシといえば、初めて釣りザオを持つ人でも存分に楽しめるファミリーフィッシングの人気ターゲット。どちらも内湾の奥まで大挙して回遊してくるため、群れに当たれば、まさに入れ食い状態で釣れ続く。

ここでいうアジとは12～18cmのマアジが主体で（釣り場によってはマルアジの幼魚も混じる）、イワシは12～15cmのカタクチイワシが主である（場所によってはマイワシが釣れる）。

主な釣り場は漁港などの足元から水深のある堤防だが、ドン深のサーフなども釣り場になる。急深になっていることでアジ・イワシのエサとなるプランクトンが溜まりやすく、群れが回遊してくるのだ。

ただ、アジとイワシが同時に釣れることは少なく、大体はどちらかの群れが入ることが多い。これは釣期のうえで両者に若干のズレがあるためだ。イワシのベストシーズンは春～初夏と、秋～初冬にかけて。アジのベストシーズンは初夏～秋である。

時合に関しては、イワシは日中の潮位の高い時間帯がねらいめ。アジの場合、小型サイズは昼夜ともにねらえるが、18cm以上のサイズは朝夕マヅメ、22cm以上になると夜釣りでなければなかなか姿を見せてくれない。また、アジも潮位が高い時間帯をねらうにこしたことはないが、それよりも、ほどほどに潮が動く時間帯に食いが立つ。

●潮通しと水深が決め手

アジ、イワシはともにプランクトンを捕食しており、エサが豊富な潮通しのよい外海に面した沿岸へと回遊してくる。そのため遠浅の砂浜海岸などでは期待薄で、遊泳禁止になっているような、波打ち際のすぐ先がドンと深くなっている砂利浜がおすすめだ。ポイントの目安としては、沖に通る潮目が

沖の潮目を探るなら遠投の利くカゴサビキ釣りがおすすめ

サーフからでもサビキ仕掛けで鈴なりの釣果が期待できる(写真はアジ)

代表的。

基本的な釣り方は、堤防などで楽しめるサビキ釣りでよいのだが、沖めを探ることが多くなるので、遠投が利くカゴサビキ釣りがおすすめ。コマセカゴと遠投ウキを用いて、サビキ仕掛けを沖合の潮目などに投げて釣る。

カゴサビキ釣りの仕掛けは、「吹き流し式仕掛け」「ドウヅキ仕掛け」「ブリッジ仕掛け」などがあるが、アジをねらう場合は、吹き流し式仕掛けか、ドウヅキ仕掛けを状況に応じて使用する。遠投して沖合を中心にねらう場合は、ハリ数を少なくした吹き流し式仕掛けが絡みにくく扱いやすい。

タックルは、寄せエサを入れたカゴを背負えるパワータックルが必要となる。遠投用の磯ザオ2〜3号に、中型スピニングリールか両軸リールをセットしたい。

カゴに詰める寄せエサはアミエビで、セットするサビキ仕掛けは寄せエサと同化するようなピンク系のスキン

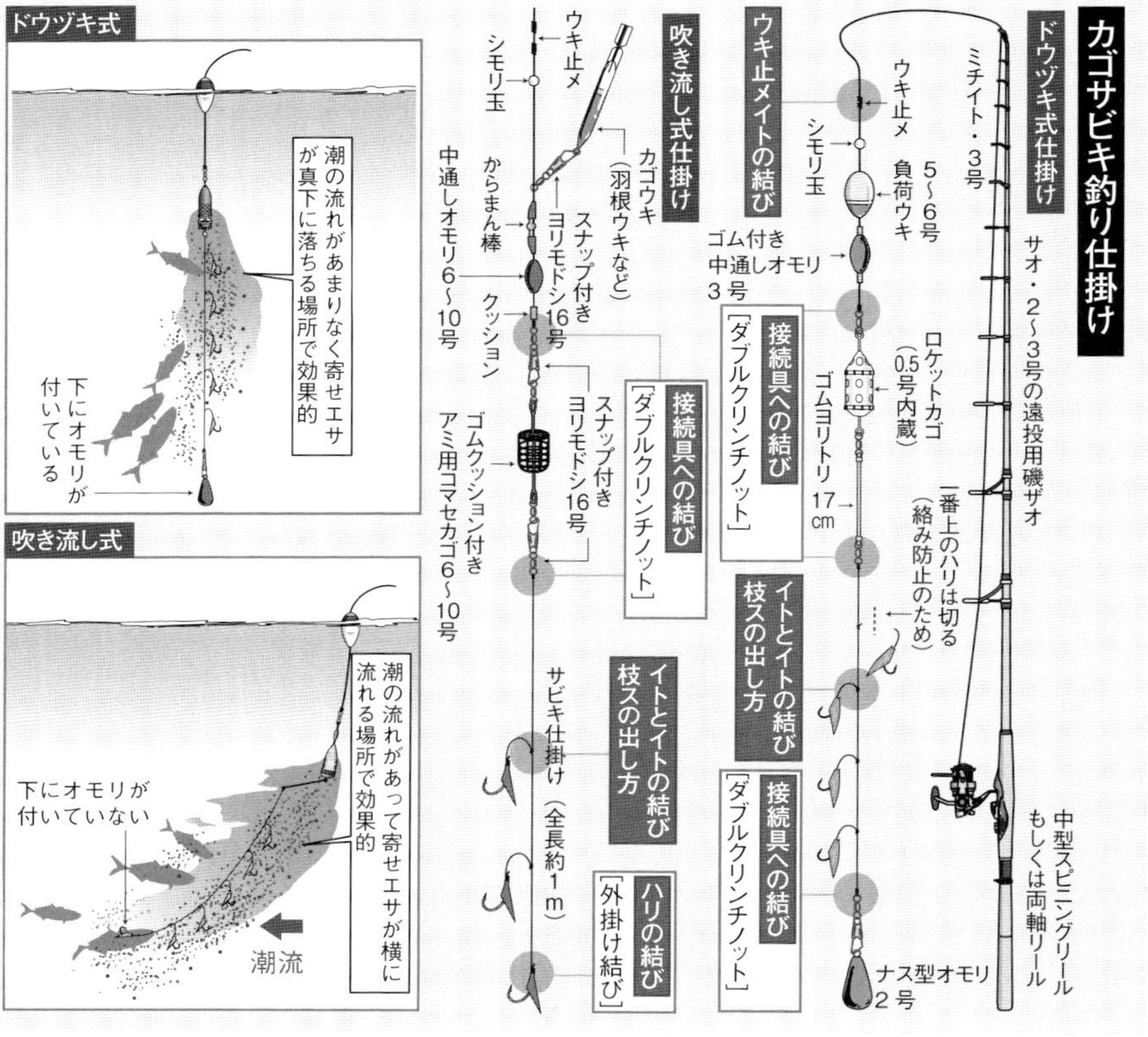

サビキがおすすめ。アジ用、イワシ用として市販されている製品を選ぶとよい。

釣り方のコツは、投入した仕掛けがタナに届いた後、必ずサオを大きくあおって寄せエサをカゴから確実に放出すること。仕掛けを巻き上げる度に寄せエサが半分以上もカゴに残っているようでは、寄せエサの効果はほとんど発揮されていないと考えたほうがよいだろう。

仕掛けを流す際の注意点として、吹き流し式の場合は特に、絶えずミチイトを張り気味にして流すように心掛けることが大切。場合によっては、手前にゆっくりと仕掛けを引き寄せながら魚の居場所を探ってくると効果的なこともある。

●投げサビキ釣りも有効

投げサビキ仕掛けは、寄せエサとして撒くアミエビに似せた擬似バリを魚に食わせる仕組み。特に魚影の多い釣

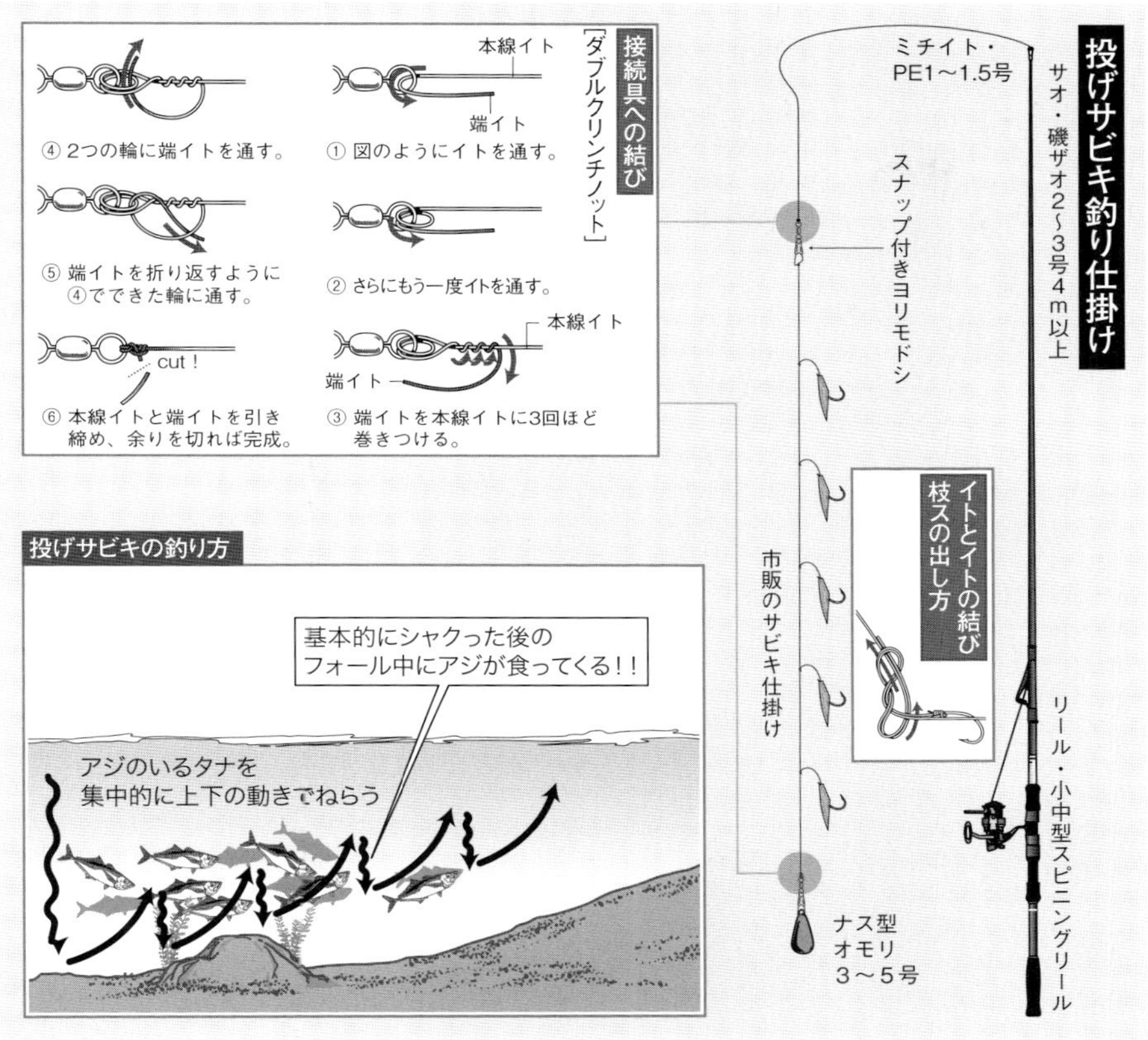

り場では寄せエサは不要で、サビキ仕掛けのみでもアジ、イワシを釣ることも可能となる。それだけルアー的な性格の強い仕掛けともいえる。

タックルだが、できれば磯ザオの遠投用で2～3号、4m以上のサオがあると釣りやすい。

使用するサビキ仕掛けは、市販品の魚皮やスキン製の物でよい。近頃は、投げサビキ専用で、ルアー効果を高めた製品もリリースされている。

釣り方は至極簡単。仕掛けをキャストして着水後タダ巻きするか、海底近くまで仕掛けを沈めてから、シャクって落として、シャクって落としてを繰り返し足元まで探ってくる。

基本的に、魚はサビキ仕掛けが落ちていくヒラヒラに反応して食いついてくるので、シャクってばかりではヒットは望めない。仕掛けがオモリに引っ張られて落ちる時間を与えてやることが大切だ。

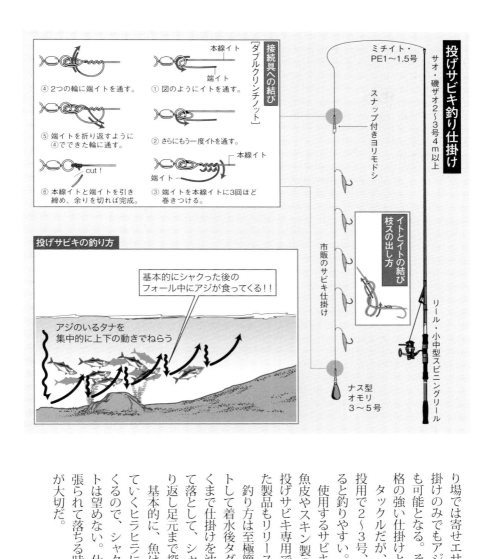

イシモチ

梅雨時と秋口が好シーズン。投げ釣りではサオ先にカツンと明確なアタリ

イシモチは砂浜から楽しめる投げ釣りの代表的なターゲットの1つ

イシモチは宮城県以南の太平洋岸と瀬戸内海に生息しており、特に外洋に面した広大な砂浜やその近くの堤防では、シロギスと並ぶ人気の投げ釣り対象魚。ちなみに、釣り人の間ではイシモチという名で呼ばれているが、魚類分類学上イシモチという名の魚は存在しない。釣り人が呼ぶイシモチとはニベ科の魚の総称で、その中でも一般的に投げ釣りで釣れる機会が多いのは、シログチとニベの2種。

シログチは体表が銀白色でエラブタに大きな黒色斑が1つあり、大きくても40㎝までが多い。一方ニベは灰青色だが大型になると黄色みを帯びる。またウロコに沿って黒色の点線が走るのも特徴だ。瀬戸内海地方では50～60㎝の大型もねらえる。

基本的にイシモチは夜行性の魚なので、特に大型や数ねらいの場合は夜釣りが効果的。ただし、年中波の荒い場所や雨が降って濁っているような時は、日中でも数釣りが期待できる。

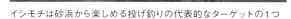

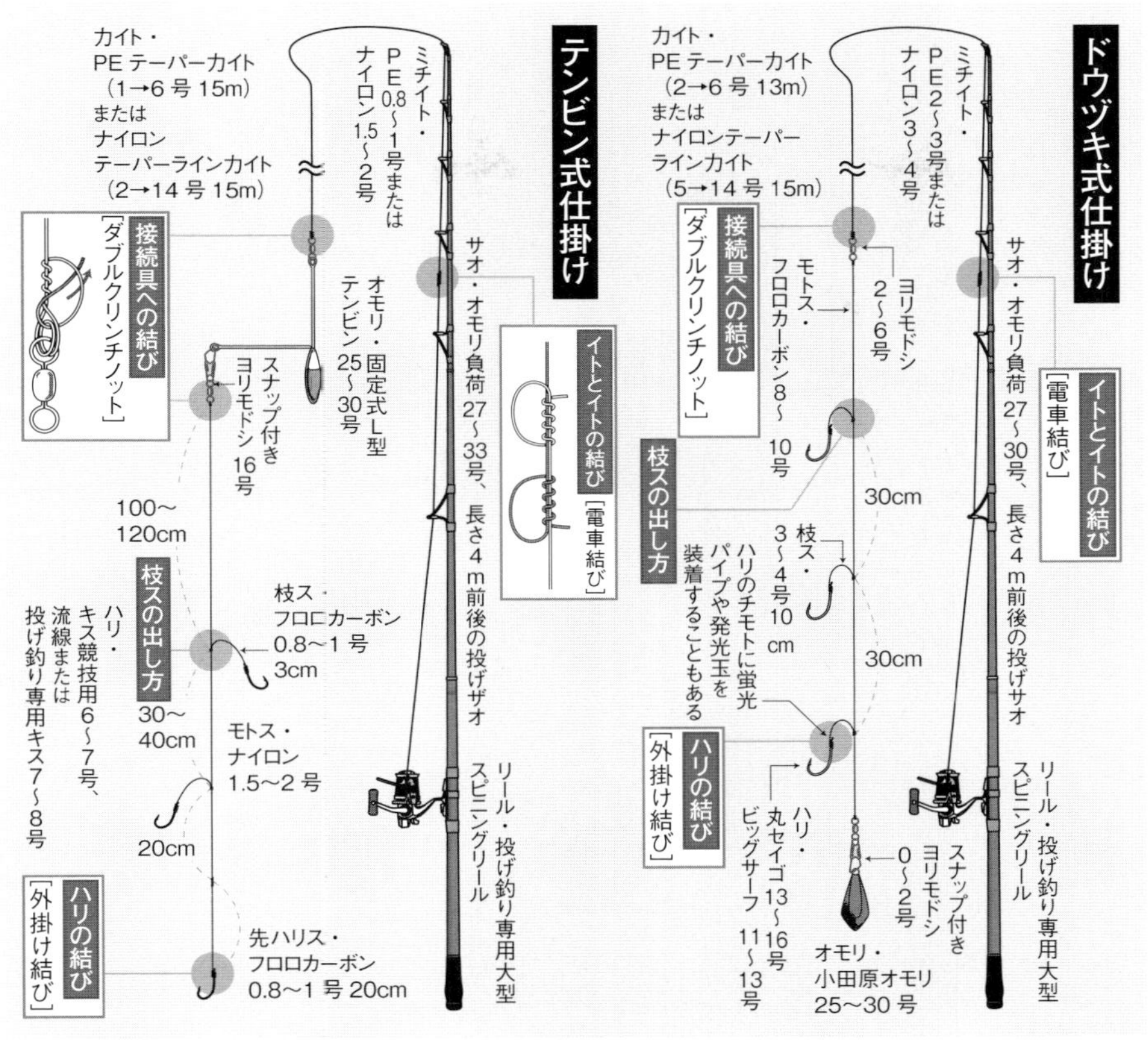

イシモチの釣期は、一般的な遠浅のサーフでは5月中旬～10月下旬。特に梅雨時は一番のねらいめだ。

●仕掛けはテンビン式とドウヅキ式

イシモチの仕掛けは釣り場の状況により大きく2つに分けられる。

関東地方を中心に考えた場合、常磐方面や遠州灘方面などのイシモチ釣りが盛んな地域では外洋に面した波の荒い砂浜が多く、海中での絡みが少ないドウヅキ式仕掛けが昔から用いられている。この仕掛けは一番下の部分にオモリが付いているため、枝スが絡みにくいのが特徴だ。

ただ、魚の食いという点から考えると、イシモチ釣りといえどもシコギス釣りのようなL型テンビン式仕掛けのほうが明らかに有利。実際、波の荒い海岸でL型テンビン式の仕掛けを使っても、仕掛けを投げた後で完全に置きザオにしなければ、ある程度絡みを防ぐことは可能である。

群れで行動する魚なので、当たればクーラーいっぱいの釣果も期待できる

濁りのある潮を好むため、河口部に隣接する砂浜などがねらいめ。朝夕のマヅメ時や夜釣りがフィッシングタイム

イシモチも年々魚影は少なくなってきており、昔ながらの太仕掛けでは数釣りは難しくなってきている。またドウヅキ式仕掛けは、L型テンビン式仕掛けに比べて飛距離も落ち、エサも切れやすいため遠投には不向きである。そのため、最近ではイシモチ釣りにもL型テンビン式仕掛けを使う人が増えてきた。

エサは、小型から大型までねらえる万能エサとしてイワイソメがおすすめ。20㎝前後の小型中心ならアオイソメでも充分だ。ほかにはサンマの切り身も安くてよく釣れるエサで、特に夜釣りでは効果的だ。

●カケアガリを探れ。イトフケには要注意

一般的な砂浜海岸の場合、まずは仕掛けを投入したら、シロギス釣りの要領で仕掛けを手前にゆっくりとサビきながらカケアガリ（オモリがグーッと重く感じられる場所）を探し、その周囲を重点的に流すと効果的。特に魚の食いがいまひとつの時や、群れが小さく散発的に釣れる程度の場合、カケアガリに仕掛けを置いてアタリを待つのもよいだろう。

L型テンビン式仕掛けを使っている時は、長時間同じ場所に置いておくと絡みやすいので、少しずつ超スローにサビきながらアタリを待つとよい。そのため、あくまでも待ちの釣りに徹したい時や、波打ち際付近をねらう時には、ドウヅキ式仕掛けが有利だ。

外洋に面した広い砂浜海岸は左右への潮流もあるため、ミチイトのたるみはまめに取り続けるようにしたい。ミチイトがたるんでいると、波打ち際で波に揉まれたり、砂にたたきつけられて傷つき、最悪の場合切れてしまうこともあるので要注意。

イシモチは群れで回遊しているので、時合が訪れるとパタパタと数尾連続して釣れることがよくある。周囲で釣れ始めたら時合到来と考え、サオ先に集中するようにしたい。

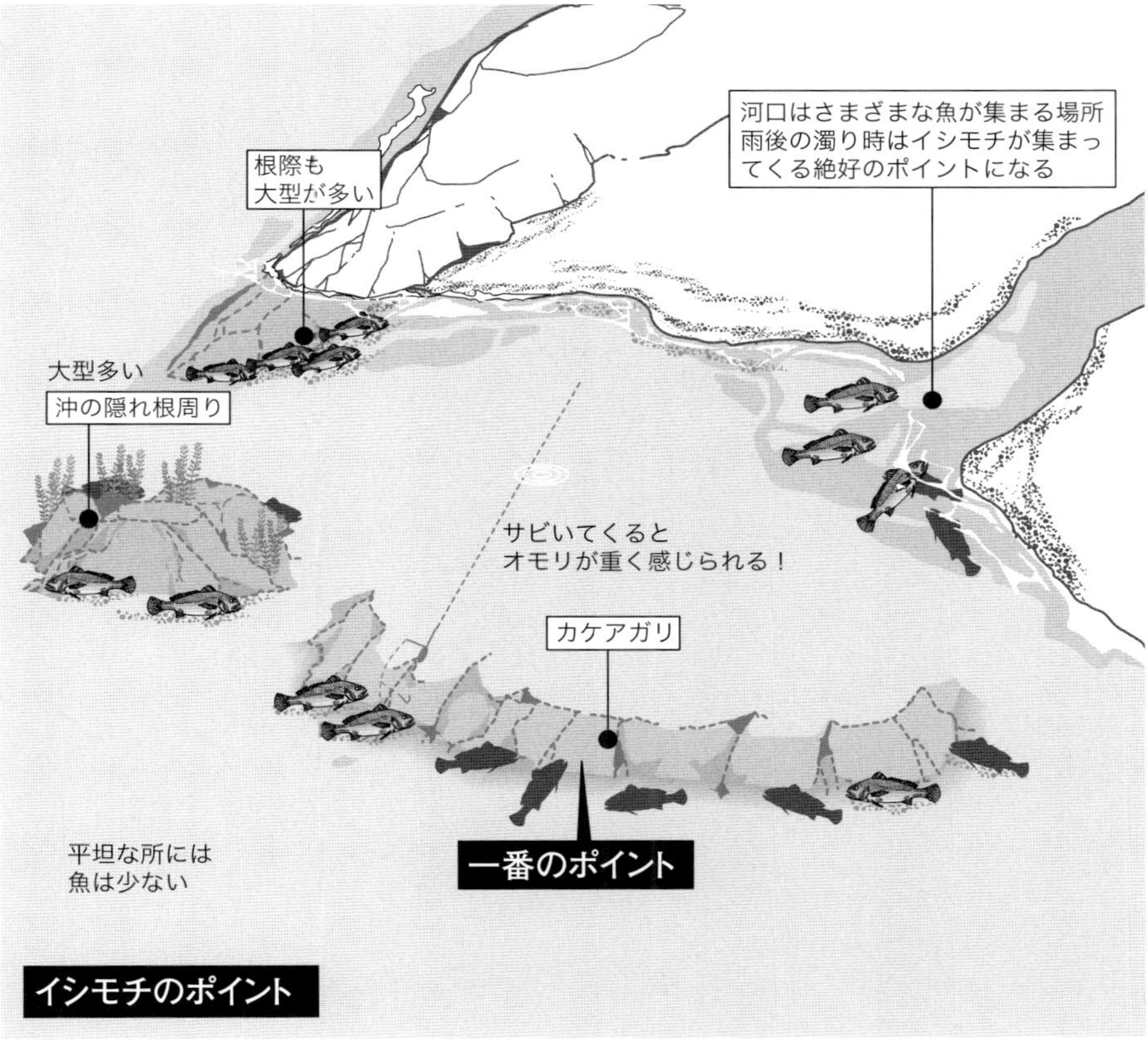

イシモチのアタリははっきりしており、サオ先がグッグッと動くのでよく分かる。ただし、潮流の速い場所で釣っているとイトフケが大きく、アタリがはっきり感じ取れないこともある。アタリを逃さない意味でも、細かくイトフケを取りながら魚の掛かりを確認してみることが大切である。

イシモチはアタリと同時にハリ掛かりしていることが多いが、軽く合わせてから巻き上げに入りたい。砂浜海岸の場合、取り込みは寄せる波に魚を乗せながら渚に引きずり上げるようにする。

なお、夜釣りでイシモチをねらう場合、釣り場には必ず明るいうちに入るように心がけたい。特に夜の砂浜海岸は沖から打ち寄せるウネリに気づきにくく、突然の大波にクーラーを持って行かれたりすることも多い。そのため荷物類は波打ち際よりもかなり離れた場所に置くように注意すること。

イナダ・カンパチ

外海に面した砂浜は絶好のフィールド。ナブラを目印に3釣法でアプローチ

回遊魚の代表選手がイナダ。カゴ、ルアー、サーフトロウリングと多彩な釣り方で楽しめる

ワカシとイナダはそれぞれ、出世魚であるブリの若魚の呼び方。通常、35㎝以下をワカシ、35～60㎝をイナダ、60～80㎝をワラサ、それ以上のものをブリと呼ぶ。

カンパチはヒラマサやイナダなどと同じく、黄色いストライプの入った流線型。上から見ると頭部に八の字を書いたような模様があるため、この名が付いたといわれている。

大型回遊魚は主に沖の本流に乗って移動しているが、ワカシ・イナダやカンパチなどの中型回遊魚は小魚を追って陸寄りの海域にも入り込んでくる。ただし潮通しのよい外洋に面した場所ということが条件だ。

もちろん、外洋に面した砂浜は絶好のフィールドになる。広大な砂浜でポイントの目安となるのが、バシャバシャと水面を泡立てるような小魚の動き。エサとして追われた時に起こるナブラといわれる現象だ。また海鳥が大挙して海面に接近するのも、その小魚

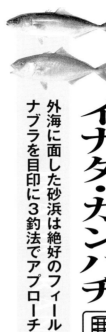

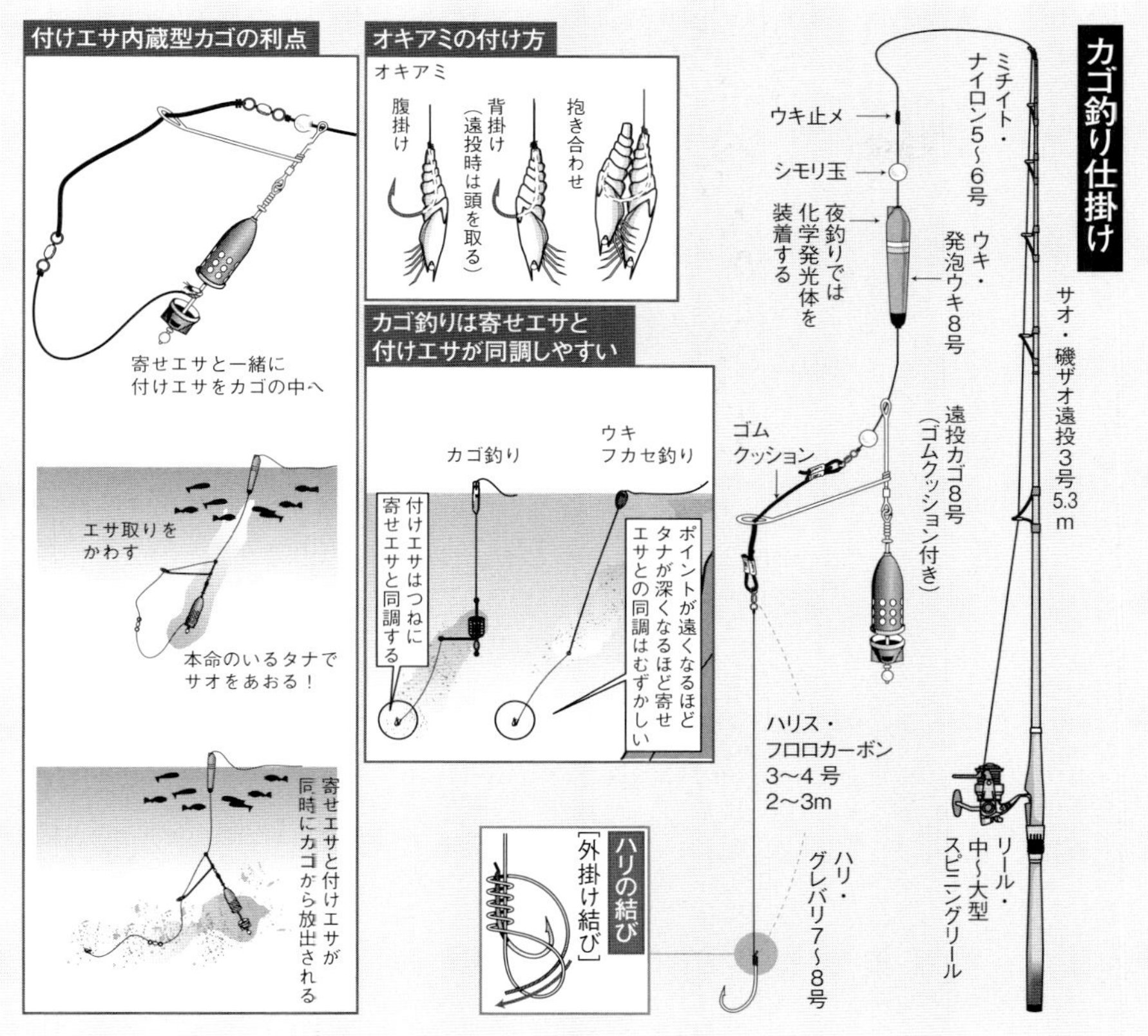

を捕食しようとするためで、鳥山と呼ぶ。いずれもフィッシュイーターである回遊魚が付近にいる証だ。

そんなナブラや鳥山をポイントの目安として釣行するのが、砂浜からの回遊魚ねらいである。釣り方は3種類。サビキやオキアミの付けエサを寄せエサと同調させて釣るカゴ釣り、和製ルアーの弓ヅノをテンビンオモリを使ってキャストするサーフトロウリング。もう1つがメタルジグと呼ばれる金属ルアーをキャストして釣るジギングである。

●寄せエサで魚を集めるカゴ釣り

カゴ釣りとは、浮力のある遠投用のウキを用いてコマセカゴごと仕掛けをキャストし、ターゲットとなる魚の回遊コースに仕掛けを流す釣り方だ。

タックルは重いコマセカゴを使用するため、サオは磯ザオの遠投タイプ3号5・3mが標準で、中～大型スピニングリールをセットする。ミチイトは

広大な砂浜で回遊魚を探す目安がナブラだ

カンパチは底近くを回遊しているので深ダナを探ること

5～6号を150m以上は巻いておきたい。

カゴ釣りは寄せエサと付けエサを完全に同調させることができるのが最大の強みで、寄せエサの煙幕に突っ込んでくる回遊魚を効率よく釣ることができる。沖めがポイントとなる砂浜では、遠投できることも大きなメリットとなる。

大別するとカゴ釣りにはエサ釣りとサビキ釣りがある。エサ釣りでは、1～2本バリにオキアミを付けエサとして使用し、1尾1尾丹念に釣っていく。

具体的な釣り方としては、カゴにオキアミなどのエサを詰め、付けエサにも同じオキアミを選びたい。ねらいの潮筋やナブラの先、もしくは手前などにキャストしたら、まずはサオを大きくシャクって、寄せエサを振り撒く。この直後にアタリが出ることが多いので、投入直後は要注意だ。

アタリがすぐに出なくても、しばらくは流してみること。何投かすると、寄せエサが効き始め、仕掛けの流れる筋に沿って、ターゲットが寄ってくるからだ。

ウキ下はハリス分からスタートして、アタリがなければ徐々にタナを下げていこう。アタリは、一気にウキを消し込むことが多く、消し込みを確認

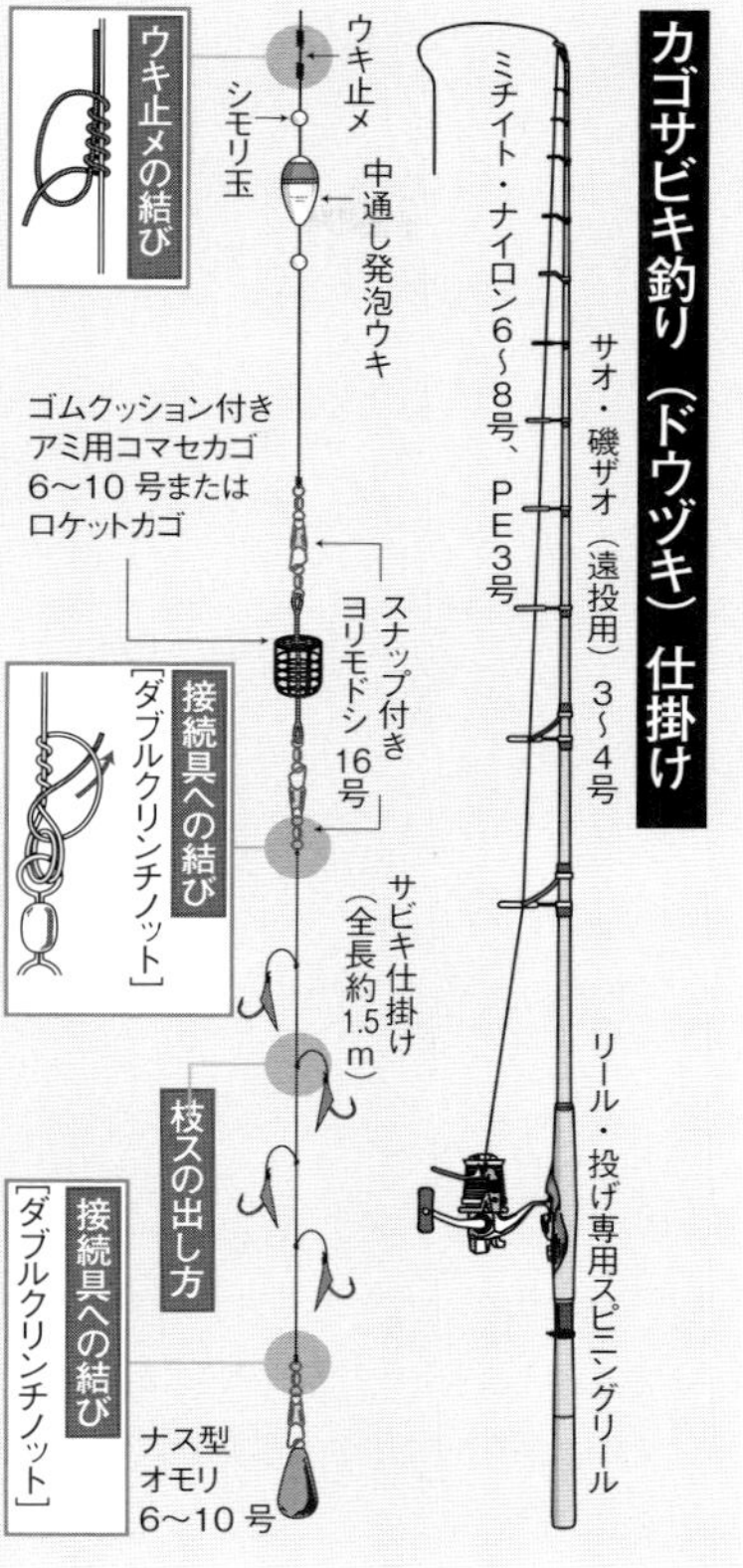

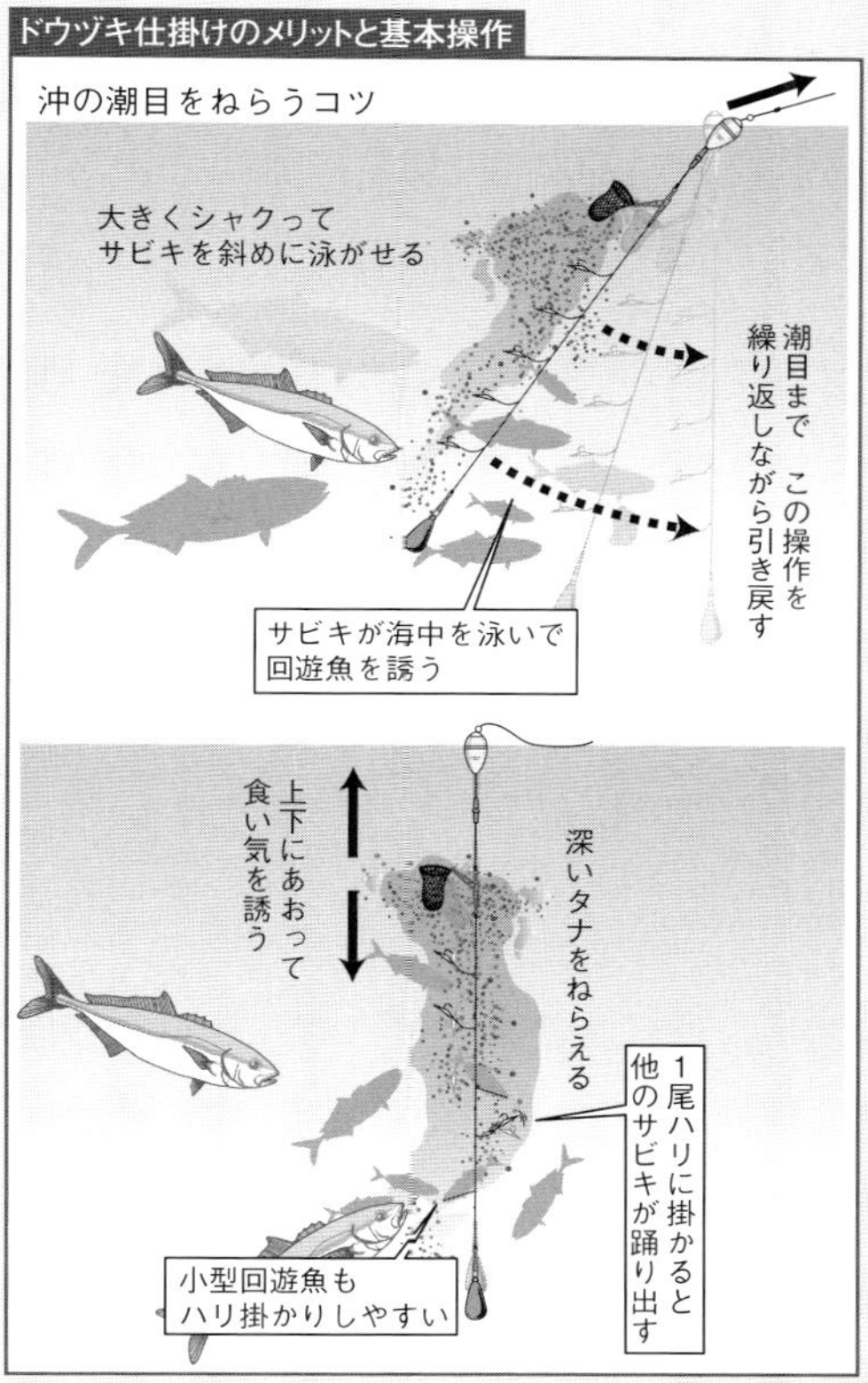

してからしっかり合わせるとよい。

一方、カゴサビキ釣りは、アミエビやオキアミをコマセカゴに詰め込み、その下にサビキ仕掛けをセットする。仕掛けは、吹き流し式よりもドウヅキ仕掛けがおすすめだ。下オモリスタイルにすると、キャスト時に仕掛けが絡みにくく、アタリも取りやすい。しかも、通常のサビキ仕掛けをそのまま使えるから、カゴ釣り（エサ釣り）と同様のタックルがあれば、仕掛けの変更のみでカゴサビキ釣りが楽しめる。

●遠投可能なサーフトロウリング

サーフトロウリングは投げザオにジェットテンビン、ハリスの先には弓ヅノと呼ばれる和製ルアーをセットした仕掛けがポピュラー。いくら中型回遊魚が接岸するといっても、日によってはポイントが遠いこともある。遠投性能に優れた投げ釣りタックルなら、どんな状況にも対応できるというわけだ。

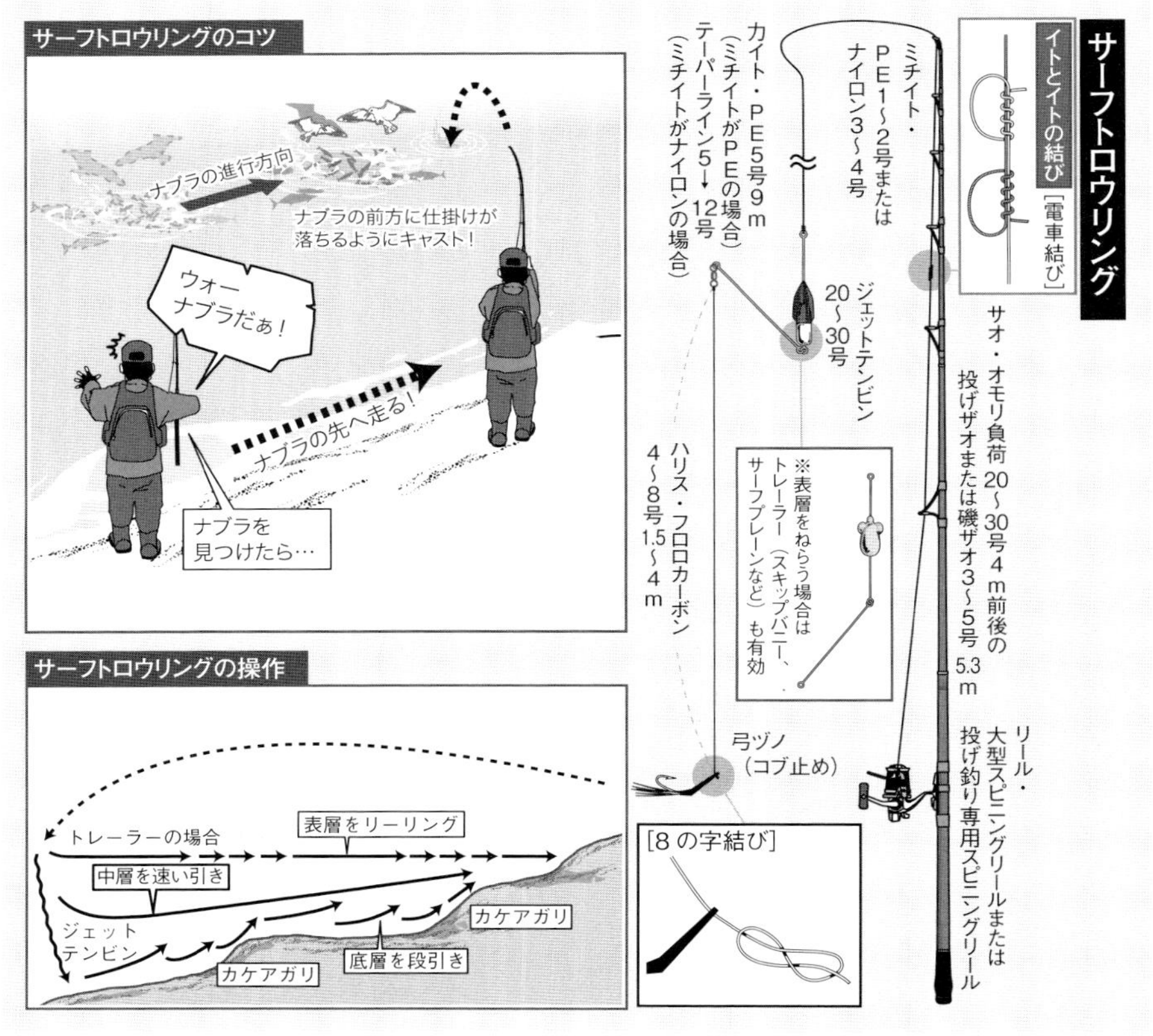

近くにナブラがあれば迷わずねらってみる。とはいってもナブラのど真ん中に仕掛けをドボンと投げ込むと、着水音に驚いて群れが沈んでしまうこともあるので、なるべくナブラの向こう側に仕掛けを落とし、群れの中を通過させるようにしたい。

もしくはナブラの進行方向とスピードを読んでキャストし、群れの先頭部分をかすめるように引いてくるのも効果的。同じ群れの中でも、大型の魚ほど端のほうにいることが多いので、良型が釣れる確率も上がる。

リーリングは速めが基本。巻き上げるスピードに変化をつけて、魚に食いつかせる間を与えるのも手だ。ナブラがなくても、時期とポイントさえ間違えなければ中層を泳ぎ回っているケースが多い。キャストしたら底まで沈め、一気に巻き上げるのがセオリーだ。

●手軽なルアー釣り

回遊魚はほとんどがフィッシュイー

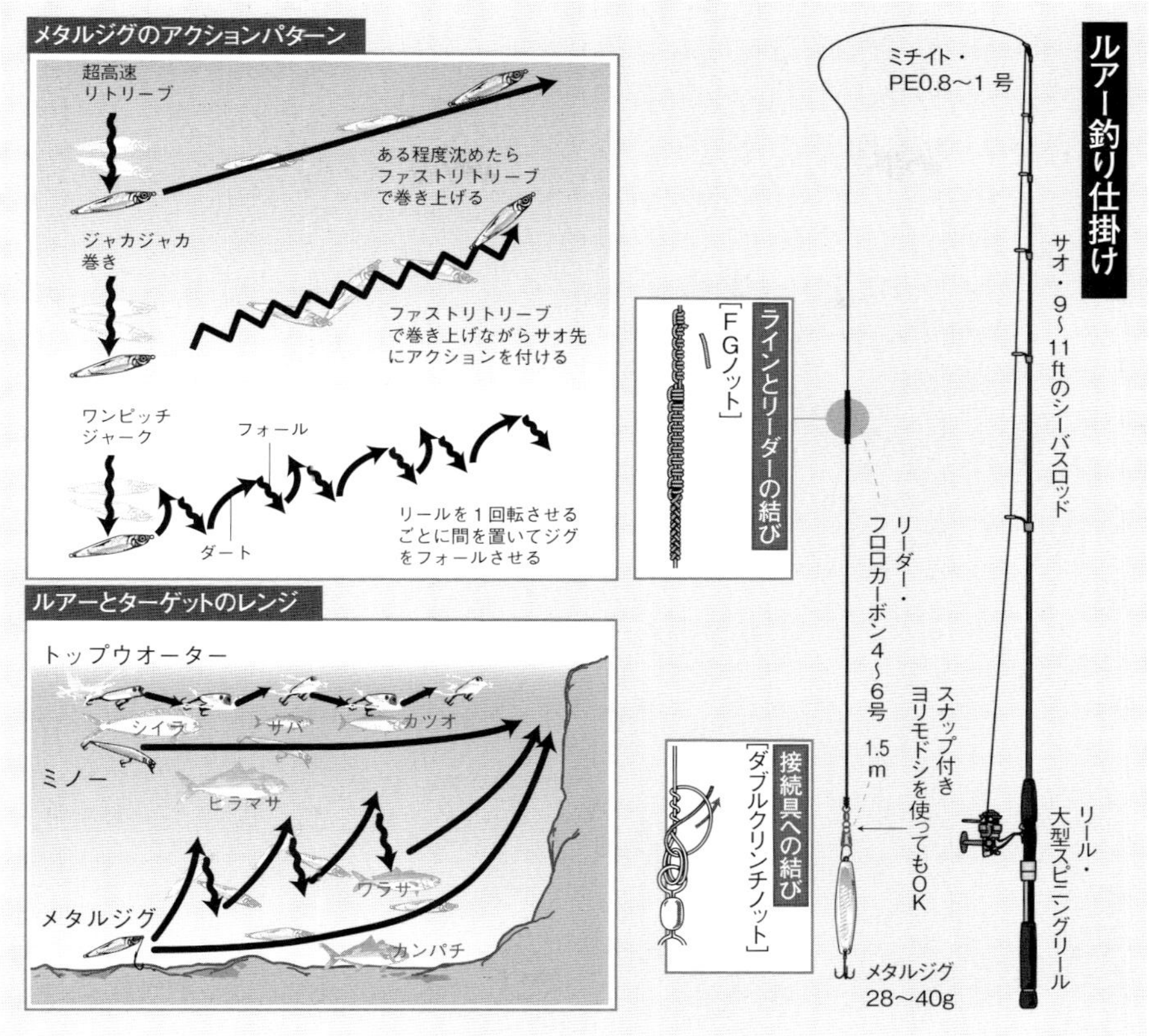

ターであるため、中〜大型魚に関してはルアー釣りでねらうことは非常に効果的であり、最も手軽に回遊魚をゲットできる方法かもしれない。

砂浜で非常に使い勝手がよいルアーが1oz（28g）のメタルジグ。遠投もできるし、深場も探れる。そのほか、9〜13cmの細身のシンキングミノーや、ポッパーやペンシルベイトなどのトップウオータープラグと呼ばれる、水面でアクションするルアーも使用できる。

ルアー釣りの重要なテクニックは、とにかくルアーを速い動きでアクションさせること。遊泳スピードが速い回遊魚は動体視力に優れ、遅い動きのルアーはすぐニセ物であると見破ってしまうからだ。

まっすぐ引く場合も、ロッドでシャクリを入れる場合もルアーを止めないことが肝心。魚がルアーにアタックできるほんのわずかな間があればよい。

SURF FISHING TARGET GUIDE

カニ類

投げて、待って、上げるだけ。専用のカニ網仕掛けで脚を絡め取る

カニ網に掛かったガザミ。一挙に2～3杯掛かると、重くて抜き上げるのにひと苦労する

海水温の上昇とともに砂地に生息する魚たちの活性は上がるが、やっかいなエサ取りも元気になる。カニ類はその代表格。投げ釣りで、つい仕掛けをそのままにしているとエサがなくなっているのにアタリはないことが多い。そのほとんどは、カニについばまれているのだ。ならば、エサ取りのカニを本命としてねらってみるのも面白い。

カニ釣りといっても、魚のように口にハリを掛けて釣るわけではなく、釣り方は専用のカニ網を用いて、網に絡ませて釣る（取る）。

カニ網で釣れる対象となるカニの種類は豊富で、代表的なものにガザミがいる。一番後方の脚（第4歩脚）が櫂（オール）状になっていて、泳げることから、ワタリガニとも呼ばれている。近似種のタイワンガザミ、ノコギリガザミ、ジャノメガザミ、イシガニなども釣りの対象だ。

九十九里や茨城の海岸でよく釣れるのがヒラツメガニで、さまざまな地方

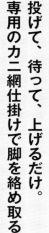

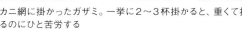

カニを絡める網とオモリ、エサを入れる袋が一体となったカニ網

ガザミは食べても美味しいので、カニ網で楽しむファンも多い

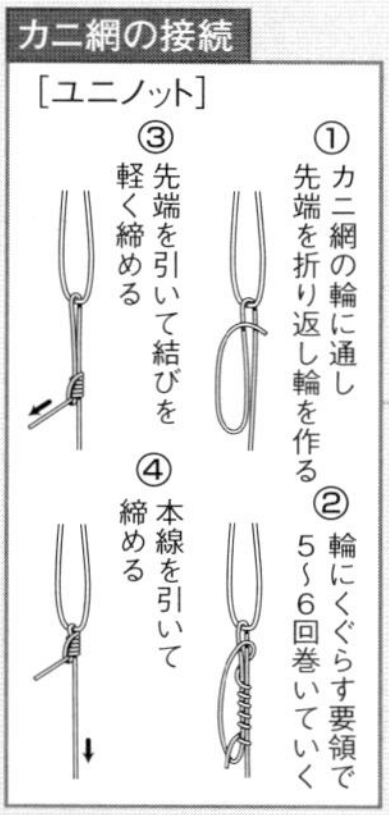

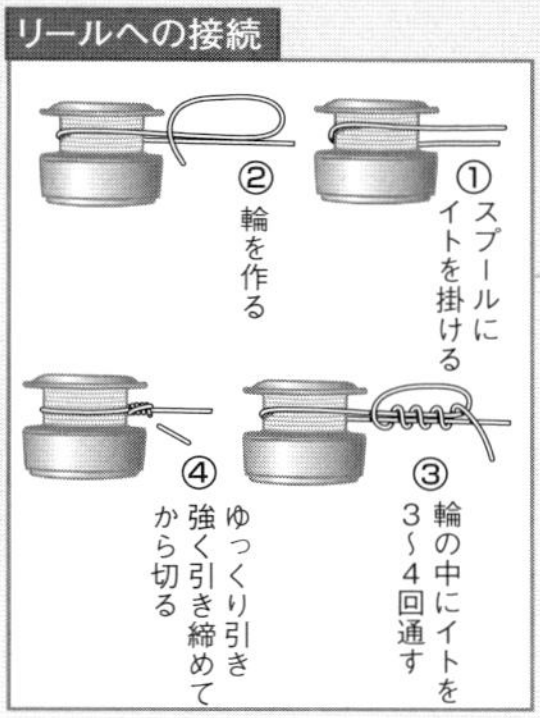

カニ網仕掛け

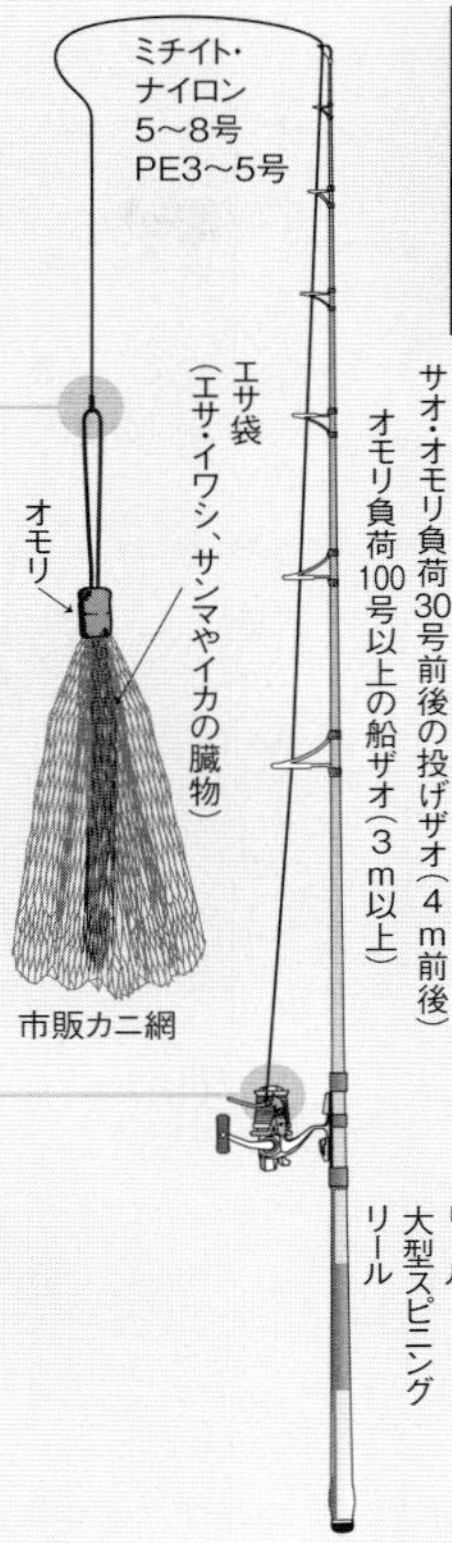

名がある。キンチャクガニや丸ガニ、あるいは甲羅の模様がアルファベットのＨの文字のように見えることからＨガニとも呼ばれている。

　そのほか、常磐地域でねらえるクリケガニ（クリガニとトゲクリガニの総称でケガニ（クリガニの仲間）や、汽水域に生息するモクズガニなどもカニ網で釣ることが可能だ。

●砂浜ではミオがポイントの目安

　広大な砂浜では、どこに投げてもカニが釣れるわけではない。カニたちは海底のミオと呼ばれる深みに多く溜まっているので、このミオを探して攻略することが肝要である。

　ミオは波の立ち方で確認できる。崩れる波が立つ場所は浅瀬になっており、深いミオは波が崩れにくい。同じように見える海のようすも、じっくり観察すると違いが分かるのだ。

　また、カニは雑食で死んだ魚の身なども捕食しているため、上流からエサ

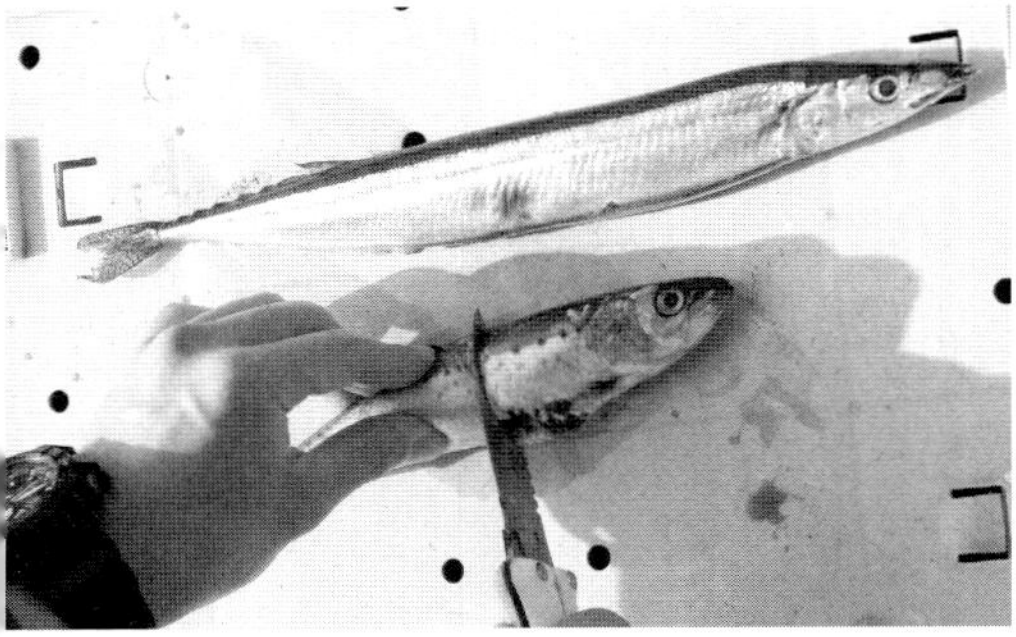

カニ網にセットするエサはサンマやイワシの切り身

これはヒラツメガニ。甲羅の模様がアルファベットのHの文字のように見えることからHガニとも呼ばれる

これがカニ網。こんなふうに脚が絡まってしまうと、もう逃げられない

が流れ込んで溜まるような、河口部と隣接する砂浜などもポイントになる。

道具立ては、重いカニ網を投じることができる硬めの投げザオが必要。リールは大型のスピニングが適しており、ミチイトはナイロンなら最低5号、PEラインなら3号を使用する。これに市販されているカニ網をセットすればOKだ。

カニ網は中〜小サイズがおすすめ。釣りたい欲に任せてつい大きめの網を使いたくなるものだが、網が大きいからといってそれほど釣果に差は出ない。網が大きいと、絡みなどのトラブルも増えて逆に効率が悪くなる。

エサはカツオのアラ、イワシ・サンマなど匂いの強い魚の身エサ、魚やイカの臓物もよい。これらのエサは専用のエサ袋に入れて、カニ網の上部にほどけないようにしっかりと結び付けておく。

●インターバルを置いて巻くだけ

砂浜のポイント

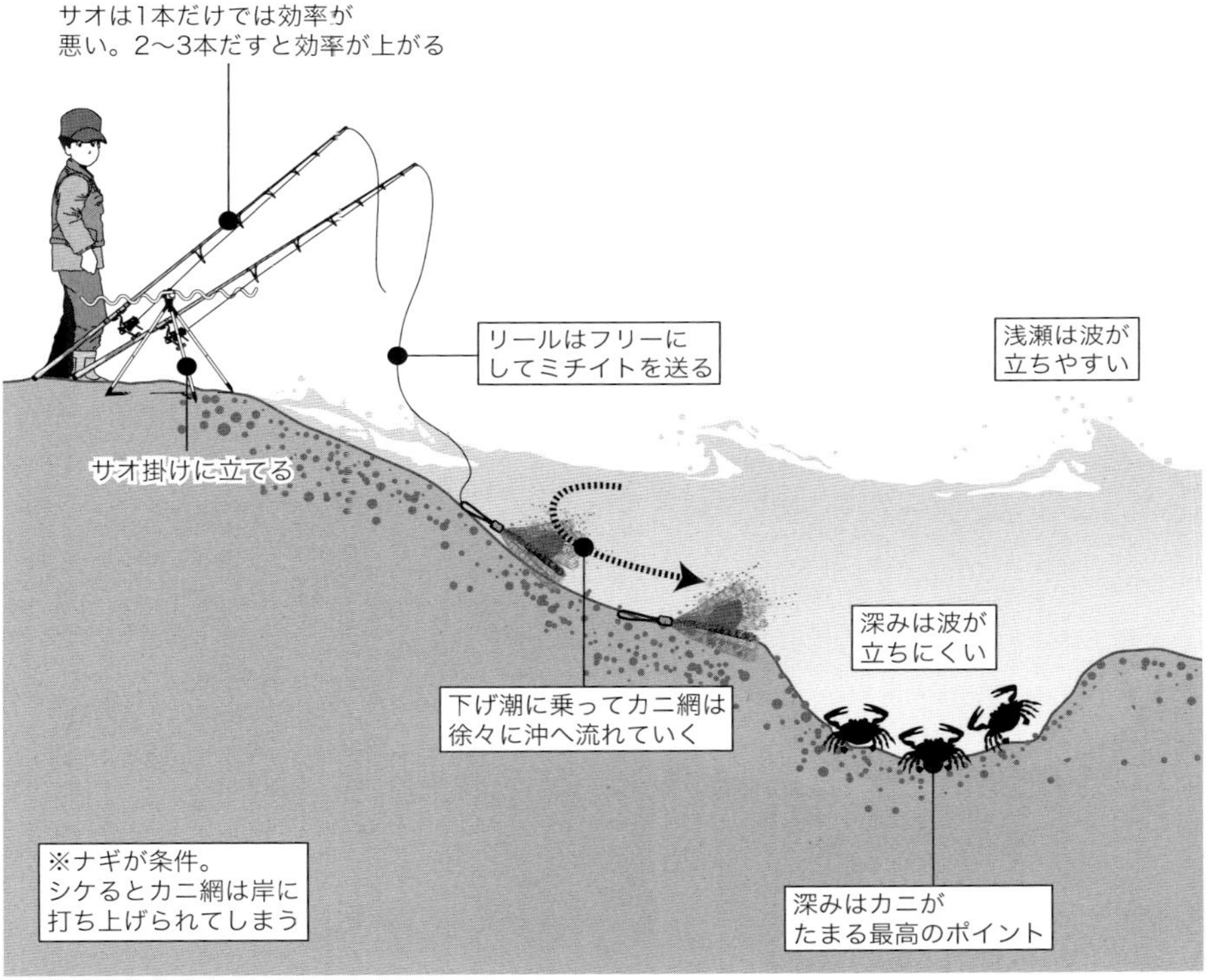

サオは1本だけでは効率が
悪い。2〜3本だすと効率が上がる
リールはフリーに
してミチイトを送る
浅瀬は波が
立ちやすい
サオ掛けに立てる
深みは波が
立ちにくい
下げ潮に乗ってカニ網は
徐々に沖へ流れていく
※ナギが条件。
シケるとカニ網は岸に
打ち上げられてしまう
深みはカニが
たまる最高のポイント

釣り方は簡単。エサ袋をセットした仕掛けを波口に投げ、サオをサオ掛けに置いて待つだけ。この時、リールのベールはオープンにしたままにすること。ミチイトをフリーにして、引き波で仕掛けを沖へ運ばせるようにするのが数釣りのコツだ。必然的に潮は沖へ通す下げ潮が圧倒的に有利となる。逆に海が荒れていると、仕掛けが砂浜に打ち上げられてしまって釣りにならないので注意したい。

できれば何本か同じタックル、仕掛けで用意しておき、扇型に遠近を分けて投入する。投入ごとに同じ場所を流すよりも、点々と広範囲を探るのも釣果を伸ばすコツとなる。

それらを順に、20〜30分程度のインターバルを置いてから引き上げるようにする。カニが網に絡まっていれば、ずっしりした手応えが感じられるはず。巻いてきたら寄せ波に乗せて海岸へと引き上げればよい。

カマス

どう猛なフィッシュイーターの性質を利用して擬似餌でアタック

KAMASU

フラッシャーサビキでカマスの多点掛け。群れが入れば数釣りが楽しめる

沿岸部で釣れるカマスは主に2種類。アカカマスとヤマトカマスで、見分け方は背ビレと尾ビレの黄色みが強く、ウロコも大きめではがれにくいのがアカカマス。回遊魚の中では小型の部類に入るが、非常に魚食性が強い。鋭い歯を持った口で、小魚を捕えてエサにする。

ポイントは、エサとなるイワシなどの小魚が回遊してくる場所だ。特に外洋に突き出た堤防の先端部や曲がり角などは、水深があれば日中でもカマスをねらうことができる1級のポイントだ。そして、砂浜も、外洋に面した潮通しのよいところなら充分に回遊が見込める。

内湾の中に広がる遠浅の砂浜などは望みが薄い。遊泳禁止となっているような砂利浜で、波打ち際の先から深くなっているようなら期待大。ただし、イナダなど他の回遊魚に小魚が追われて湾内に入っているような時は、遠浅の砂浜でもチャンスはある。

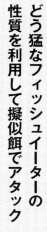

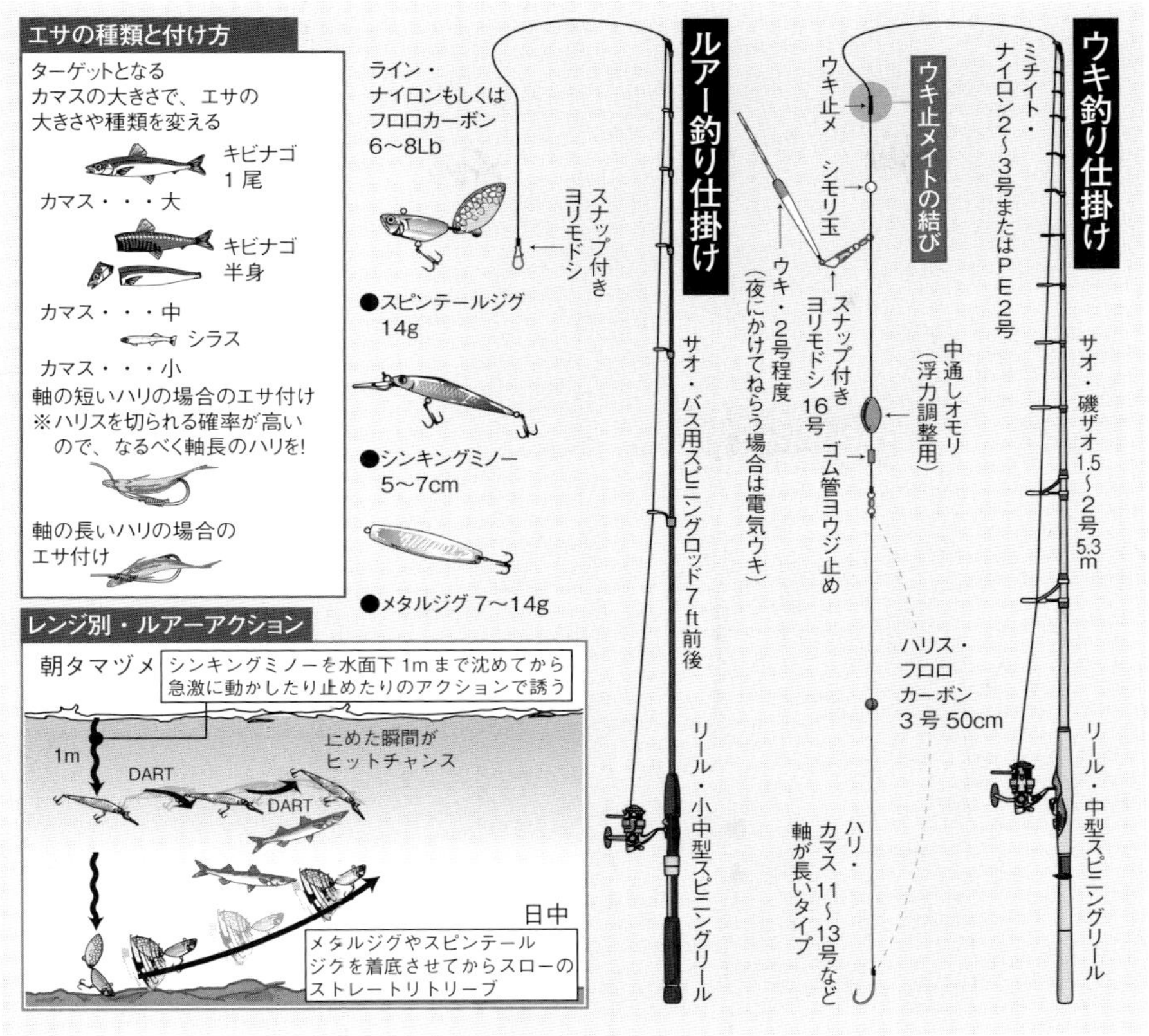

前記したとおりカマスは魚食性が強く、フラッシャーサビキを用いた投げサビキやルアーなど擬似餌の釣りでねらう人が多いのだが、魚の身エサを使用したウキ釣りにも根強いファンが多く、いずれも砂浜から楽しむことができる。

●日中でも楽しめるウキ釣り

ウキ釣りにはいくつかの優位性がある。まず、カマスがスレないこと。ルアーやサビキなどで何尾も釣りあげていると、見切られて突然食わなくなることがあるが、魚の切り身や小魚をエサにしたウキ釣りでは、終日安定した食いが期待できるのだ。

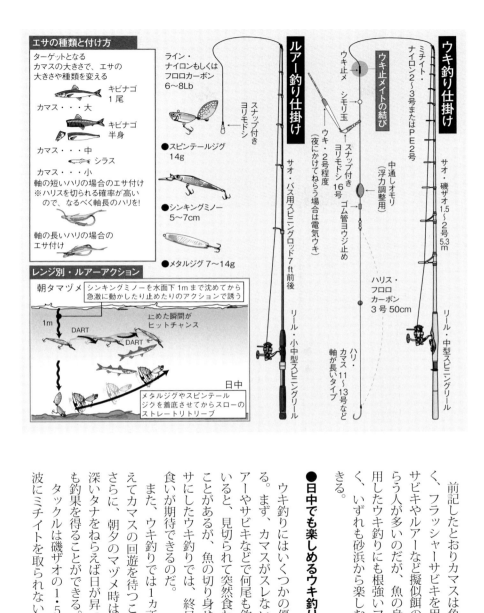

また、ウキ釣りでは1カ所に腰を据えてカマスの回遊を待つことが可能。さらに、朝夕のマヅメ時はもちろん、深いタナをねらえば日が昇った日中でも釣果を得ることができる。

タックルは磯ザオの1・5〜2号で、波にミチイトを取られない5・3m以上の長めが砂浜では使いやすい。リールには3号前後のミチイトを巻いておく。そして日中は視認しやす棒ウキを、夜は電気ウキを装着する。カマスは歯の鋭い魚なので、なるべく軸の長いカマス専用バリや、タチウオ用として市販されているワイヤーハリス付きを使用したい。

カマスはフィッシュイーターだが口が小さく捕食が下手

エサは生きた小魚が確保できればよいのだが、カマスが回遊していると小魚を釣るほうが至難の業となる。そこで、釣具店で市販されている1・5㎝ほどの幅で短冊状になったサンマやサバの切り身、冷凍のキビナゴなどをハリ付けしたい。

キーポイントとなるのがタナの調整。カマスは、朝夕のマヅメ時は水深1・5～2mと比較的浅いタナを回遊することが多いが、日が昇っている時は深いタナを回遊する。それを意識してタナを調整したい。

●手軽なフラッシャーサビキ

フラッシャーサビキはカマスねらいの独特の仕掛け。ある程度遠投が可能なので、砂浜でも威力を発揮する。フラッシャーサビキとは、小魚をイミテートしたサビキであり、カマス用に細分化したもの。サビキといっても寄せエサを使わないため、常に動かし続けて誘いとなるアクションを与えることが重要。

仕掛けは、吹き流し式とドウヅキ式の2タイプがある。ドウヅキ式仕掛けは水深のあるポイントで用いられることが多い。仕掛けの下にナス型オモリを装着するため、キャスティングしやすい。また仕掛けが張った状態で取り込みや魚を外すことができるので、ハリスが絡みにくく、手返しよく釣りができる。

ドウヅキ式仕掛けは、サビキにダイレクトにアクションを付けやすい特徴もある。キビキビした動きは高活性時のカマスがよく反応するので、朝夕マヅメをねらう時のパイロット仕掛けとして重宝する。

●高活性ならルアー釣り

カマスはミノー、ソフトルアー、スプーンなどあらゆるタイプのルアーによく反応するが、一方で捕食は決して

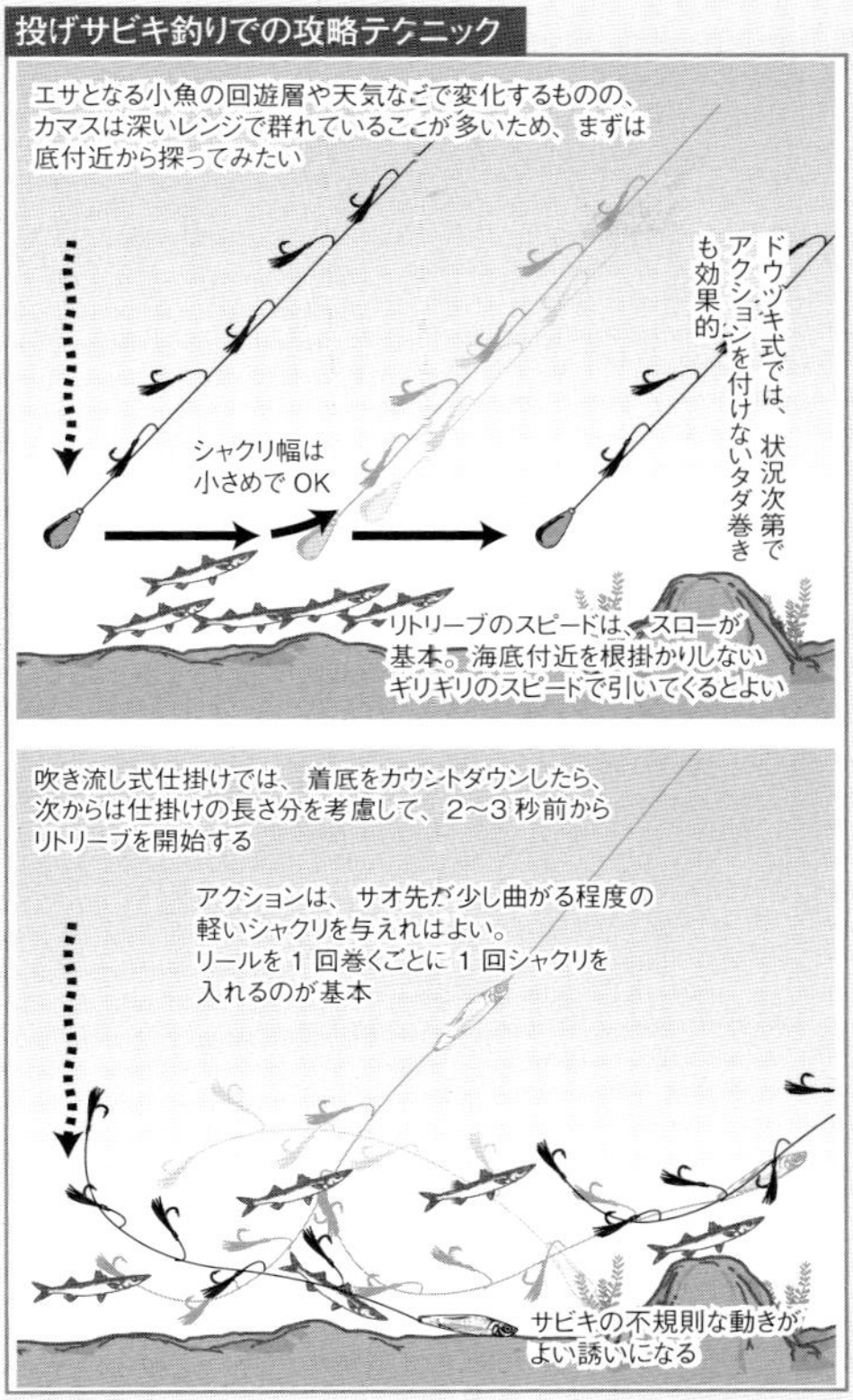

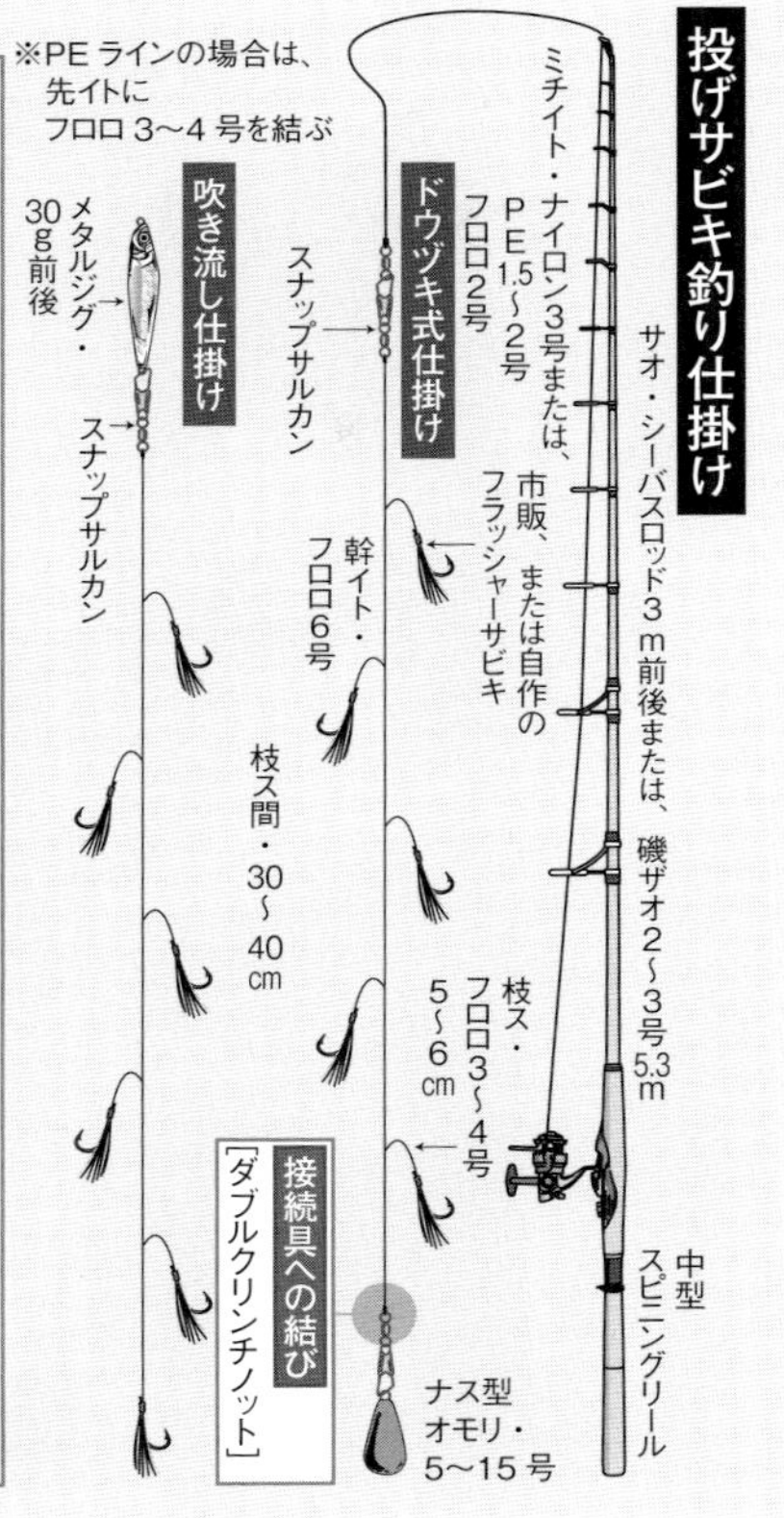

上手とはいえず、いかにフッキングに持ち込むかがカギだ。特に、水面にカマスが見えているような高活性時にルアーが威力を発揮する。

ルアー釣りでは、5～7㎝のシンキングミノーや7～14gのメタルジグ、スピンテールジグが主戦力。手返しが早くなるため、ポイントを絞り込めない場合でも短時間で広範囲をチェックすることが可能だ。特に表層をねらう場合に適しており、ナブラが見られる時には入れ食いも期待できる。

カマスねらいでは飛距離の出ない小型ルアーを使うため、より沿岸に近づく朝タマヅメがねらいめ。表層で小魚を追うカマスが確認できれば、群れの周辺にミノーやジグをキャストし、水面下50㎝から2mまでの表層を若干速めのスピードで引いてくる。ときどき、小刻みなシャクリを入れるとアタリが倍増することがある。カマスは口が硬く、ハリ先が立ちにくい。ハリ先が甘いと感じたら、すぐに交換したい。

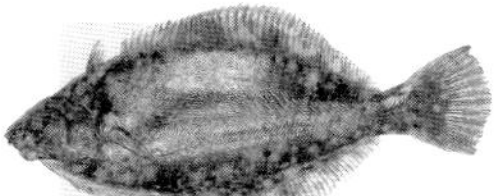

カレイ

投げ釣り2大ターゲットの1つ。腰を落ち着け複数ザオでポイントを見つける

じっくり腰を落ち着けて良型をゲットしよう

カレイとヒラメを見分けるのに「左ヒラメに右カレイ」と言うが、口で見るのが簡単。カレイは口が小さく、ヒラメは鋭い歯が見える。投げ釣りで釣れるカレイの仲間は10種類以上いるが、その中でも全国的に、最もポピュラーなのがマコガレイだ。体色は茶褐色で、不規則な形の淡色の斑紋または斑点が多数ある。マガレイに似るが、無眼側の尾の付け根は黄色くならない。海底に潜みゴカイ、イソメ類、小型甲殻類、小型魚類を捕食する。

初夏〜秋に1本ザオで砂浜を歩き回ってねらうシロギス釣りのアクティブなイメージとは対照的に、晩秋〜春にかけて1カ所に腰を落ち着け、数本のサオを並べてねらうカレイ釣りは、静の釣りというイメージを持つ人も多いだろう。しかもカレイは、シロギスのように数が釣れる魚ではない。しかし、じっくり粘って魚がヒットし、30cmオーバーの平たい魚体が水面下に浮かび上がってきた時には、シロギス釣

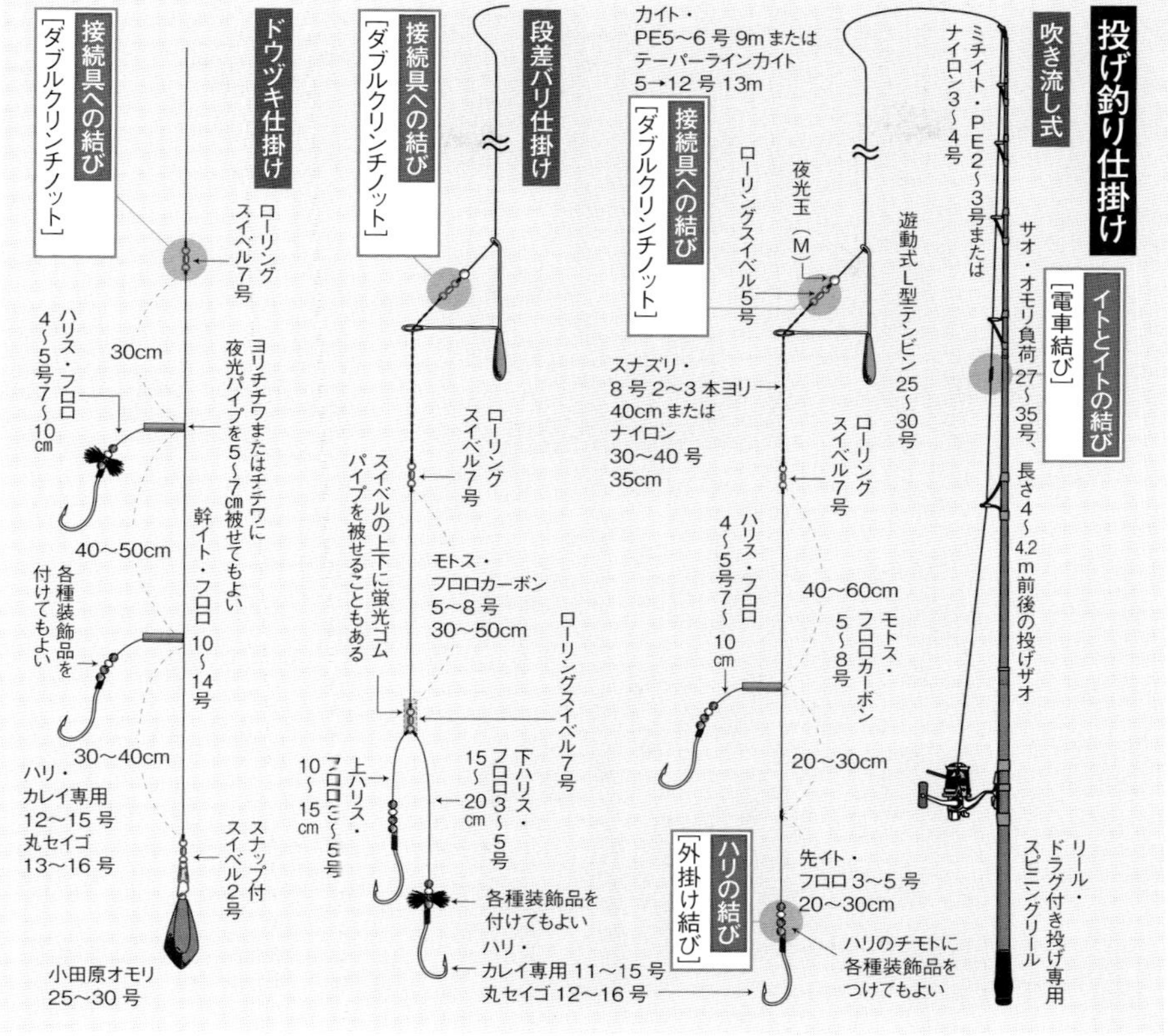

りにはない感動が味わえるはずだ。

●カレイの潜むポイントを知る

一般的なカレイのポイントは、海底のカケアガリや河口、隠れ根周りをはじめ、港周りの航路筋やケーソン、イケス周りなどさまざまだ。堤防や岸壁などからねらわれることが多いが、砂浜からも釣果を手にすることができる。

その際、注意したいのがカレイの付き場となる特徴。島と島の間や、大きな入り江の出入口で、対岸までの距離が数百メートルと狭まっているような場所にある砂浜。そんなところは潮がよく動くのでカレイの好ポイントとなっている。場所によっては激流になることもあり、潮止まり前後がねらいめとなることが多い。

プランクトンやエサとなる生物が集まりやすいカケアガリにはあらゆる魚が集まる。最も基本的な投げ釣りのポイントで、カレイ釣りでも、投げた仕

根際ねらいではカレイのほかにアイナメなども掛かってくることが多い

沖に根が点在するような砂浜は大型マコガレイの絶好ポイント

掛けは必ずカケアガリに止めてアタリを待つように心掛けたい。特に砂浜海岸からねらう場合は、カケアガリがベストポイントになる。

また、広大な砂地にポツンと沈み根や海草帯がある場合は、その際の砂地に仕掛けを置くようにしたい。河口部に広がる砂浜は川の流れで海底が掘り下げられていたり、エサが流されてきたりするので、魚が集まりやすい。また淡水の流入により海水の塩分濃度がやや下がるため、カレイ類の生息には最適な条件となっている。

最も釣果を左右するのが潮目、潮流に変化のある場所だ。カレイは「その場所にいても時合がこないと食わない」と言われることが多いが、時合は潮流の変化と密接な関係があるように思われる。この潮流の変化が絶えず起きている場所の1つが潮目だ。

潮目は複数の流れがぶつかってできたり、あるいは海底の起伏により上昇流が生じてできたりする。この潮目が帯状にはっきりと確認できる潮流の速い場所を探したい。また、同じような場所に潜むアイナメも掛かってくる。

●多彩な仕掛けを使い分ける

カレイ釣りでは、一度に数本のサオを並べてねらうことが多いので、コンパクトに収納できる振り出しザオがおすすめ。ねらうポイントの距離や潮流などにより最適なサオの硬さは異なるが、一般的にはオモリ負荷27〜35号、長さ4・2mのものが標準的で、リールは大型の投げ釣り専用タイプを装着したい。

投げ釣りターゲットの中でも、カレイほど仕掛けのバリエーションが豊富な魚種はいないだろう。その理由として、地域によって釣れるカレイの種類や、潮流、底質、エサ取りの状況などが異なるからだ。

マコガレイねらいの標準的な仕掛けとしては吹き流し式があるが、基本的にカレイ仕掛けはシロギスの仕掛けに

エサの付け方

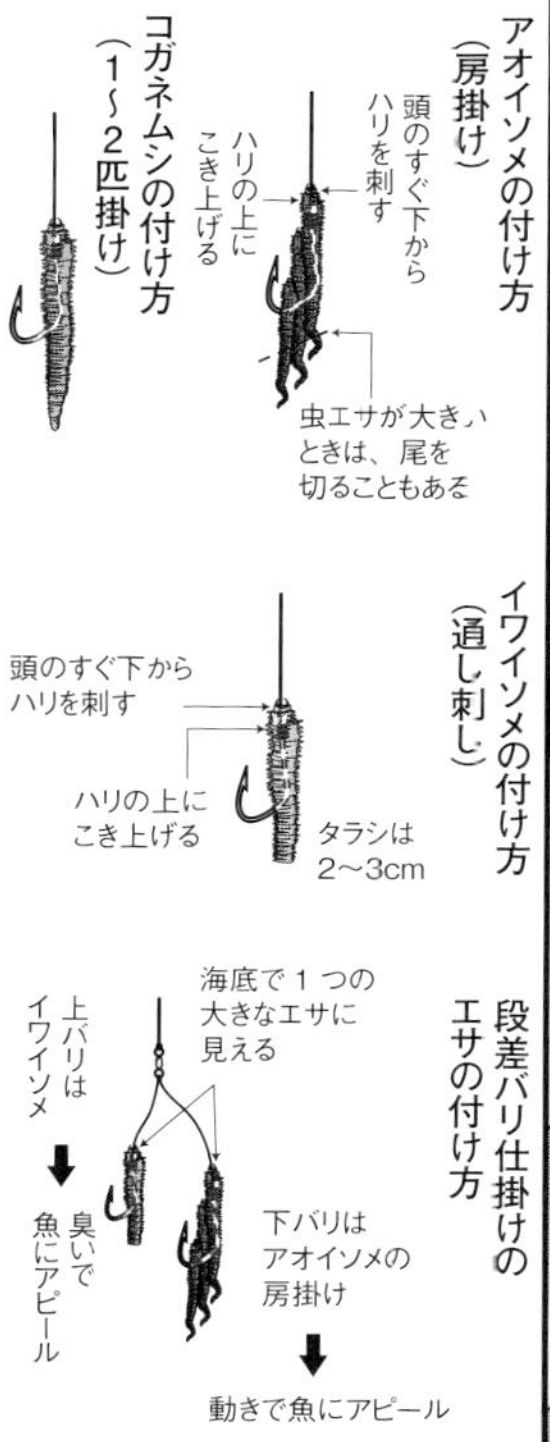

「吹き流し式」仕掛けの特徴

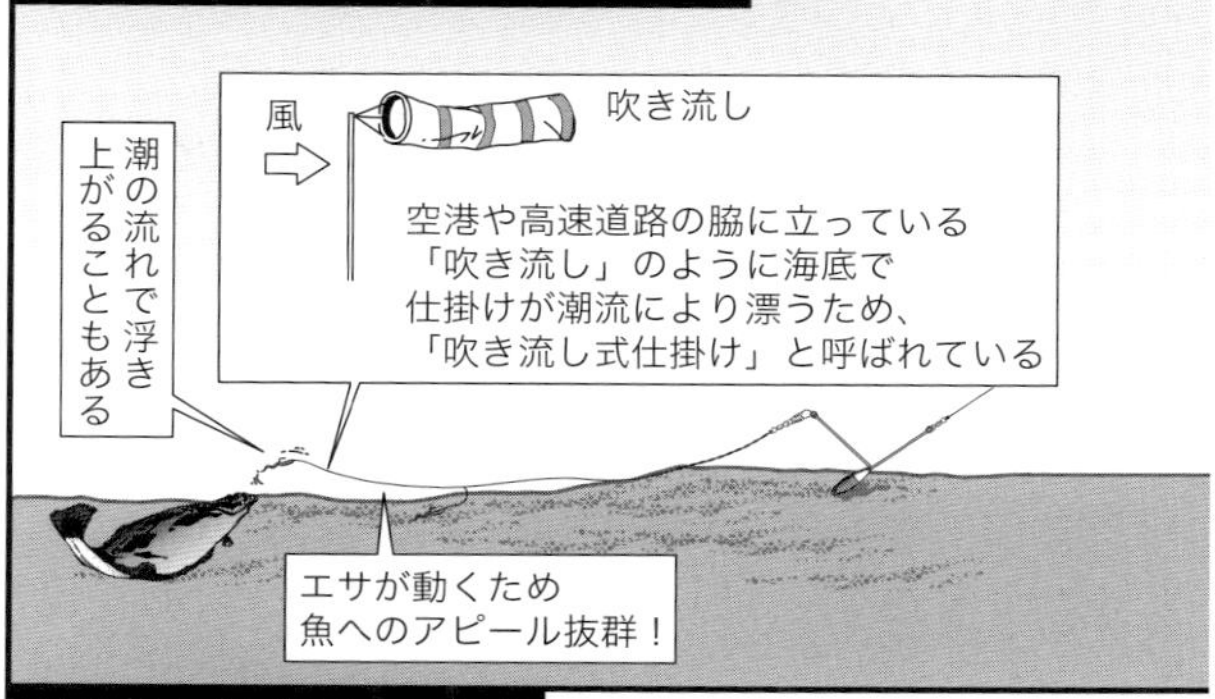

ドウヅキ仕掛けの長所

基本的に、ドウヅキ仕掛けを使うのは根掛かりの激しい場所なので、サオは三脚などに置いて、むやみに仕掛けを動かさないようにしたほうがよい

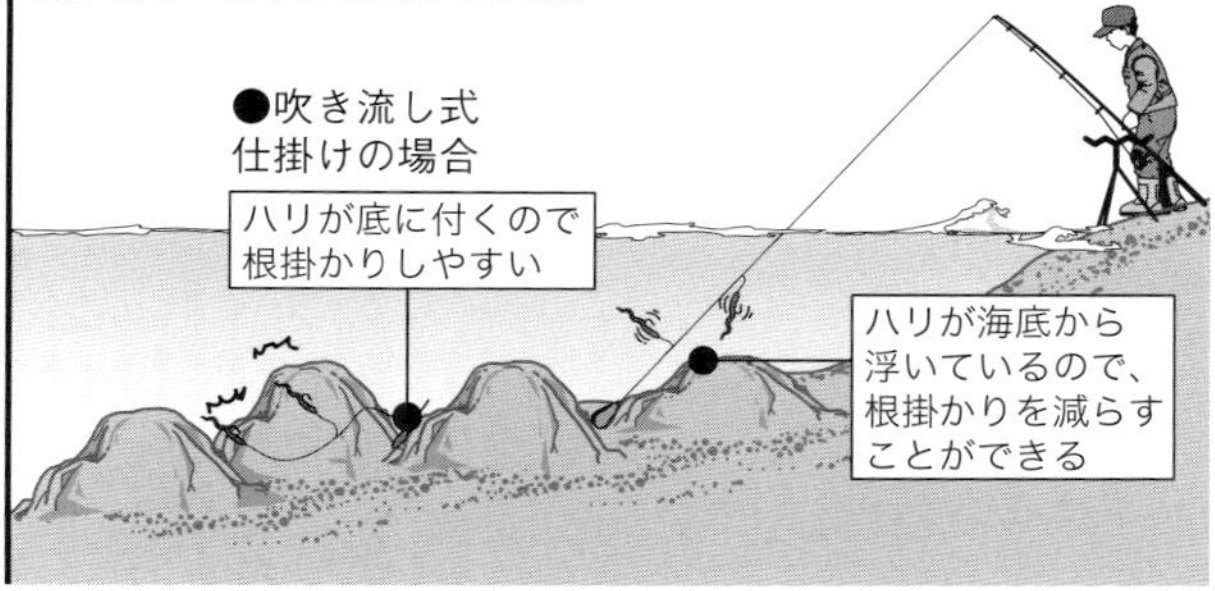

比べて太く、短いのが特徴だ。

吹き流し式の仕掛けでも、特徴的なのが段差バリ式だ。片方のハリにイワイソメを刺し、もう一方のハリはアオイソメを房掛けにしてエサのボリューム感を高め、「イワイソメの匂いで寄せて、アオイソメの動きで食わせる」効果がある。夜光玉や各種ビーズ類などの装飾品を多用する人も多い。

ヒトデやカニなど、底で活発にエサを漁るエサ取りの多い地域などでは、ドウヅキ式仕掛けを用いる人が増えつつある。海底からエサを浮かせてエサ取りをかわす効果があるからだ。

カレイ釣りは、シロギス釣りのようにこまめに移動しながら数を稼ぐ釣りではなく、1カ所にじっくりと腰を落ちつけて大型をねらう釣りでもある。そのため一般的には3本ほどのサオを用意して、60、80、100mといった具合に距離を変えて投げ分け、カレイのいる場所を探すようにするのが釣果を得るコツとなる。

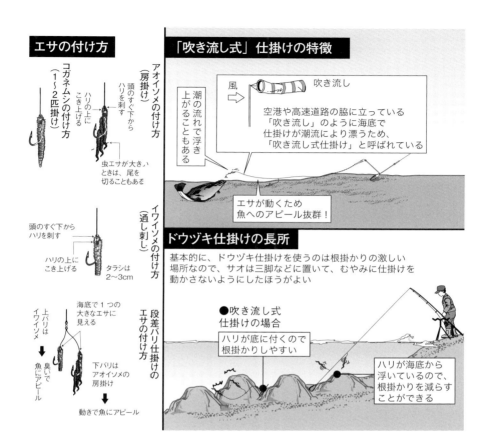

SURF FISHING TARGET GUIDE

クロダイ

KURODAI

日中はウキを使った渚釣り、夜は投げ釣りの二刀流で楽しめる

新しいクロダイフィールドとしても注目されているのが渚だ

クロダイは琉球列島を除く北海道南部以南の日本各地に分布し、内海の砂地帯から外海の岩礁帯、汽水域に至るまで幅広く生息している。

釣期は、北海道南部や東北地方の太平洋側では夏を中心に暖かい季節に限られるが、関東以西では一年中ねらうことができる。食性は、悪食といわれるように雑食性が強い。貝類、小型甲殻類、多毛類などを中心に、海藻類や小魚などを捕食するが、驚くべきことにサナギやスイカ、スイートコーンなど、海の中には存在しないものまでエサになっている。それだけに、人間の生活圏により近いエリアで大ものが釣れるのも魅力の1つである。

堤防、磯、砂浜とフィールドも幅広く、ウキ釣りを筆頭に多彩な釣り方で楽しむことができるのもクロダイならでは。特に、浜からウキ釣りでねらうクロダイは「渚釣り」と呼ばれ注目されている。また、投げ釣りでも大型が数多く釣られている。

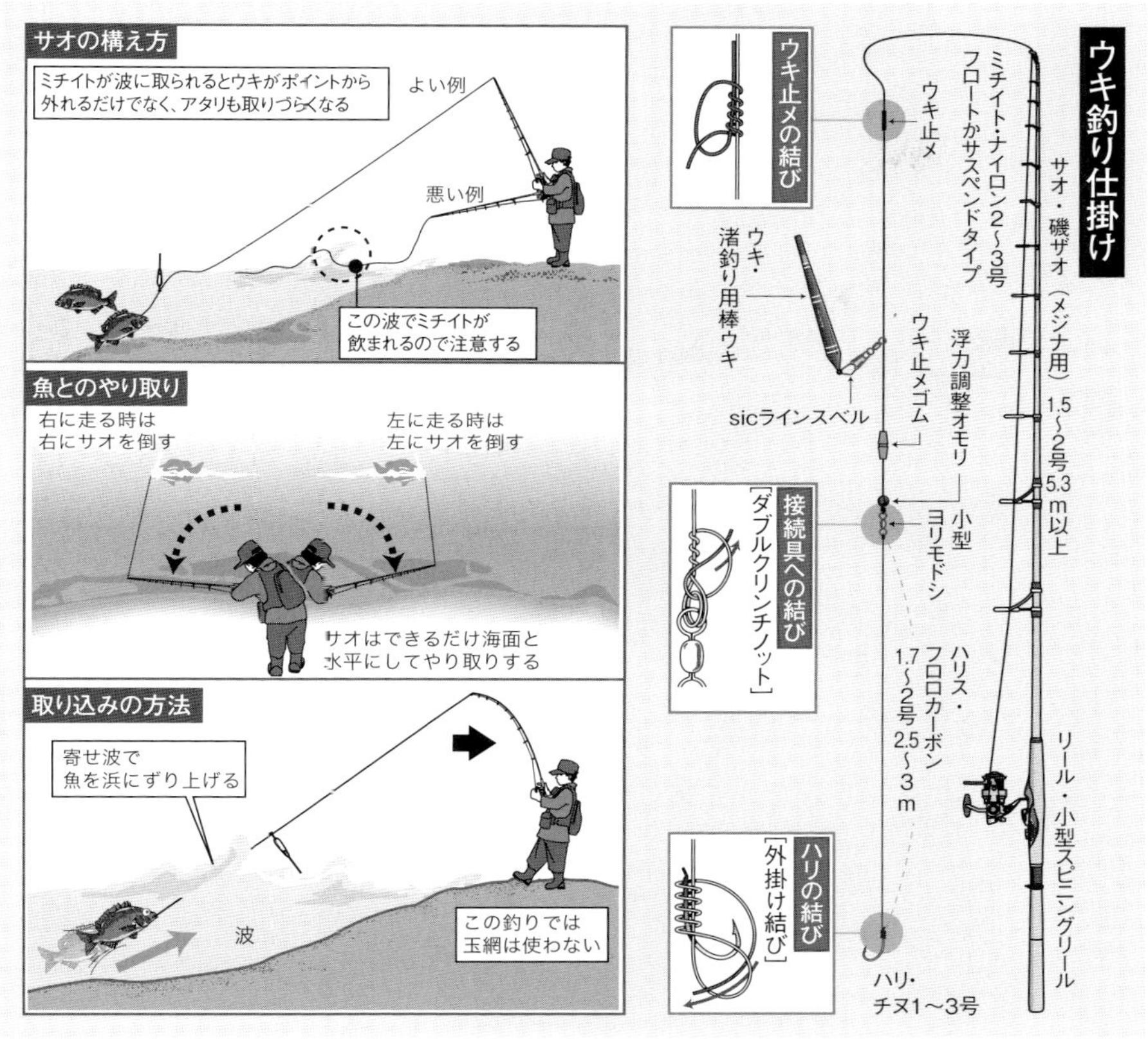

●広大な砂浜をウキ釣りで楽しむ

渚釣りは砂浜や砂利浜から寄せエサを撒きながらクロダイをねらう釣り方で、山形県庄内地方で盛んに行なわれてきた釣法。ただ、従来のノベザオでは遠く離れたポイントを流すことができない。そこで考えられたのがウキを使い、広くポイントを流すことができる現在のスタイルだ。

タックルは、基本的には堤防からねらうクロダイ釣りなどで使用するウキフカセ釣りと同じ。ただし、砂浜など浅場で掛けたクロダイは潜ることができず一直線に走るため、強引なやり取りが要求されることもある。そこで通常よりもワンランクアップしたものを使いたい。どちらかといえば磯のメジナ釣りで使用するパワータックルがよい。サオは磯ザオの1・5〜2号。波打ち際でミチイトが揉まれないように5・3m以上の長さは必要だ。

渚釣りで一番のキモとなるのがウ

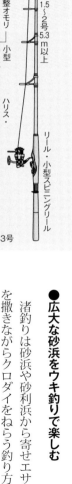

投げ釣りでねらう場合、浅場へと回遊してくる夜がチャンスとなる

キ。渚では立つ位置と海面の高さが変わらないため、逆光時などはウキを視認するのが大変だ。そこでシルエットでも見やすい黒く塗られた棒ウキが使いやすい。渚ではよく飛び、よく見えることが重要で、感度は二の次。渚釣り用の専用ウキも市販されているので利用したい。

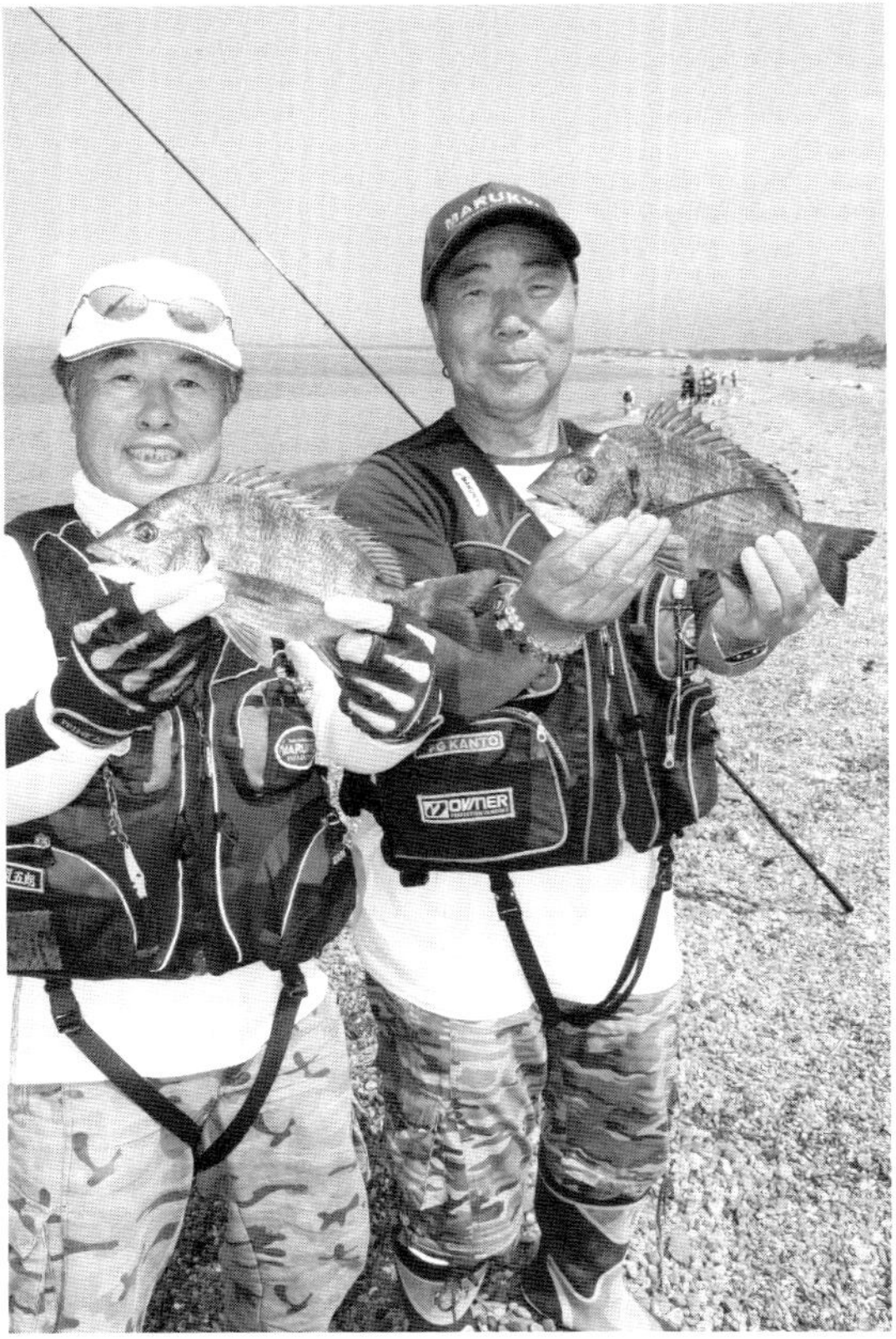

砂浜は魚がスレていないだけに、クロダイの数・型ともに期待できる

ひと言で「渚」といっても、砂浜から砂利浜、ゴロタ浜、さらにシモリ根が点在する浜などいろいろだが、これらすべてのフィールドにクロダイは生息している。しかし、渚釣りでねらうとなると話は別。砂浜の海岸よりも砂利浜やゴロタ浜が適している。理由は、砂浜は概して遠浅なので水深が浅くウキ釣りには不向きとなるからだ。

　砂利浜やゴロタ浜などは波打ち際から急深のところが多いうえに、石の隙間に甲殻類などが多く生息しており、クロダイのエサが豊富な点も見逃せない。ただし、砂浜も波が穏やかで遠投ができればクロダイを釣ることは可能だ。「シモリ根などの障害物が1つもない浜にクロダイはいるのか？」と思う人もいるかもしれない。しかしなんの変哲もない砂浜でも、沖へ向かって何段階か落ち込みがあり、徐々に深くなっていく。この「落ち込み＝カケアガリ」がアクセントとなり、沖からカケアガリに沿ってクロダイが移動して

クロダイのポイント

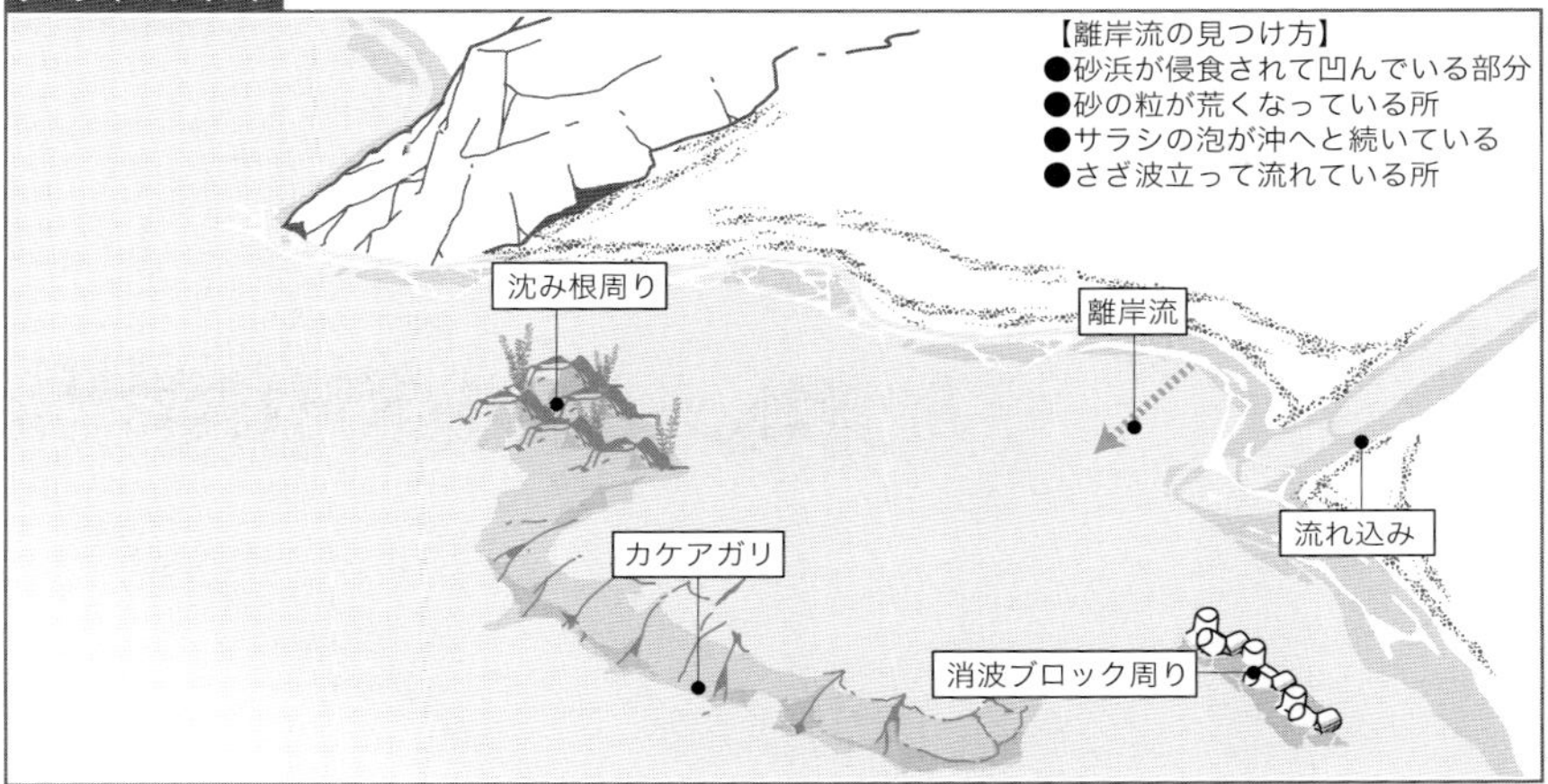

干満で変わるポイント

来る。満潮時などは盛り上がる波の中に魚影が確認できることもある。

カケアガリのほかに、キモとなるのが離岸流。つまり沖へ払い出す潮を見つけること。離岸流を探すには、波打ち際から沖へ向かう泡などの流れ方に注目したい。

付けエサと寄せエサはサナギが主に使われるが、堤防からのウキフカセ釣りと同じく、配合エサとオキアミの付けエサでも遜色《そんしょく》なく釣れる。ウキ下はねらう浜の状況にもよるが、1・5〜2mから釣り始め、状況によっていろいろ試してみたい。クロダイの活性が高い時などは浅くなり、沈み根の上でも食ってくるが、水温低下などによって活性が下がると、ウキ下を深くして砂地に仕掛けを這わせないと食わないケースもある。

アタリは明確で、一気にウキを消し込むものがほとんど。アタリがあったら即座にサオを大きくあおってハリ掛かりさせたい。取り込みの際は、波を

投げ釣りのポイント

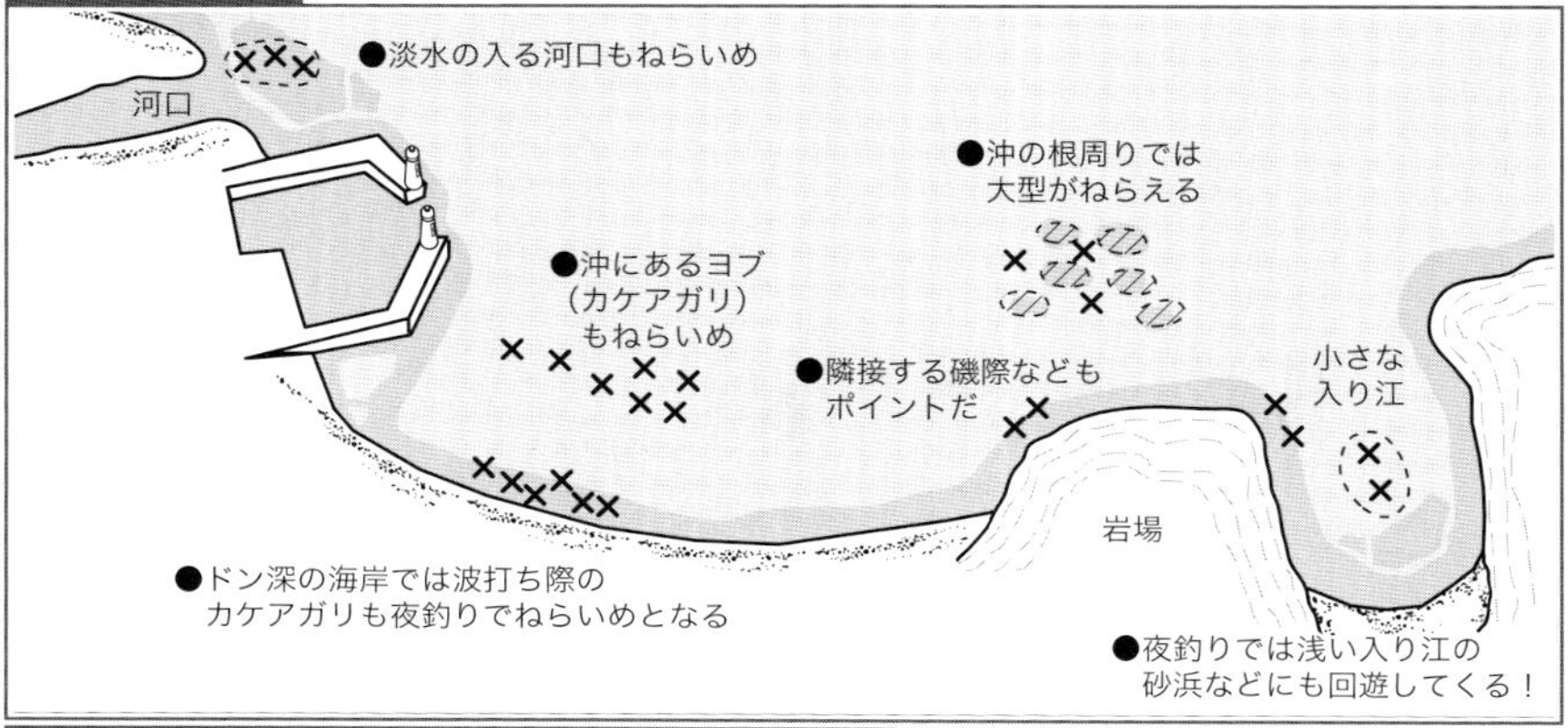
●淡水の入る河口もねらいめ
河口
●沖の根周りでは
大型がねらえる
●沖にあるヨブ
（カケアガリ）
もねらいめ
●隣接する磯際なども
ポイントだ
小さな
入り江
岩場
●ドン深の海岸では波打ち際の
カケアガリも夜釣りでねらいめとなる
●夜釣りでは浅い入り江の
砂浜などにも回遊してくる！

砂浜海岸で置きザオの際は、ミチイトのたるみに気をつけよう!

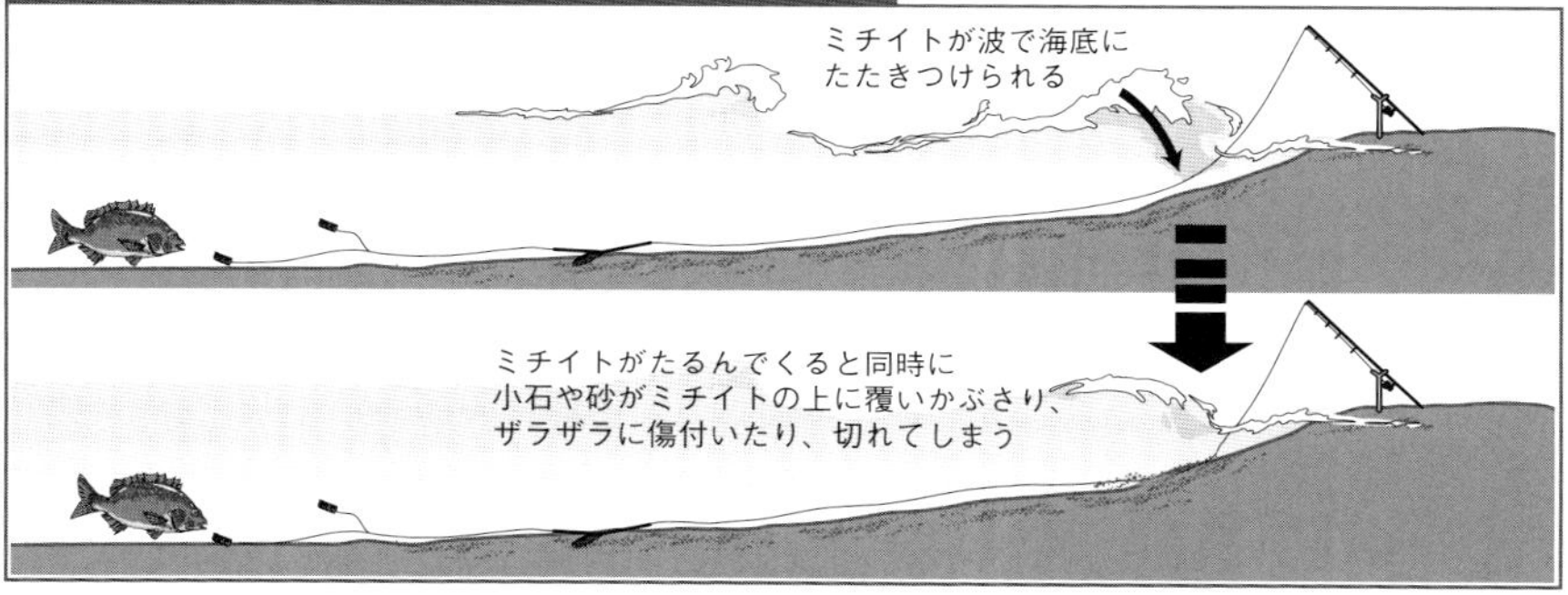
ミチイトが波で海底に
たたきつけられる
ミチイトがたるんでくると同時に
小石や砂がミチイトの上に覆いかぶさり、
ザラザラに傷付いたり、切れてしまう

上手に利用すること。サオを水平に寝かせた状態で、波が引く時にはサオを送り込んで我慢し、次の寄せ波を見計らって、その波の力を利用して浜にクロダイを引きずり上げたい。

●夜がチャンスの投げ釣り

クロダイは警戒心が強い魚といわれているが、大胆な性格の面もある。特に夜は浅い内湾の砂浜などにもエサを漁りに回遊して来ることもあり、投げ釣りでねらうには絶好のチャンス。

水深のあるドン深の砂利浜で、外洋に面した潮流の速い場所でクロダイをねらう場合、オモリ負荷30～35号の腰のしっかりした投げザオを用意したい。玉網も必需品だ。オモリは遊動式L型テンビンの30号を基本に、潮流の速い場所では改良テンビン＋関門オモリのような潮流に流されにくいタイプのものを用いる。

一方、水深の浅い砂浜や河口域でねらう場合は、穂先の軟らかい3～4号

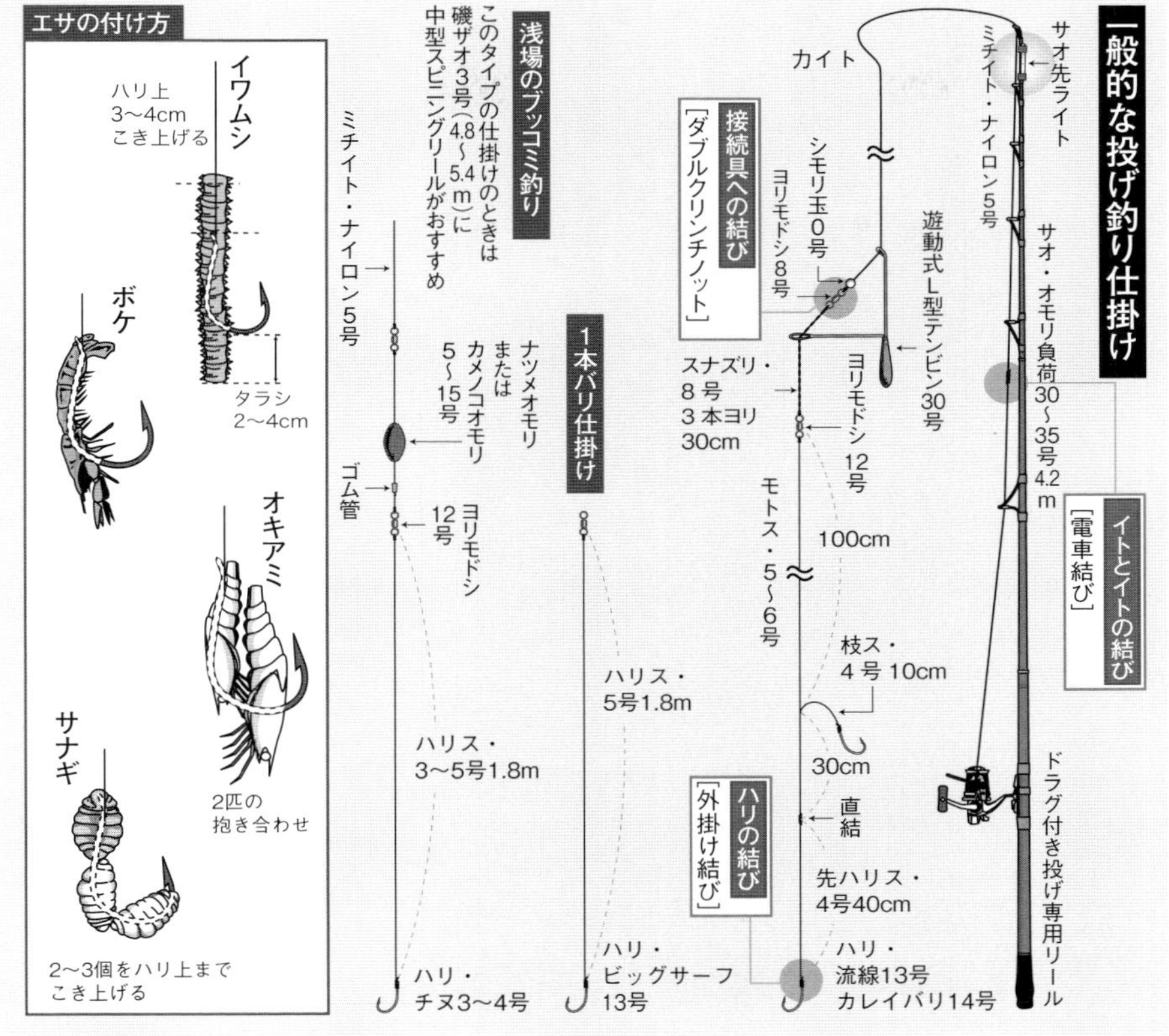

クラスの磯ザオに中通しオモリの5～15号を用いたブッコミ釣りスタイルが適している。この場合、ハリスは3号程度とやや細めが魚の食いはよい。

夜の投げ釣りは、ポイントと思われる場所にエサを投入し、魚が回遊してくるのを待つスタイルの釣りとなる。そのため3本ほどのサオを用いたほうが効率的。ミチイトは張らずに心持ちたるませておいたほうが、魚がエサをくわえた時に違和感を与えにくい。

エサはアオイソメでも釣れないことはないが、イワイソメがベスト。ユムシやサナギなども使用される。

クロダイが掛かったら打ち寄せる波に乗せて砂浜へと引き上げる

SURF FISHING TARGET GUIDE

サバ

豪快なファイトが楽しめる高速遊泳魚。潮の動きがよいところをねらえ

SABA

サバは砂浜から多彩な釣り方で、比較的釣りやすい回遊魚。サーフフィッシングの入門にも最適

サバは日本全国で見られる沿岸性の回遊魚だ。プランクトン、アミ類などを食べる一方で、群れで表層を回遊しながらイワシなどの小魚をも捕食する。釣りの対象になるのは25～35㎝といったところだが、最大では40㎝以上にも成長する。

そのスピード、パワーたるやさすが青ものの仲間。よくアジやイワシと一緒にサビキ釣りの対象魚とされるが、イメージとしてはまったく別物ととらえたほうがよいだろう。

以前は内湾の奥まで良型のサバが回遊してきたものだが、昨今は内湾で釣れるものは25㎝前後と、型に関してやや物足りない。今や30～35㎝の良型が釣れる場所は、貴重なフィールドといえるだろう。型をねらうなら、潮通しのよいところなどが好釣り場になることが多い。

もともとサバは日中でも活発に表層を回遊しているため、時合は時間帯よりも潮の動きによるところが大きい。

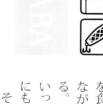

30㎝を超えるサバが掛かると、海面近くを疾走するパワーはなかなかのもの

やはり潮止まりは食いが悪く、沿岸へと接岸することも少ないようだ。ほどほどに潮が動く時間帯にサオをだしたいものである。

釣りのシーズンは夏から秋にかけて。シーズン初期は小サバが多くなるが、秋の終わりには良型がねらえるようになる。夏に20㎝ほどの小サバが湧くこともあるが、身も少なく食感がパサパサしていて人気はない。ちなみに小サバは、夏磯ではエサ取りとして嫌われることも多い。

日本の沿岸で釣れるサバは、主にマサバとゴマサバの2種である。マサバは冷水性で沿岸性が強く、ゴマサバは暖水性で沖合を主に回遊する。ゴマサバは体の下方に斑点模様がある。

●潮目やナブラがポイントの目安

砂浜でヒントもなくポイントを見つけるのは至難の業。そこで、ポイントの目安となるのが潮目だ。複数の潮がぶつかり、すれ違い、合流する境目のことで、プランクトンや小魚が集まるのでポイントになりやすい。

波立つ沖めに細く長く静かな海面が筋のように通っているところが潮目で、川のように流れているので波立ちがない。その静かな海面とざわつく海面の境を探りたい。

そしてナブラは、サバなどの回遊魚が小魚を捕食するために追い回し、海面がバシャバシャと騒がしくなっているところ。砂浜からすぐ沖にできることもあれば、はるか沖で起きることもあるので、注意して海を観察したい。

●機動力のあるルアーがおすすめ

釣り方は、寄せエサを詰めたカゴにサビキを装着したカゴサビキ釣りでもよいが、潮目やナブラを探しながら砂浜を歩くのが釣果を得るコツなので、機動力のあるルアー釣りやサーフトロウリングがよりおすすめだ。

サバも25㎝以上になると魚食性が強くなり、カタクチイワシを追いかけ回

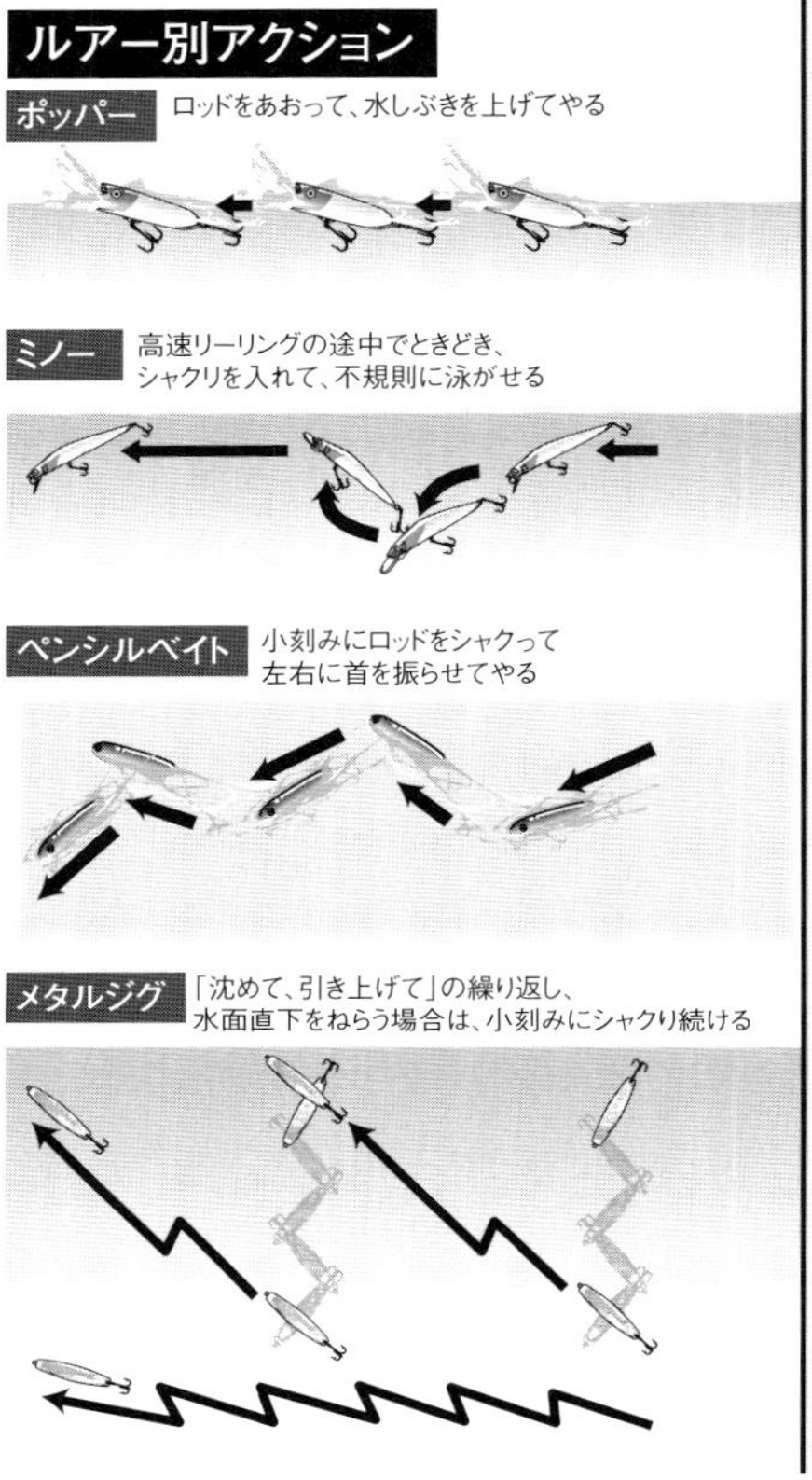

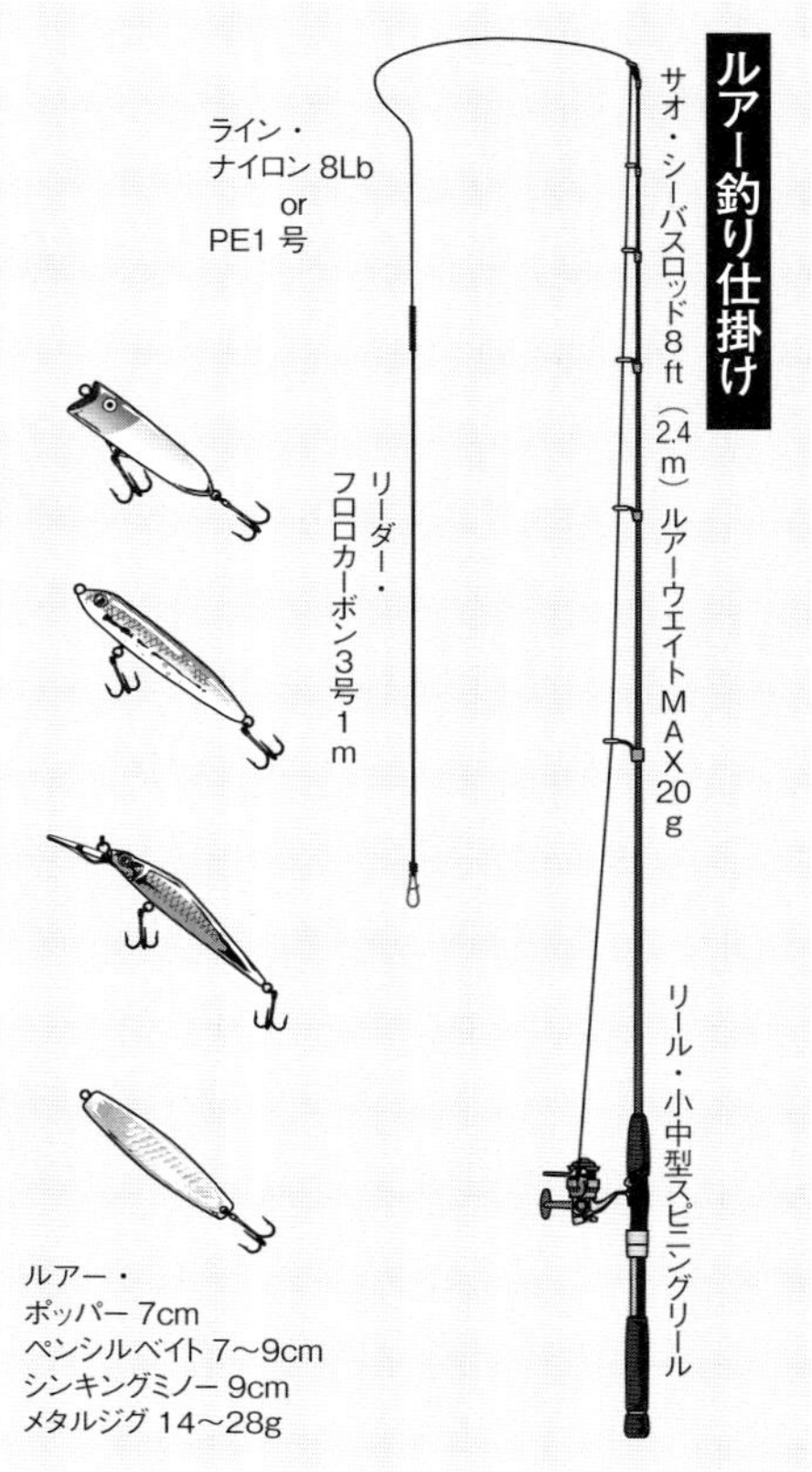

し沖めを回遊していることもある。そういった場所ではナブラが立ち、遠距離を探れるルアー釣りが有利となる。

　最も反応のよいルアーは9cmのミノーや14〜28gのメタルジグ。そのほかに水面でのアタックを楽しみたいなら、小型のペンシルベイトやポッパーでもよいだろう。リーダーは不要でミチイトに直接結び付けて使用する。

　テクニックとしては、ミノーの場合はバランスが崩れない範囲の最高速度で引いてくることだ。時折急停止（1秒以内）させたり、シャクリを入れたりするのも効果的。

　メタルジグも、表層ねらいの場合は水面を飛び跳ねない程度で極力速く引くことを心がける。ルアーを引いている途中や、シャクリを入れた直後にヒットすることが多く、大体は向こうアワセでフッキングしてくれる。

　ポッパーやペンシルベイトの場合も、ミノーやジグと同様に高速で水面を走らせることがなにより重要にな

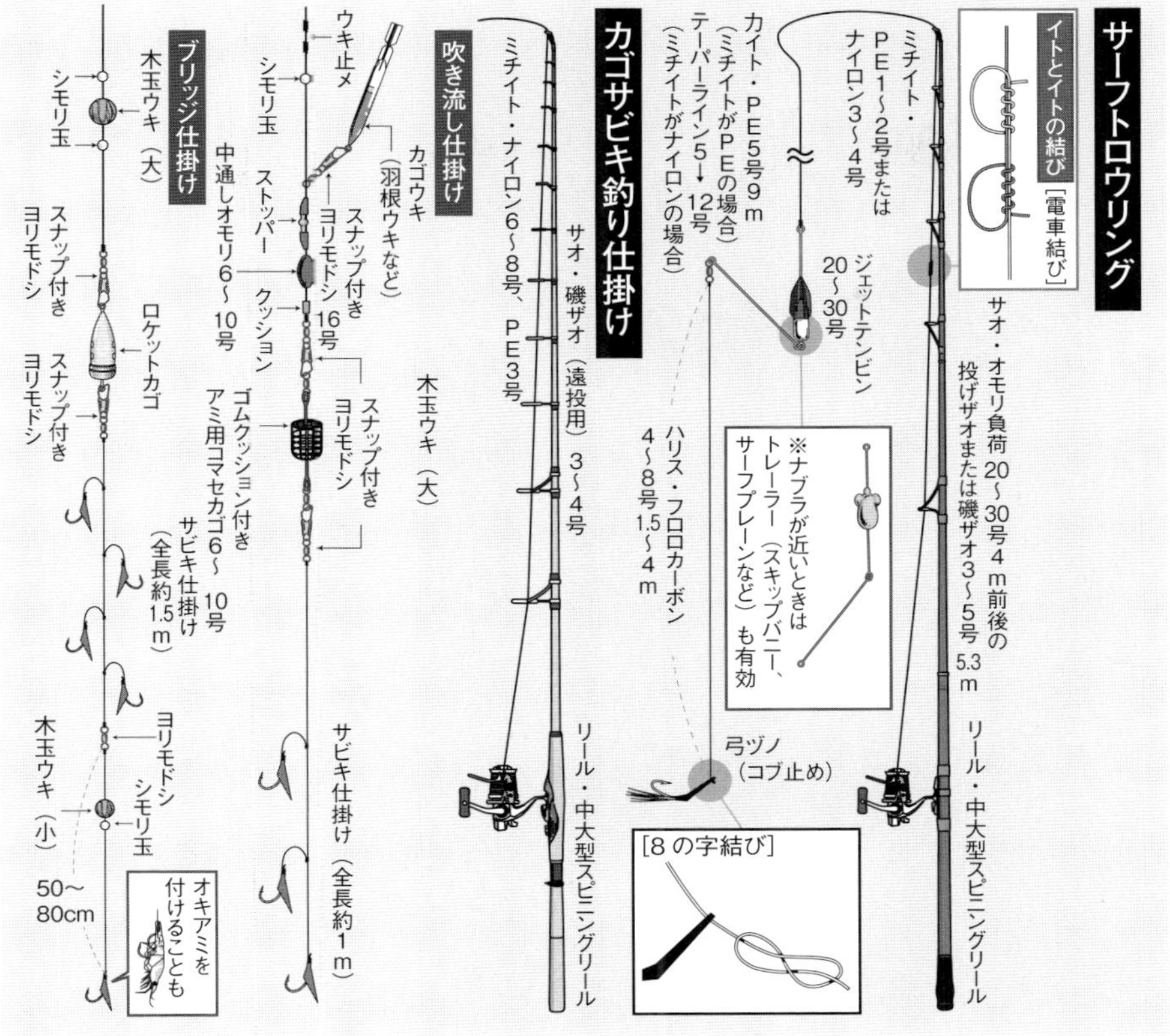

る。

投げ釣りのタックルがそのまま使用できるサーフトロウリングでは、より遠距離を探ることができ、沖のナブラも射程距離に収められる。ただし注意したいのが、重たいオモリをキャストするので、着水時にはバシャと大きな音を立ててしまう。ナブラを直撃するとこの音で魚が散ってしまうことも多いので、ナブラの先に投入することが大切。浅いタナなら、オモリが水面を割って出るように速めのリトリーブで探ってみるとよい。

大型のサバは底近辺を回遊するが、中～小型の場合は、基本的に表層付近を回遊していることが多い。また、ナブラがない場合でも中層以下を泳いでいることもあるので、その場合は一旦底まで仕掛けを落とし、一定速度でリトリーブして広範囲のタナを探るのが手となる。

SURF FISHING TARGET GUIDE

シロギス

投げ釣りのスターといえばこの魚。小中型と大型では釣り方が異なる

シロギスは釣れる魚の大きさによってタックルや釣り方が異なってくる

シロギスは投げ釣りターゲットの代表選手といえる魚。細長く清楚な魚体は全国的に人気が高く、特に白砂の海岸で釣れた魚はパールピンクに輝き美しい。また、カラー頁でも前記したとおり「シロギス釣りはすべての投げ釣りに通ずる」という言葉もあるように、投げ釣りの基本エッセンスが盛り込まれているため、ビギナーがシロギス釣りをある程度こなせるようになれば、ほかのターゲットが釣れる確率も高くなる。

一般的に投げ釣りで釣れるシロギスのサイズは13～25㎝。秋になると、ピンギスと呼ばれる10㎝以下の当歳魚が波打ち際でよく釣れる。25㎝以上で大ものと呼ばれるようになり、27㎝を超えると釣れる確率はぐっと低くなる。

タックルや遠投技術の向上にともない、今では場所さえ選べば一年中釣ることができるようになったが、これはある程度経験を積んだキャスターの場合であり、ビギナーでもねらいやすい

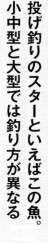

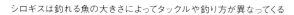

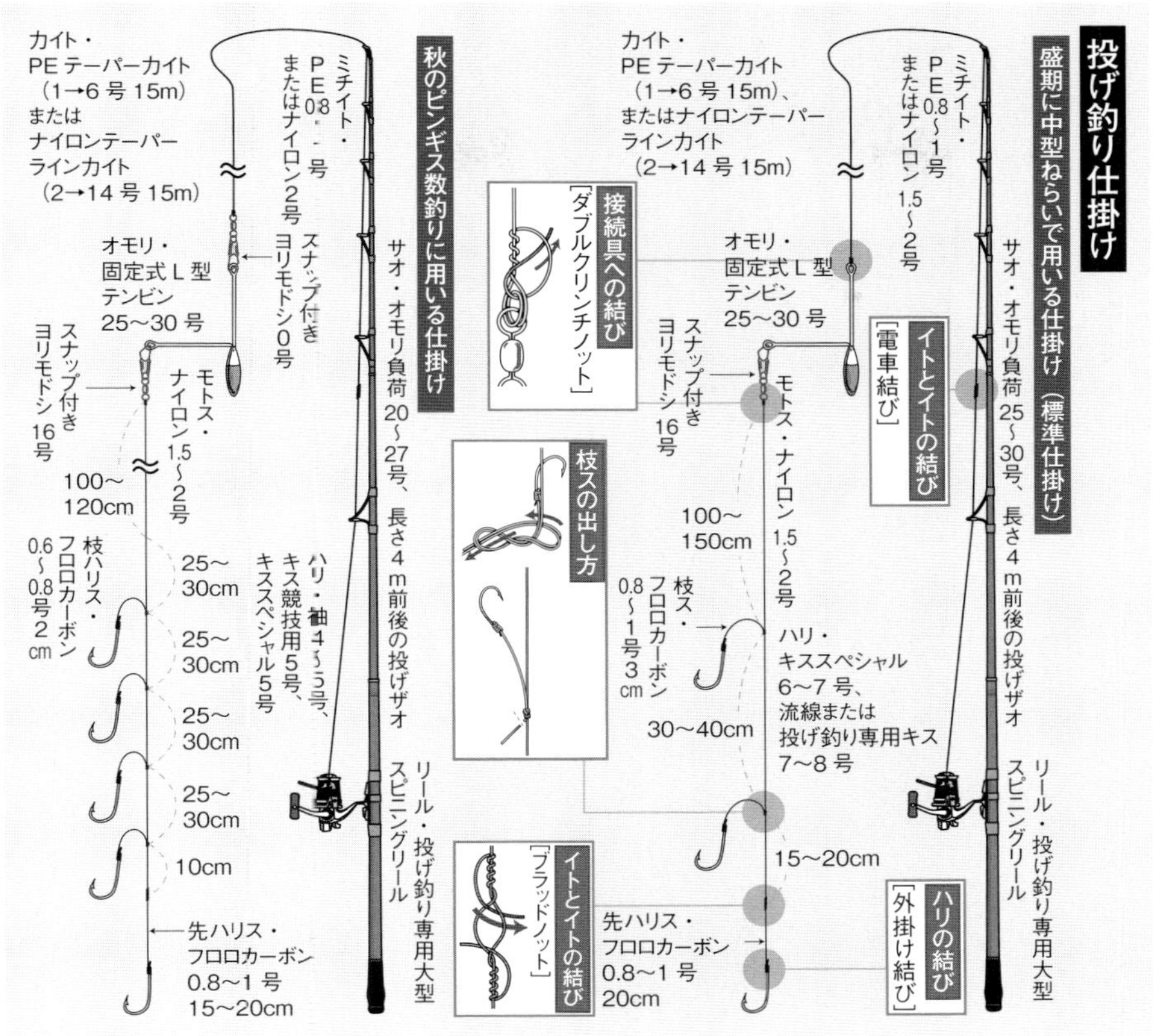

時期は5～12月と考えたい。また、シロギスは10㎝、20㎝、30㎝と釣れるサイズが異なれば、仕掛けや釣り方も大きく異なってくるのが特徴だ。

●中・小型キスの数釣り

サオとリールは釣り場の状況にもよるが（特にポイントまでの距離）、基本的には100m以上の遠投が可能なタックルを用意したい。長さ4～4・2m、オモリ負荷25～30号の投げザオが標準といえよう。リールはドラグなしの投げ釣り専用リールを用いる。

ミチイトは根掛かりのほとんどない場所ならPEライン0・8～1号がおすすめ。多少根掛かりのある場所ではナイロン1・5～2号を用いるとよい。オモリは固定式のL型テンビンがベスト。25号を標準に、サオの硬さ（オモリ負荷）やポイントの距離に応じて25～30号を使い分ける。

仕掛けも標準的なタイプから、ハリが10～18本も結んである「多点バリ仕

大海原に向かってキャストするだけでも爽快な気分が味わえる

秋口は数釣りが楽しめるシーズン。ハリの数だけ食ってくることも

掛け」を用いることもある。

シロギスは砂底の海岸ならどこにでも生息しているわけではなく、やはり好んで集まる場所がある。第一に広い砂浜海岸の場合、海底のところどころにある起伏が挙げられる。

海底には「ヨブ」と呼ばれるいくつかの起伏がある。波の動きや潮の流れによってできたもので、ここがプランクトンや魚のエサとなる小動物の溜まり場となるため、シロギスも集まることが多い。ヨブの見つけ方は、投げたオモリを手前にゆっくり引いてくるとグーッと重く感じられるので、その位置を判断できる。

基本となるエサはアオイソメで、通常は2～3㎝に切ってハリに通し刺しにする。タラシは1㎝程度が標準。ジャリメは秋のピンギスの数釣りには最高のエサとなる。1匹でハリ3本分くらいと小さく付けるとよい。

数釣りの基本はサビキ釣りである。仕掛けを投入したらゆっくりと海底を引きずるようにサビいてくる。こうして海底を探りながらヨブを見つけるのだ。ヨブはいくつもあるケースが多いので、1つのヨブで食わなければ次のヨブでふたたび待つようにする。

●27㎝以上の大型ねらい

同じシロギスでも27㎝を超す大ギスを専門にねらうとなると、中、小型キスの数釣りとは仕掛けや釣り方が異なる。サオは魚の食い込みを重視して、オモリ負荷25号以内のもの、場所によってはオモリ負荷15～20号の軟調ザオを用いる。ミチイトはナイロン3～5号が標準。警戒心が強い大ギスをねらう際には、伸びが少なく超高感度なPEラインはかえって不利と思われる。オモリはL型テンビンの遊動式。これは大ギスのアタリに対応して仕掛けを送り込むことが可能なため。エサはアオイソメや東京スナイソメ、夜釣りではイワイソメなども有効だ。

大ギスが釣れるポイントは水深の浅

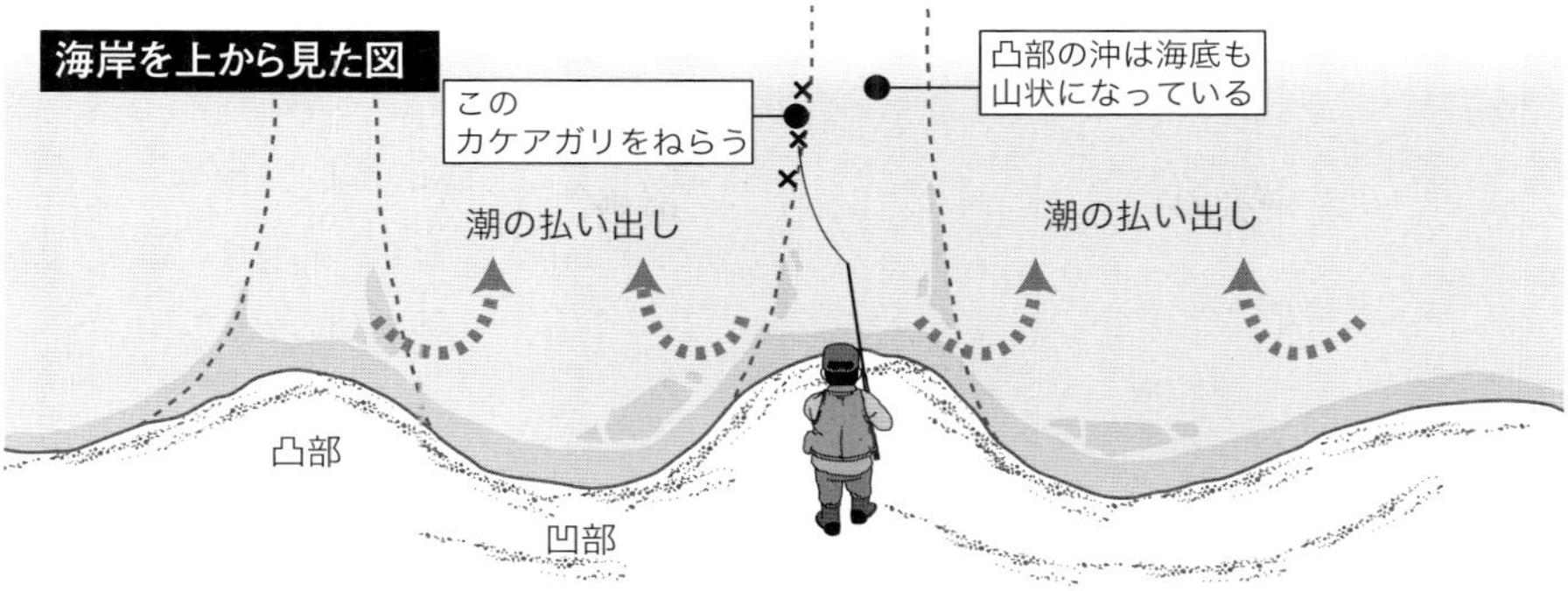

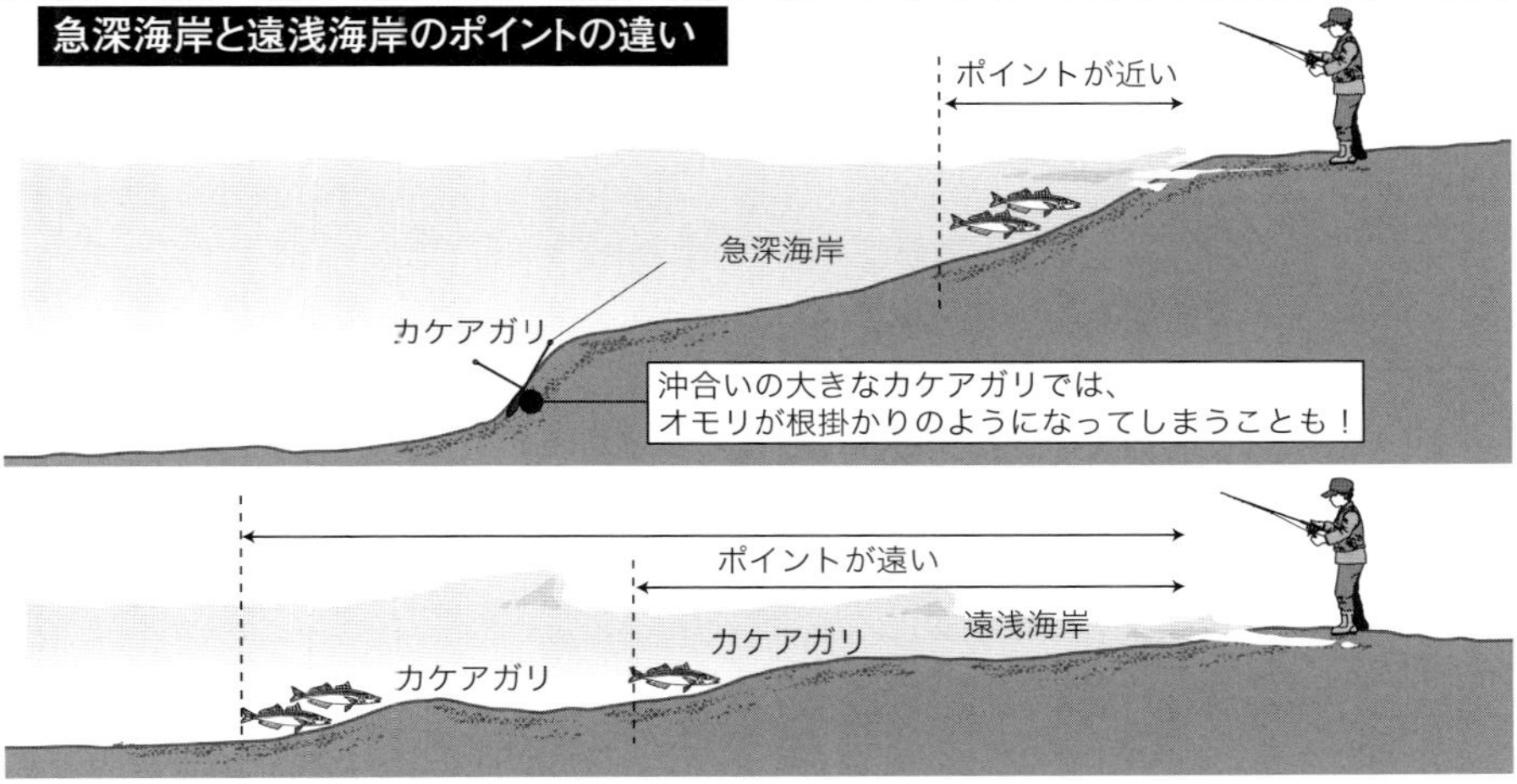

い場所。そして砂地にあるちょっとした根周りや、砂浜の両端にある根際などが好ポイントとなる。

釣り方は、日中はサビキ釣り、夜は待ち釣りが基本スタイル。待ち釣りといっても仕掛けを投げっ放しでは非効率的なので、オモリ着底後、必ず仕掛けを手前にサビき、根周りなど海底に何らかのアクセントがあるような場所で待つようにする。つまり、あくまでもサビキ釣りの延長として、特にポイントになりそうな場所で仕掛けを止めて待つのである。

三脚にサオを立てかけての待ち釣り、手にサオを持ってのサビキ釣りもありだ

スズキ

ルアー釣りの超人気ターゲット。場合によっては投げ釣りも出番アリ

SUZUKI

サーフでヒットするスズキは大型が主体となるので、ラインシステムを組んで挑みたい

スズキは東北から九州にかけての広い範囲に生息しており、ルアーフィッシング・ファンの間ではシーバスと呼ばれて人気が高い。出世魚で、成長に伴い名前が変わることでも有名。たとえば、関東地方では30㎝くらいまでの大きさをセイゴ、50㎝くらいまでをフッコ、それ以上をスズキと呼び分けている。このほか、マダカ、ハネなど、地方によりさまざまな呼び名があり、全国的にポピュラーな魚であることが分かる。

低水温にも高水温にも強く、また汽水や淡水域にも生息できるスズキは、日中でも夜でも釣れるというタフな魚で、年間を通してねらうことができる。大半を沿岸域で過ごし、時期によって居場所や食性を変えるようだ。魚食魚でイワシやサヨリなどの小魚を追い回す一方、エビやアミなどの小型甲殻類、イソメ類などもエサにする。

●砂浜は変化のある場所をねらう

各ルアーの深度とアクションパターン

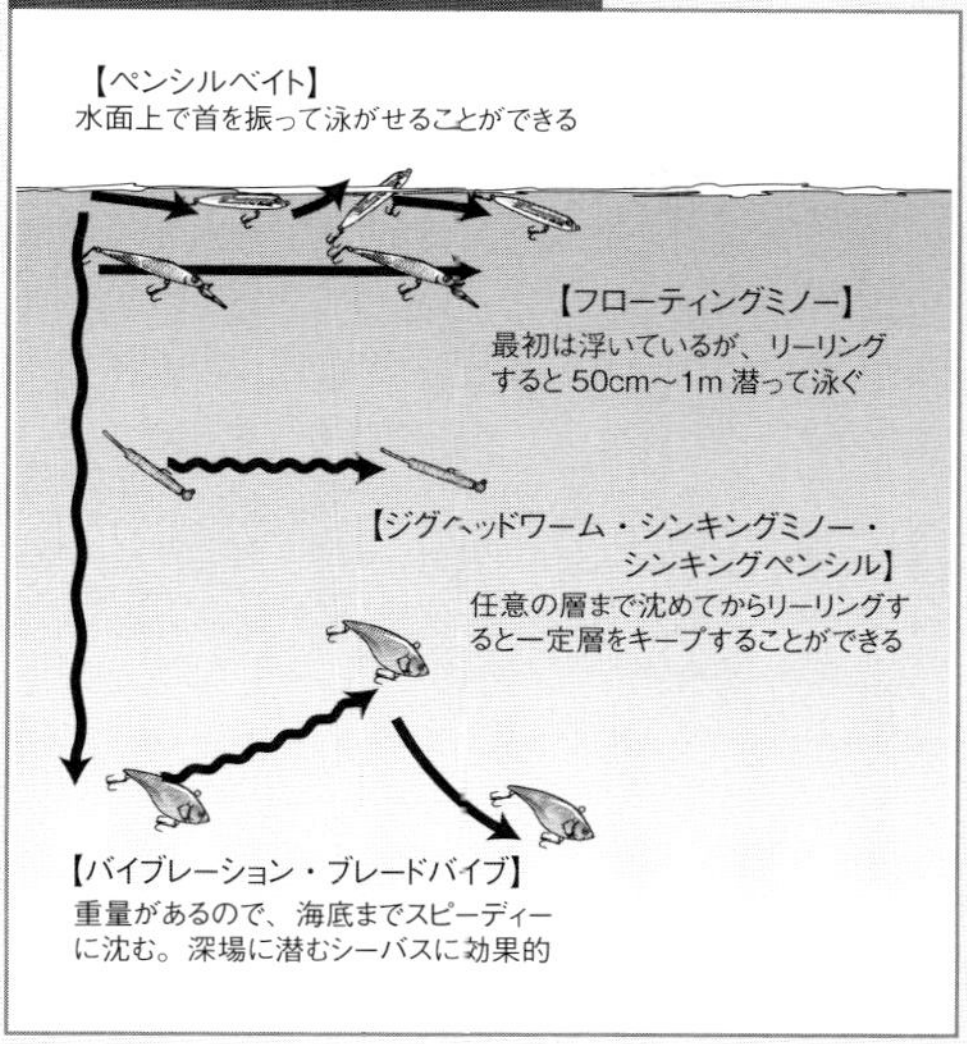

主なルアー

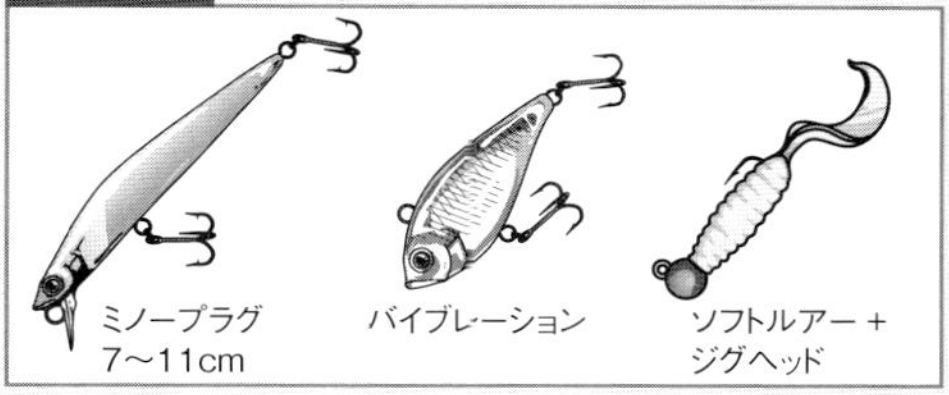

ルアー釣り仕掛け

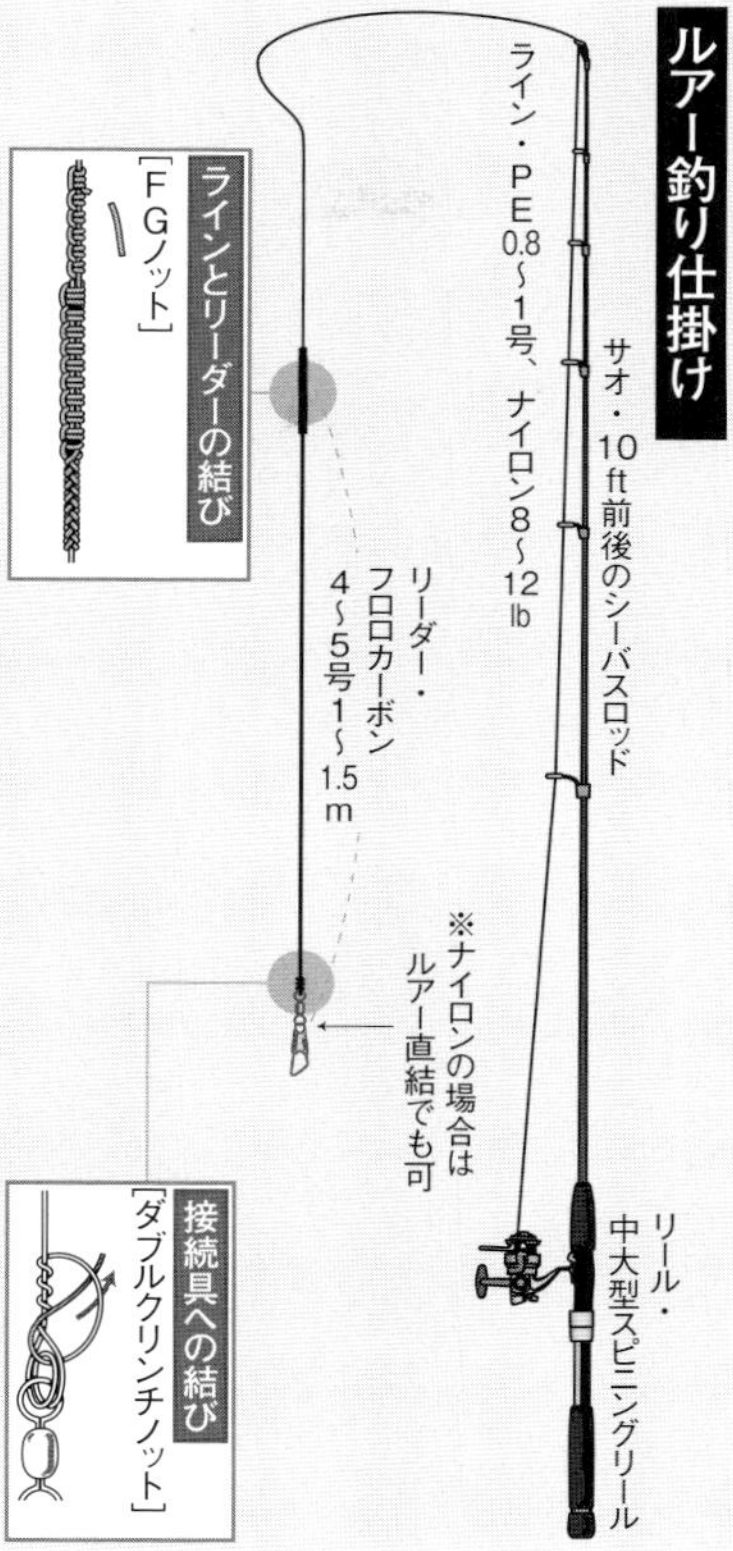

セイゴクラスの小型は汽水域を含む内湾の河口や運河などに多く生息しており、デキハゼがたくさん湧く超浅場にも多い。フッコクラスになると生息域が広がり、沖の深場にも見られる。スズキも同様で、浅場と深場を行ったり来たりする個体や、エサを求めて汽水や淡水域にも入り込む。

海底は岩礁でも砂地でも関係なく、堤防や磯、砂浜と釣り場も選ばない。小魚の群れを追いかけているような時は、湾奥の砂浜へと追い込んで捕食することも多い。

ただ、砂浜といっても総じて平凡な地形が続くため、どこをねらってよいのか分からないことが多い。それでも、一見延々と続く砂浜にもちょっとした変化のある場所がある。それは小磯や隠れ根、流れ込み（河口）などで、そんなわずかに変化した場所にこそスズキは回遊して来る。

また、砂浜で見逃せないのが引き波の強い場所（離岸流）。引くルアーや

河口部に隣接する砂浜ならセイゴ、フッコクラスの数釣りも楽しめる

投げ釣りでは2～3本の投げザオを遠近投げ分けてポイントを探る

オモリの抵抗を強く感じる場所があったら、根気よく粘るとよいだろう。

●最も人気の高いルアーターゲット

スズキねらいで最も人気の高い釣法がルアー釣り。タックルは、遠投を重視するサーフでは10 ft前後のロッドに中大型のスピニングリールの組み合わせがよいだろう。

ラインはバラシとトラブルの少なさ、そしてヒットしてから柔軟に対応できる8～12 lbのナイロンラインが扱いやすい。ラインとルアーは直結でもかまわないが、大型がねらえるサーフではラインシステムを組むようにしたい。

ルアーはミノープラグ、バイブレーション、メタルジグ、ソフトルアーなどがあり、最もよく使われるのがミノープラグだ。水に浮くフローティングタイプや、沈むシンキングタイプ、深く潜るディープダイバーなどがあり、釣り場の形態によって使い分ける。

また、水深のあるドン深のサーフならメタルジグやバイブレーションで底近くを探ると効果的なこともある。

ルアーアクションは、ややスローに巻くのが基本となる。アクションもあまりつける必要はないが、食いが渋い時はいろいろと試してみたい。ヒットしたら水面でエラ洗いと呼ばれる独特の暴れ方をするので、絶対にラインを緩めないこと。

サーフでは回遊待ちの釣りになることが多い。しばらく反応がなくても粘ってキャストし続けることが大切。釣れれば大型が主体となる。

●投げ釣りも楽しめる

ルアーでは届かない遠いポイントや、潮が極端に速い釣り場では、投げ釣りも面白い。タックルは投げザオに中大型スピニングリールの組み合わせだが、遠投の必要がない釣り場では3号以上の強めの磯ザオでもよい。

仕掛けは、遊動式L型テンビンを用

投げ釣り仕掛け

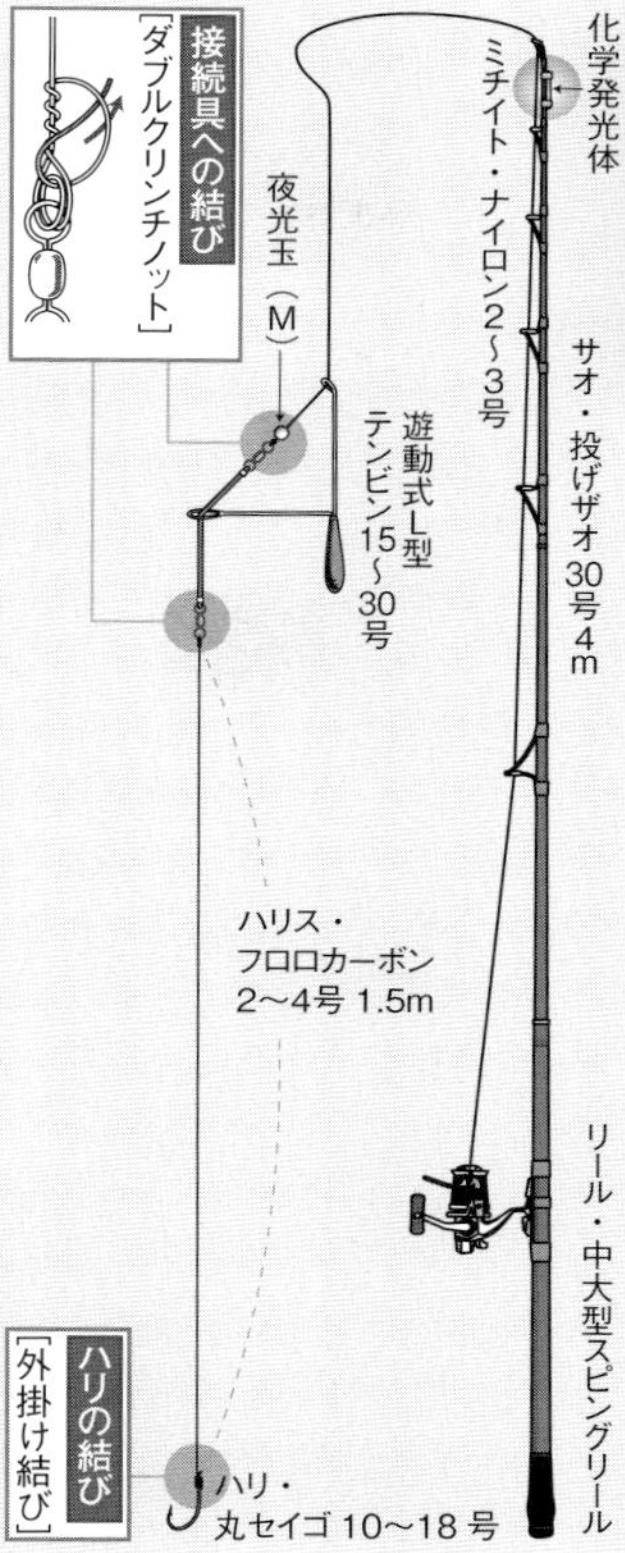

砂浜のポイント

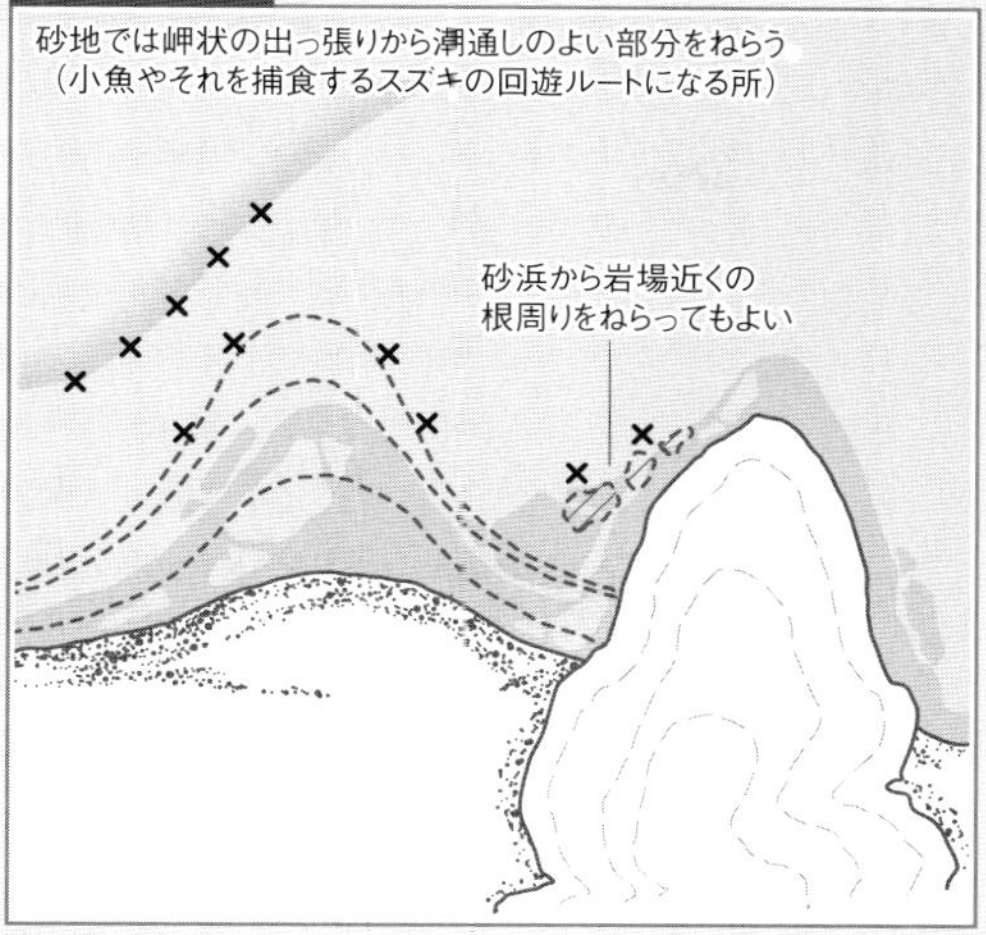

エサ付け

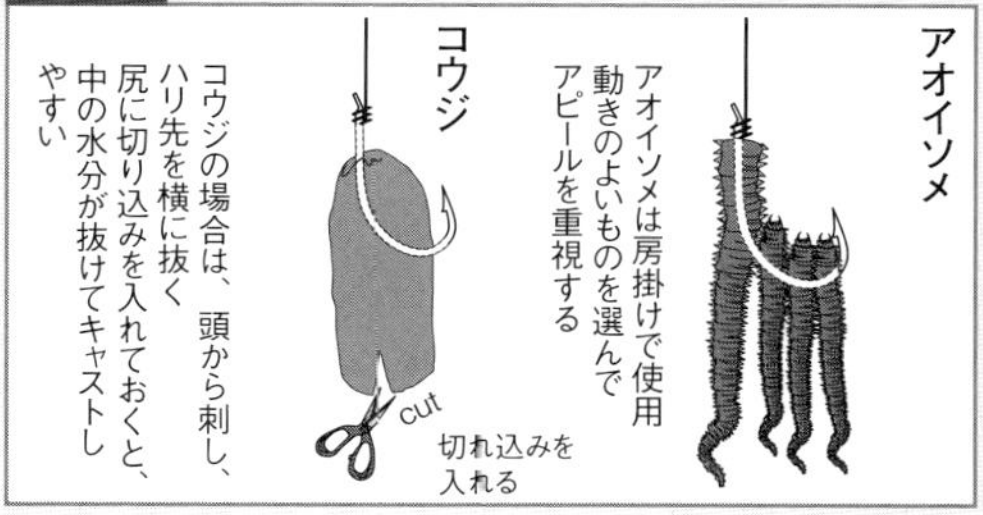

いた1本バリ仕掛けが基本。オモリの号数はサオの硬さや潮の流れなどに応じて15〜30号を使い分けたい。

　ハリとハリスの大きさは、釣れる魚のサイズに応じて決めるようにする。大きくても30㎝止まりのセイゴ級が中心の場所では、丸セイゴ10〜12号に2号ハリスで充分。夜釣りで50㎝級が期待できる場所では、丸セイゴ15号にハリス3〜4号。70㎝オーバーがねらえる場所では、丸セイゴ17〜18号に5号以上のハリスを用いたい。エサはアオイソメなどのイソメ類を、1尾または房掛けにする。

　釣り方はシンプルで、ポイントに仕掛けを止めて群れの回遊を待つスタイル。そのため2〜3本のサオを並べてアタリを待つ。各サオの投入距離を変えて探り、アタリのあった場所（距離）を集中的にねらうとよい。チャンスとなるシーズンは、晩秋〜初冬が特によい。産卵のために大型が遠浅の砂浜海岸に乗っ込んでくる。

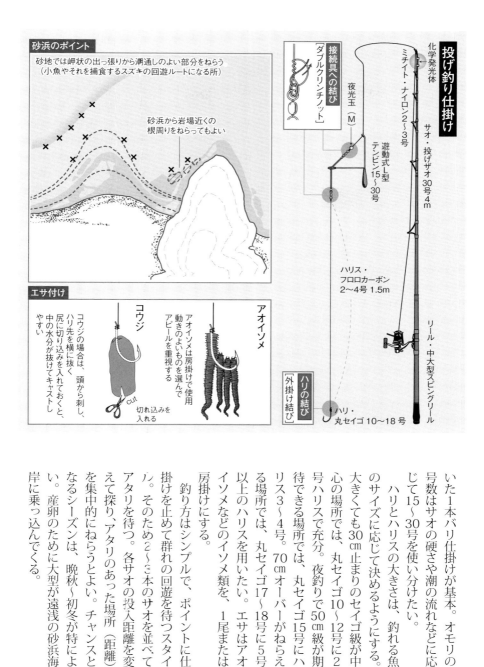

SURF FISHING TARGET GUIDE

ソウダガツオ

引き味強烈、手軽にねらえる回遊魚。手堅いカゴ釣り&お手軽なルアー釣り

沖のナブラをねらって弓ヅノでヒットさせたソウダガツオ

一般的にソウダガツオと呼ばれる魚には2種類があり、ヒラソウダとマルソウダに分けられる。外見上は非常によく似た2種だが、ヒラソウダは体側の有鱗域が体の中央付近で急に細くなる。それに対してマルソウダは、有鱗域が徐々に細くなるので見分けがつく。どちらも日本各地の暖かい海の外洋に生息し、表層に群れを作って高速で泳ぐ。

大きさは30～45㎝がよく釣れ、最大では60㎝くらいになる。泳ぐスピードが非常に速く、魚が掛かってからのファイトはことのほか面白い。初心者にも比較的簡単に掛かるので人気が高い。

釣れる季節は夏から秋にかけてで、外海に面した沿岸に回遊してくる。もちろん外洋に面した砂浜なら釣果が期待できる。ポイントの目安は、ソウダガツオに追われた小魚が起こすナブラや鳥山など。できれば少し高い場所から海面を観察して探りたい。

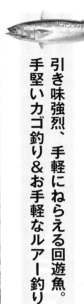

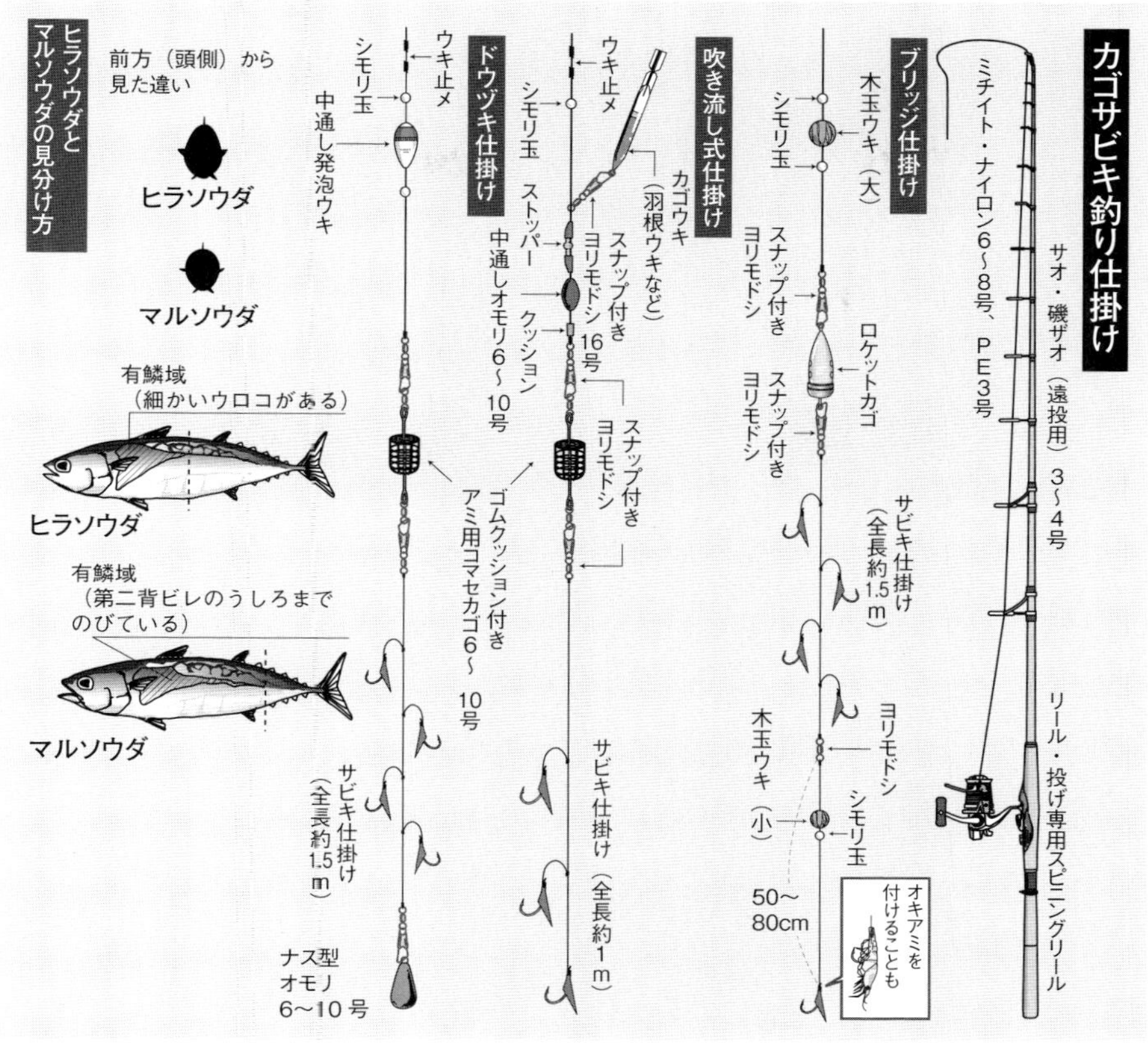

極端なことをいえば、ソウダガツオは群れが回遊してくれば誰にでも釣れるお手軽ターゲット。とはいえ、ナブラや鳥山はえてして沖にできることが多い。ここでは遠投が可能で釣果を手にしやすいカゴサビキ釣りとルアー&サーフトロウリングを紹介したい。

●手堅いカゴサビキ釣り

サビキ仕掛けの上下にボールウキ（木玉ウキ）をセットしたブリッジ仕掛けが、表層を泳ぐソウダガツオには最適だ。ほかに吹き流し式のサビキ仕掛け、ドウヅキ式のサビキ仕掛けなどもあり、どの仕掛けでもソウダガツオは釣れる。仕掛けに迷った時は、現地の釣具店で人気のサビキ仕掛けを聞いてから購入するのがよいだろう。

コマセカゴにはアミエビを詰め込むが、ギュウギュウに詰めると出が悪くなるので8分目としたい。仕掛けを投入したら、サオを大きく振ってコマセカゴから寄せエサがこぼれ出るように

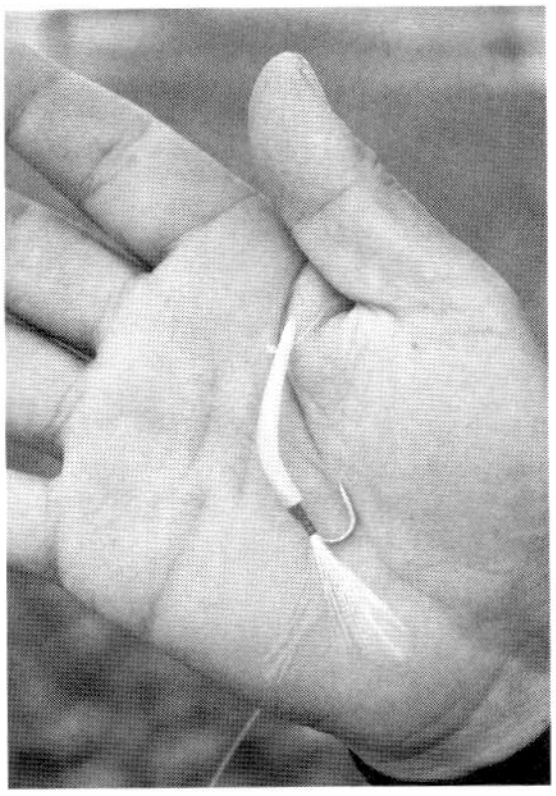

サーフトロウリングで使用する和製ルアーが弓ヅノだ

サーフで回遊魚をねらう場合、朝マヅメは見逃せないチャンスタイム

演出し、潮に仕掛けを流しながらアタリを待つだけでよい。ただし、あまり長時間流すのはダメ。数分間待ってもアタリがない場合は、仕掛けを投入し直す。

ブリッジ式のサビキ仕掛けで食いが悪い時には、魚のタナが深いこともあるため、ドウヅキ式のサビキ釣りに変更してみるのも手だ。

●手軽なルアー釣り

ルアー釣りでは、10〜12ft前後のシーバスロッドに中型スピニングリールの組み合わせがよい。ミチイトは3〜4号で、この太さならダブルラインやショックリーダーは必要ない。しかし少しでも遠投したい場合は、ラインを細くしてダブルラインとショックリーダーを付けるようにする。ルアーは28〜40gのメタルジグがメインで、これを高速で巻く。

注意したいのがルアーの投入点。ナブラを直撃すると着水時の影響で魚が散ってしまうので、できればナブラの沖、届かなければすぐ手前へとキャストすること。

メタルジグが威力を発揮するのは波口から水深があり、速い潮が流れるような砂浜。このような場所は海水浴が禁止されているので、夏でも釣りが楽しめるところが多い。

●遠投の利くサーフトロウリング

サーフトロウリングとは、弓ヅノと呼ばれる独特の擬似餌を陸から投げて釣る方法。投げ釣りタックルが流用できるため、特にシロギス釣りの盛んな地域では人気が高い。

前記のようにタックルは投げ釣り用のものでよく、オモリ負荷30号クラスの遠投用ザオと、投げ専用大型スピニングリールを用いる人が多い。

サーフトロウリングに多用されるオモリは、遠投重視ならL型テンビン、イト絡みを考慮するならジェットテンビン。オモリ号数はポイントの距離に

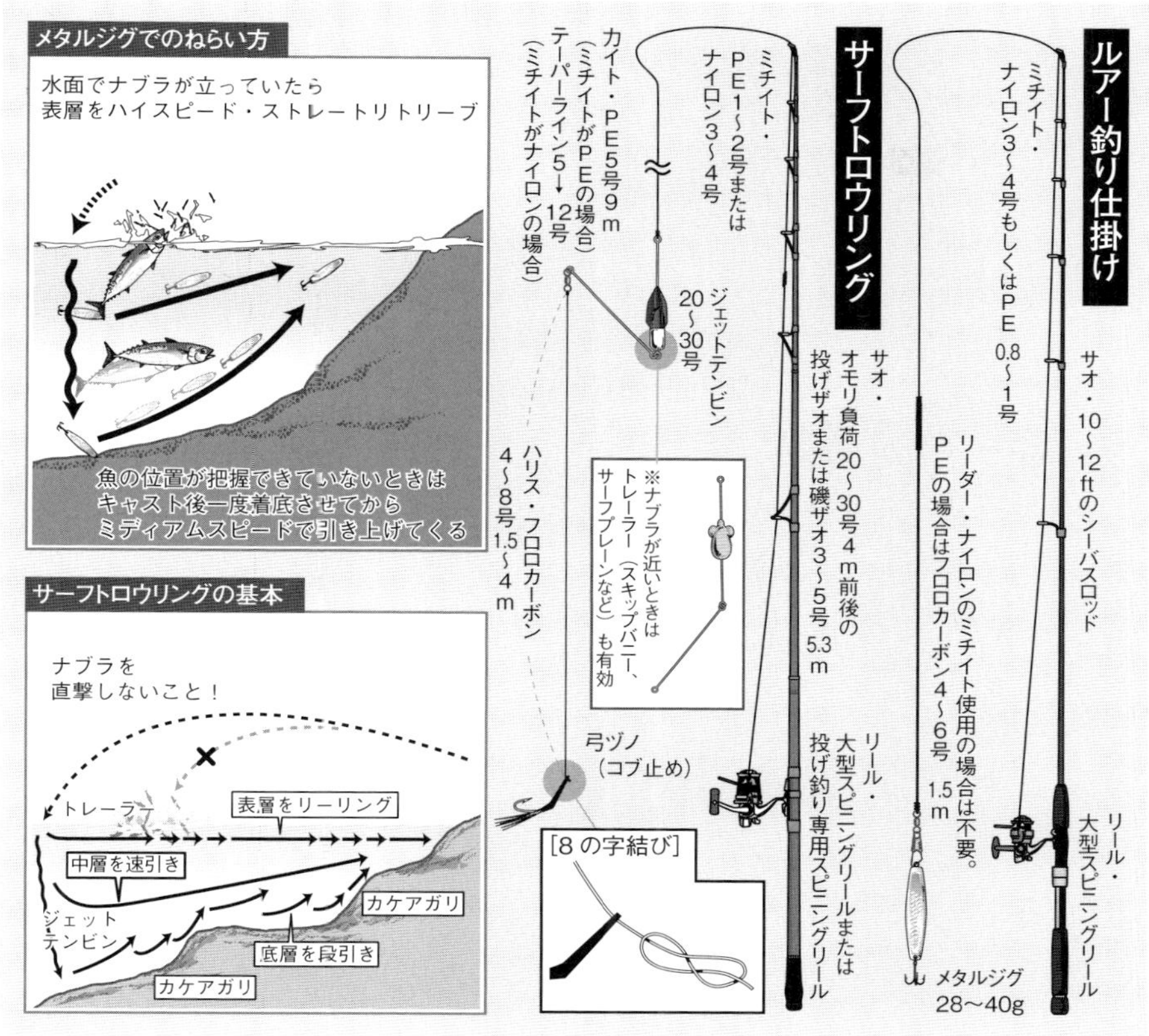

よっても異なるが、20～30号を用いる人が多い。また、市販されている専用のフロートオモリを用いる人もいる。弓ヅノは4～5cmが適当で、色は潮が澄んでいる時は白または青系、濁っている時はピンク系を好む人が多い。

サーフトロウリングではカゴ釣りのように寄せエサを使わないため、群れの回遊場所を探しながら投げ歩く方法がベストといえる。

ナブラが出ている場合は、高速リーリングが基本となる。ナブラの沖まで仕掛けを投入し、着水と同時にリールを巻き始めるという、いたってシンプルな釣り方だ。

ナブラが出ていない時はできるだけ仕掛けを遠投し、カウントダウンしながらいったん海底まで仕掛けを落とす。着底を確認したら大きくサオをあおり、手前まで高速でリーリングする方法がおすすめだ。

SURF FISHING TARGET GUIDE

タチウオ

サーベルフィッシュの異名を持つフィッシュイーター。マヅメか夜釣りがチャンス

朝マヅメの短い時合にルアーでヒットしたタチウオ

タチウオのベストシーズンは秋。10～11月、イワシやサヨリを追って沿岸部に回遊してきた時がねらいめだ。普段は沖合のやや深い場所にいるタチウオだが、日没とともに接岸してくる。といっても、あまり水深の浅い場所は望み薄で、ある程度の深さが必要。サーフでは遠浅の海岸は敬遠したい。遊泳禁止の看板があるようなドン深の砂利浜で、すぐ沖に深場を控えた地形なら期待できる。エサとなる小魚が回遊してくる潮通しのよさも必要だ。

サーフからタチウオが手にできる釣り方は、電気ウキ釣りとルアー釣りの2つがある。

●身エサでねらう電気ウキ釣り

タチウオのウキ釣りタックルは専用のものがないので、磯釣り用を使用する。磯ザオの2～3号クラスが最適で、リールは中大型のスピニングリールか、両軸リールでもいい。ミチイトはナイロン3～4号を100m以上は

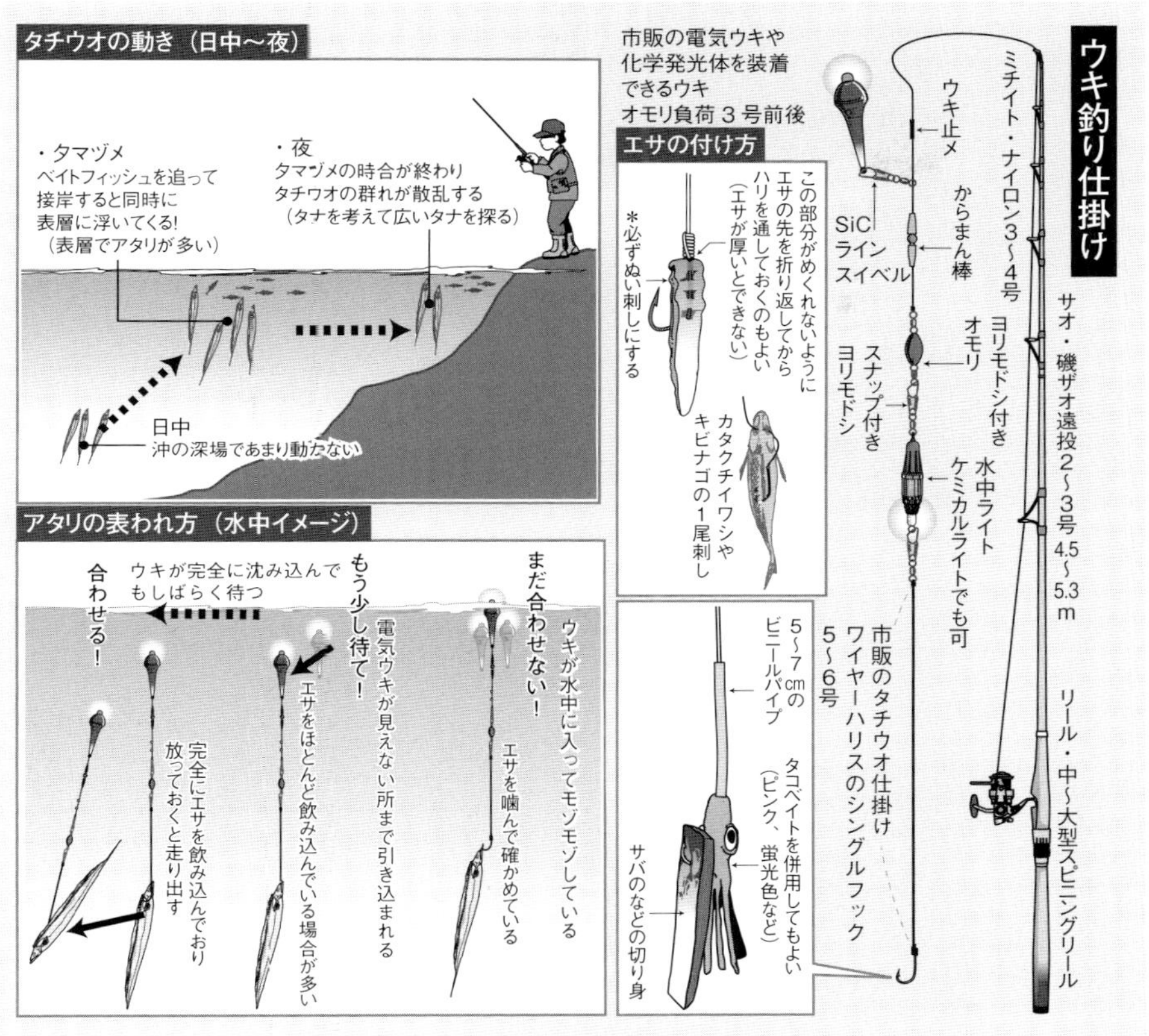

巻いておきたい。

　仕掛けは電気ウキを使った遊動式のウキ釣り仕掛け。電気ウキは3号負荷のものが一般的な状況に対応できる。水中ライトは、使用自体の是非が問われることもあるが、基本的には電灯などが全くない場所では、なんらかのライトがあるほうがよい釣果につながるといえそうだ。

　仕掛けは、ワイヤーハリスが付いたタチウオ用シングルフックの5～6号が標準。好みでタコベイトなどを装着してもよい。エサは、サンマの切り身や冷凍のキビナゴ、カタクチイワシを購入するとよいだろう。

　日没直後からアタリが出始め、午後9時頃までの3時間ほどが最もアタリが多いゴールデンタイムとなる。タチウオの群れが大きければ、一晩中アタリは続くが、次にアタリが集中するのは朝マヅメ。日が出るまでの1～2時間がチャンスだ。

　潮通しに関しては、ゆっくりと流れ

暗くなっても電気ウキ釣りならタチウオの釣果が得られる

るポイントがよい。潮が動かないところでは、タチウオがいても非常に食いが悪く、アタリがなかなか出ないことがある。逆に、潮が速すぎるとウキがあっという間に流されてしまい釣りにならないので、「ゆっくり流れる」のがキーポイント。

タナは表層を中心にねらいたい。まずウキ下2mからスタートし、アタリが多ければ、さらなる食いをねらってウキ下を1・5mまで浅くする。逆にアタリが遠いようなら、2・5〜3mまで深くするとよい。

ウキ釣りの釣り方はいたってシンプル。仕掛けを遠投したら、タナまで仕掛けが届くのを待つ。あとは仕掛けを潮に乗せて流し、アタリを待つだけだ。しばらくして反応がなければ、サオを軽くあおってエサを踊らせるように誘いをかけるのも手だ。

アタリは、ウキがボ〜ッと沈んでいくのだが、早アワセは禁物。ウキがボンヤリ見えている間は待ち続け、もう一段沈み込んで、ウキの所在が分からなくなったら大アワセしたい。

●飛距離重視のルアー釣り

タチウオは貪欲なフィッシュイーターだけにルアーでもねらえる。さらに、タックルそのものがシンプルなので手軽に広範囲を釣り歩くことも可能だ。短い時合の中でも手返しよくねらえるので、マヅメの時間帯に限定すれば、エサ釣りの釣果を上回ることがまある。

しかしルアーで楽しめる時合は短く、基本的に朝夕のマヅメのみとなる。それも、朝マヅメは日の出まで。タマヅメは日没直後から暗闇に包まれるまで。サーフは水深がないために、光量が激減する時間帯のみがチャンス。短い時間帯とはいえ、スレていないだけにタチウオの回遊があれば濃密な時間を楽しめる。

サーフでは飛距離重視のタックル選びが問われる。ロッドは9〜10ftで、適合ルアーウエイトが30gまであると汎用性が高くおすすめだ。ラインはPE1号前後、これにフロロカーボン製リーダー5号を1・2mほど接続する。

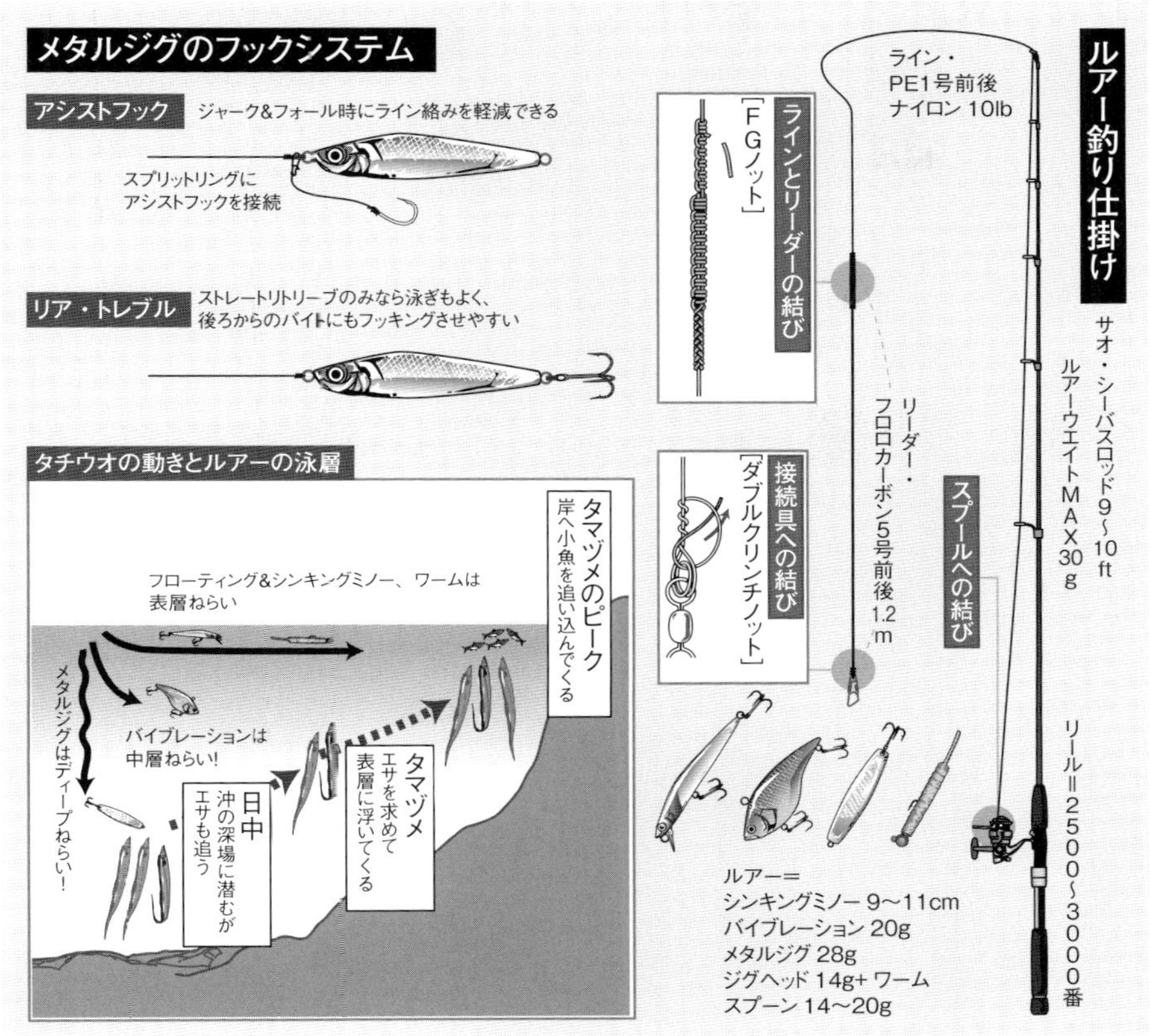

ルアーはポイントまでの距離に応じてフローティングミノーやシンキングミノー、バイブレーション、メタルジグなどが定番だ。

時合は朝夕のマヅメとなるため、タチウオの泳層は基本的に水面直下1〜2mの表層。このレンジでスローでタダ巻きしたい。飛距離を稼ぐにはバイブレーションやメタルジグが有効だが、重量があるだけに表層を引こうとするとリトリーブが速くなりがち。最初は、飛距離の出るミノープラグからチョイスしたい。

どうしても飛距離を稼ぎたい時は、ソルト用のスプーンが効果的。ミノープラグよりも飛距離が出て、バイブレーションやメタルジグよりもスローで表層を引ける。重さは14〜20gのものがサーフでは使いやすい

明るい時間帯も流すなら、バイブレーションやメタルジグによるリフト&フォールがおすすめ。特にボトム付近にいるタチウオには効果的だ。

SURF FISHING TARGET GUIDE

ハゼ

干潟は立ち込みのウキ釣り、河口の砂浜ではチョイ投げがグッド

初夏は砂浜から立ち込みのウキ釣りでデキハゼの数釣りが楽しめる

釣り人がいうところのハゼとは、マハゼのことを差す。マハゼはスズキ目ハゼ科に属しており、北海道南部から九州にかけて分布。波の穏やかな湾内や汽水域などに生息する。体形は細長い円筒形をしており、貪欲にエサを漁る。簡単に数が釣れることと、食べても美味しく人気が高い。

基本的にハゼは1年魚。春に生まれた稚魚は夏場に5～8㎝ほどに成長し、秋から冬にかけて15㎝前後になる。中には越年して2年生き、20㎝前後になるものもいる。

食性は雑食性で、ゴカイなどの多毛類を中心に、小型甲殻類・貝類などを通常は捕食するが、時として海藻類を口にすることもある。

シーズンインは、例年6月前後から。湾奥の運河や河口付近などを中心に5～8㎝級が釣れ始める。この頃から8月までが最も数釣りを楽しめる時期で、小型が中心になるが束釣り（3ケタの釣果）も夢ではない。

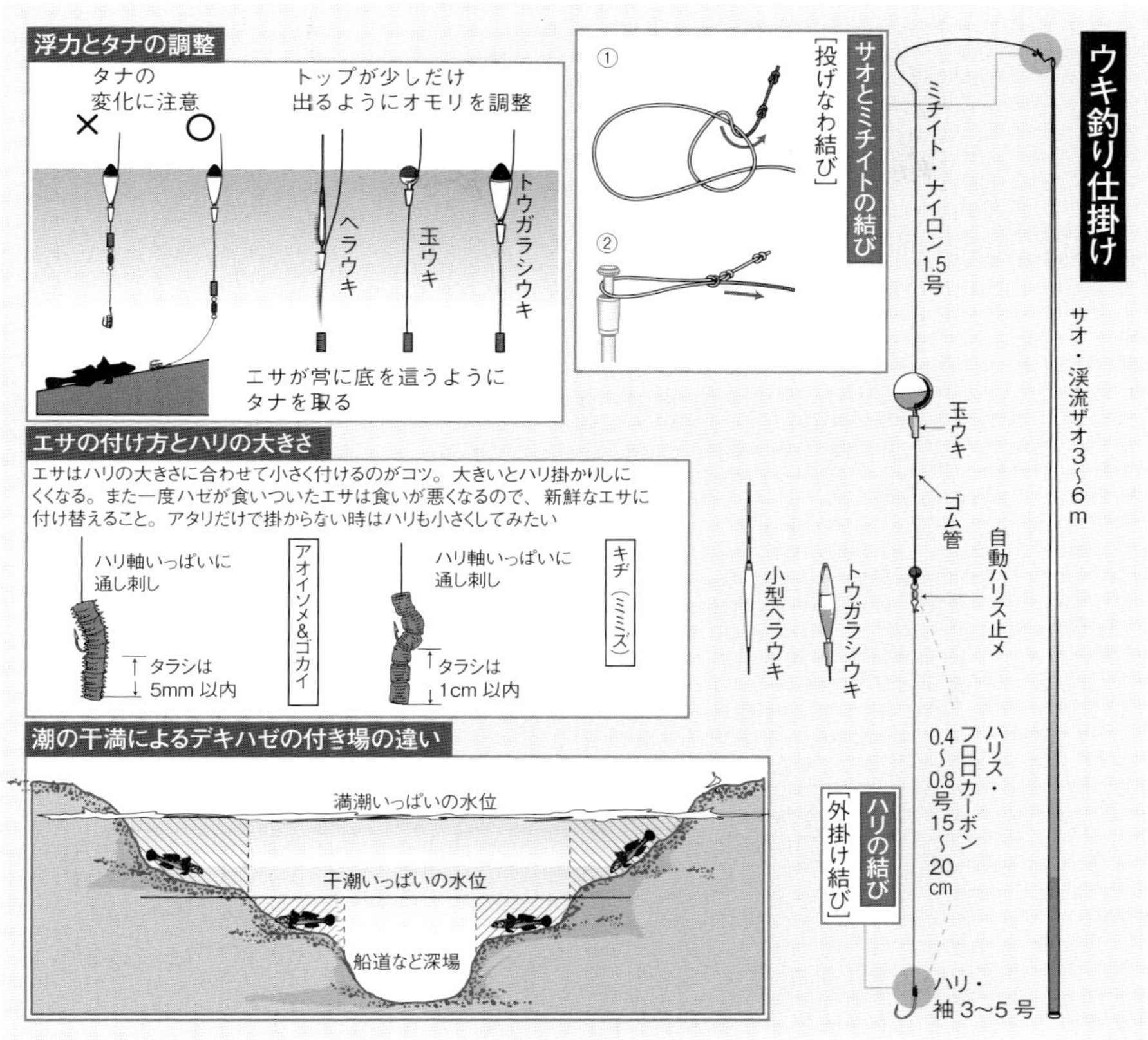

秋が深まっていくと型が大きくなり、15㎝級のものが中心になってくる。数釣りから型ねらいとなり、その際、ポイントは徐々に深いところへとシフトする。11〜12月には水深10ｍ前後の沖合の深場へと落ちるので、基本的には初夏から秋口にかけてが手軽にねらえる好時期だ。

ハゼの生息地は砂泥地底で、周辺に杭や海藻・捨て石などの障害物があるところがポイントになる。また、塩分濃度の高いところは避けるようで、外海に面した場所よりも、湾内や河口などの汽水域に好ポイントが多い。

具体的な場所を挙げれば、運河の中や河口部にある小さな砂浜や、河口部に広がる干潟、小さな流れ込みの入っている砂浜などだ。

ハゼの釣り方にはノベザオのウキ釣りとリールザオの投げ釣りがあるが、投げ釣りは晩秋から冬場の釣り方。浅場での数釣りができる夏場は、ウキ釣りでねらいたい。

秋から冬にかけて、深場へと落ちるハゼたち。チョイ投げでねらえば大型が手にできる

湾奥にある小さな砂浜。夏ハゼの絶好のポイントだ

●シーズン初期はウキ釣りで楽しむ

浅場をねらうのに適した釣り方で、仕掛け全体が軽いためハゼの食い込みがよく、初心者でも扱いやすい。サオはポイントにもよるが、3～6mのノベザオでよいだろう。

ウキは玉ウキ、シモリウキ、小型トウガラシウキなどいろいろある。どのウキを使うかは各人の好みだが、仕掛けを作ることを考えれば、簡単な玉ウキ1個の仕掛けでよい。

ハリは、釣れるハゼの大きさに合わせるのがコツ。10cm以下の小型ハゼの場合は袖バリ3～5号程度で、ハリ掛かりが悪い時はより小さくする。いくら体の割に口が大きいハゼといっても、ハリが大きすぎるとエサだけ取られることが多くなる。

釣り方は、エサが底スレスレを這うようにウキ下を調節し、仕掛けを潮の流れに任せて流していく。その際、杭や海藻、捨て石などの障害物がある周辺を丹念に探ると効果的だ。ウキ下が浅すぎると底にいるハゼの食いは極端に悪くなり、逆に深すぎるとウキにアタリが出づらくなる。そして、サオの届く範囲をひと通り探ってもアタリがない場合は、少し横に釣り座を移動して新たなポイントを探っていく。

アタリはウキがポコポコしたり、一気に消し込んだりとさまざまだが、いずれも合わせる際は、軽く手首を返す程度で充分だ。ハリ掛かりしたらその場で抜き上げればよい。

砂浜や干潟で立ち込んで釣る時、ハゼは想像以上に浅場にいるため、立ち込んだ足下がポイントなんてこともある。また、潮の干満でウキ下が変化するため、こまめにチェックすること。

●良型がねらえる投げ釣り

ハゼを投げ釣りでねらって面白くなるのは9月以降で、この頃になると全長12～15cmに成長している。その後は水温の低下とともに徐々に深場へ移動

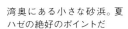

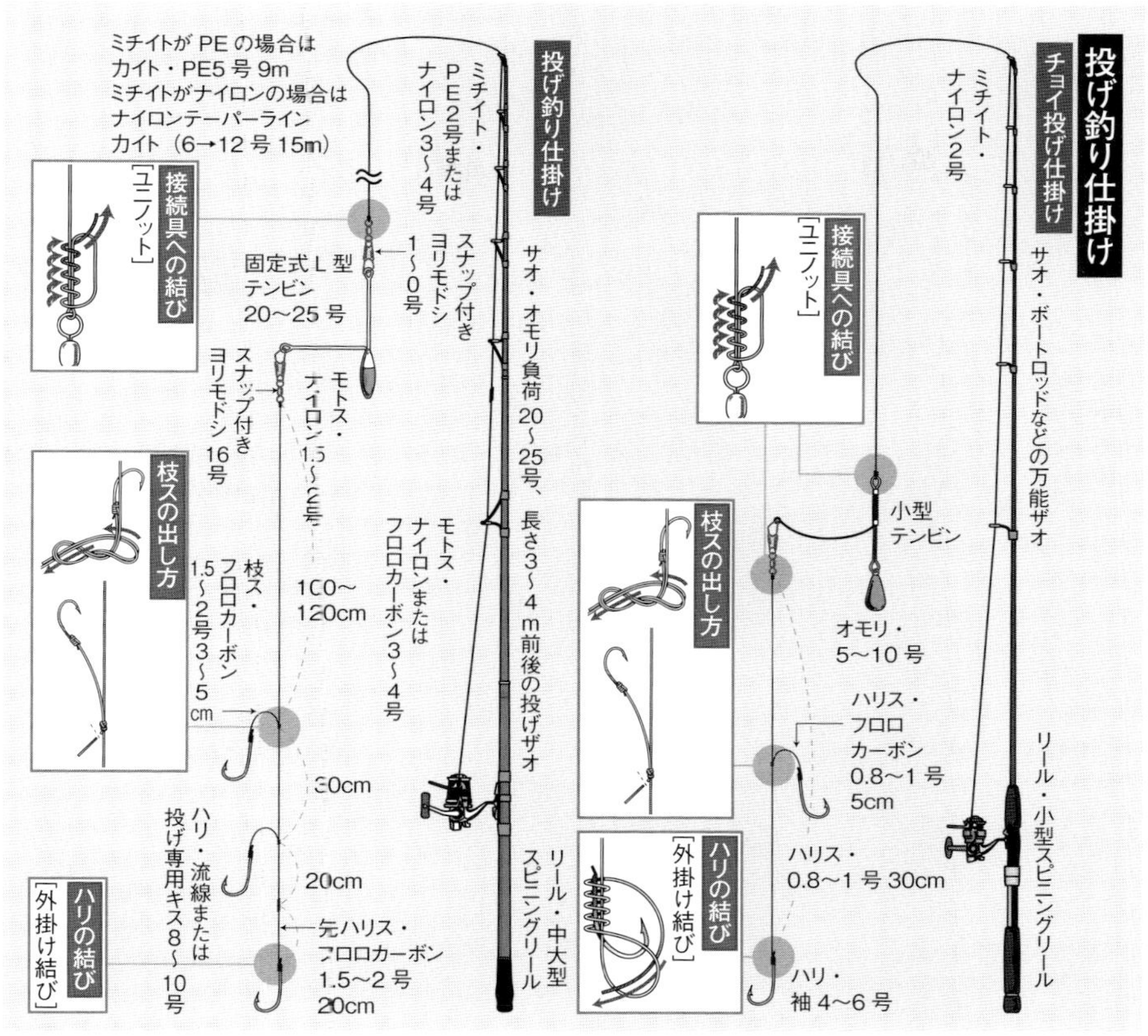

していき、特に12月に入ると投げ釣りでなければポイントに届かなくなってしまう。この時期に釣れるハゼは「落ちハゼ」と呼ばれ、体長15〜20㎝の大型が多い。

9〜10月、干潟の先や流れ込みのある砂浜などに群れるハゼをねらう場合、まだ本格的な投げ釣りタックルは必要なく、30m前後のチョイ投げでも充分釣果は期待できる。やがて11月頃になると、ハゼも15㎝ほどに成長して深場へと落ちていくようになり、必然的にポイントも遠くなるのでいよいよ本格的な投げ釣りタックルの出番となる。今度はオモリ負荷20〜25号の投げザオに、ポイントまでの距離に応じて20〜25号のL型テンビンを使い分ける。マハゼの釣り場は海底に貝殻やゴミなどの障害物も多く、ハリ数は2〜3本以内としたほうがよい。

エサはキャストしてもエサ落ちの心配が少なく、そのうえ安価でどこでも手に入るアオイソメがおすすめだ。

SURF FISHING TARGET GUIDE

ヒラメ

生きエサの投げ釣りまたはルアー釣りで高級魚に王手！

サーフの代表的なルアーターゲットのヒラメ。大型が期待できる

ヒラメは目を上に、口を下にして置くと左向きになる。逆にカレイの多くは右向きになるので「左ヒラメに右カレイ」と称し、見分ける際の目安にする。砂地、砂礫底、岩礁帯の海底に潜み、主に小魚類を襲って捕食する。

一般的なイメージ以上にヒラメは活発に回遊する魚であり、シロギスなどの底棲小型魚のほかに、イワシやイカナゴなどの小型回遊魚もエサにする。

陸っぱりからヒラメをねらう場合、接岸してくる秋～冬がベストシーズンとなる。主なポイントは日本海や太平洋の外洋向きで砂地底のサーフだが、内海でも潮通しがよく地形的変化に富んでいれば釣果は期待できる。具体的には、砂地サーフのカケアガリ部分や河口のサンドバー、遠浅の砂浜なら周辺より深くなっているミオ筋など。もちろん潮目や離岸流ができるところもねらいめだ。

また、きれいな砂浜以外に若干のゴロタ石や沈み根などの変化があるほう

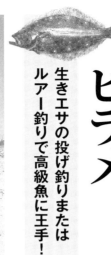

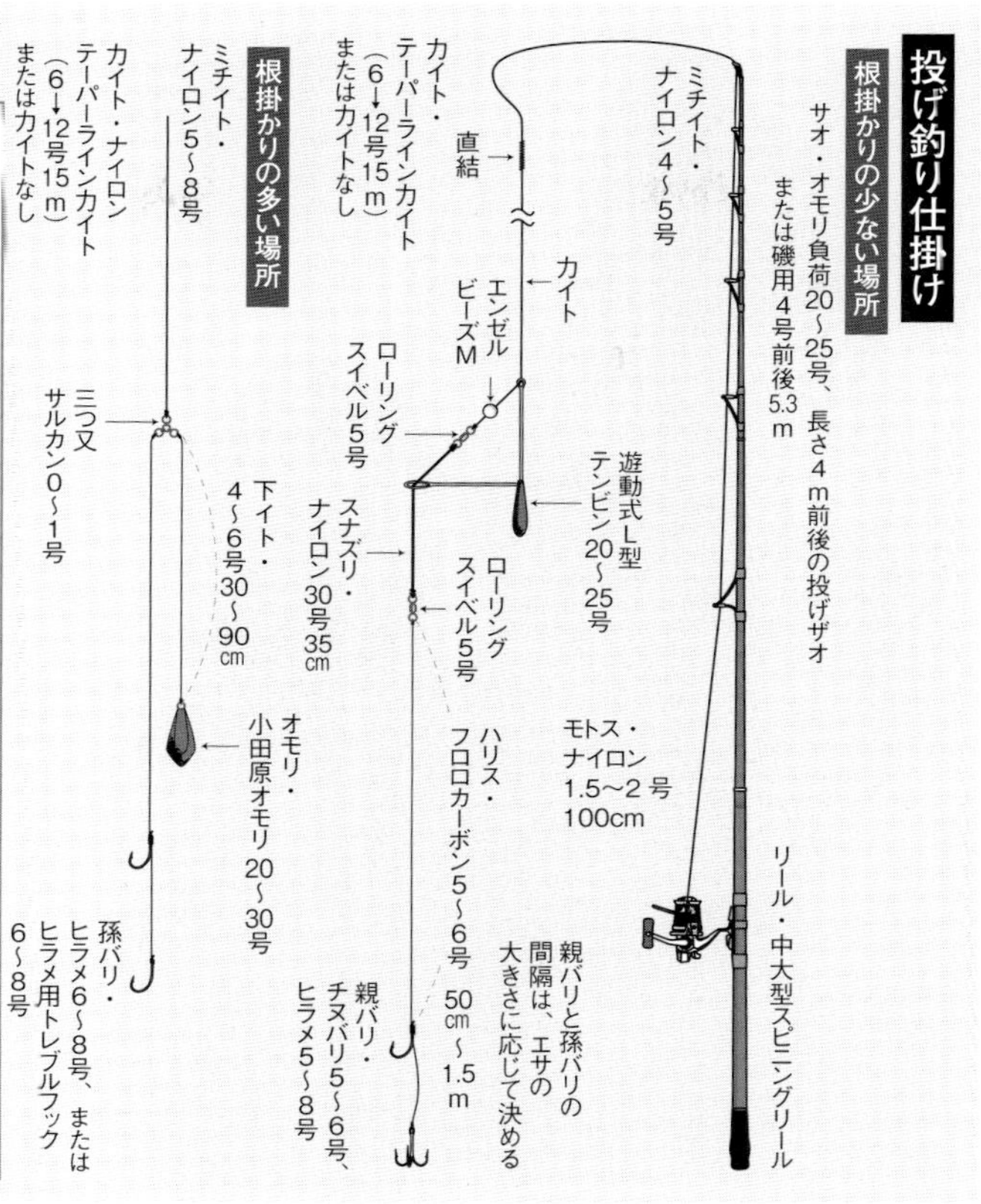

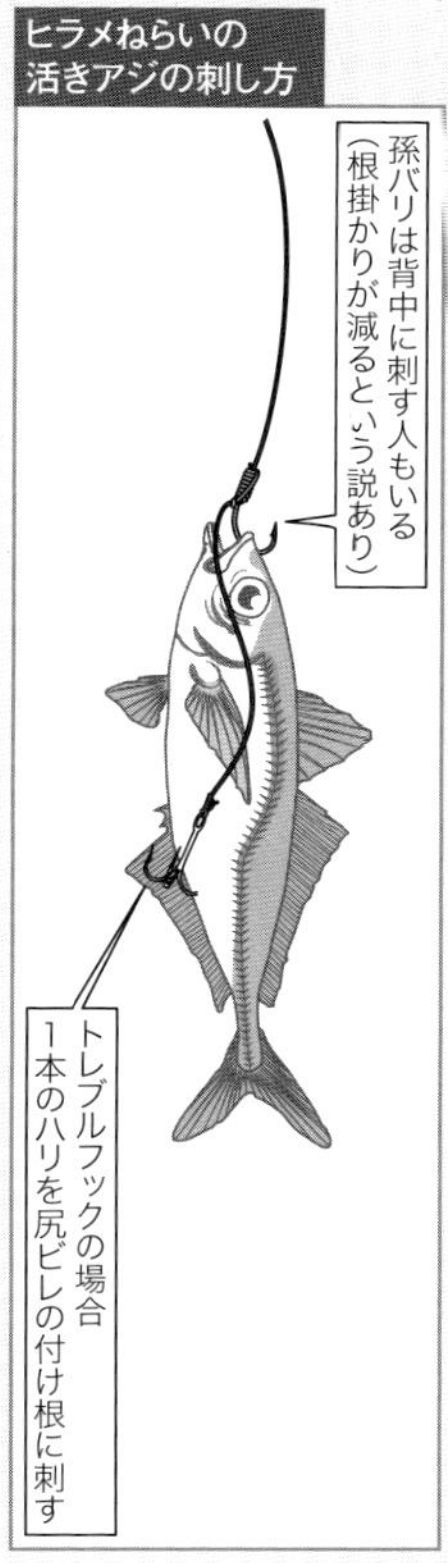

がベイトフィッシュの付きがよく、良型のヒラメも付きやすい。

釣り方は生きた小魚や冷凍イワシなどをエサにした投げ釣りと、ルアーフィッシングが行なわれている。

●小魚をエサにした投げ釣り

投げ釣りでは一般的な投げザオか、磯ザオの4～5号に中型スピニングリールを用いる。仕掛けは釣り場の海底の状況に応じて使い分ける。海底が完全な砂地で根掛かりがほとんどないような場所では、L型テンビンを用いた仕掛け。根掛かりがある場所では、捨てオモリ式仕掛けを用いる。いずれの場合も、ハリは孫バリ式に結んでおくのが特徴だ。

また、根掛かりの少ない場所でも下オモリ仕掛けを愛用している人も多い。これは下オモリ式仕掛けのほうが、活きアジなどを使用する場合に360度泳ぎ回ることができ、よりヒラメにアピールできるからだ。

サーフでのポイントは潮通しがよく地形的変化に富んでいる場所にヒラメが潜んでいる

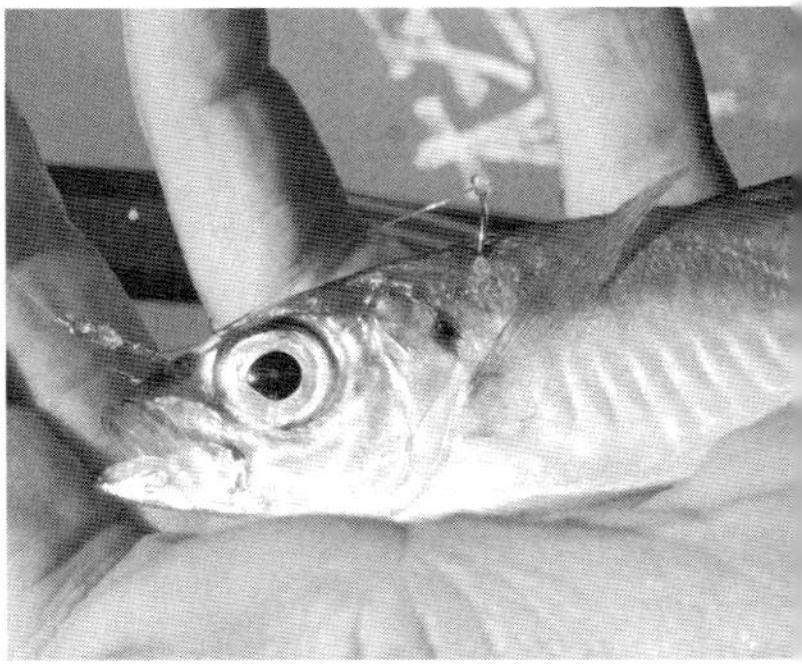

投げ釣りではアジなどの活きエサを使用する

エサは活きた小アジがベスト。手に入らない時は冷凍アジやイワシなどでも代用できる。もし、周辺の堤防などでアジ、イワシが回遊しているようなら、サビキ仕掛けで事前に釣りあげ、活かして持っていくのも手だ。

基本的にヒラメは砂地に生息する魚であり、砂底に身を埋めてエサとなる小魚が通過するのを待っているため、水深は浅くても気にならない。波打ち際のすぐ先で食ってくることも多々あるのだ。

ポイントを決めたら仕掛けを投入し、アタリを待つ。アタリだが、一気にサオ先をひったくるような大きな動きを見せることもあれば、コツンと振れただけで小魚を食い込んでいることもある。怪しいと思ったら、サオを手にして聞いてみること。早アワセは厳禁。じっくりと食い込ませてから合わせたい。

●ハードルアーに果敢にアタック

ヒラメはフィッシュイーターなのでもちろんルアーでもねらえる。底生魚だからといって、海底をズルズル引きずってもまず釣れない。ヒラメは底から上の層を意識して、通りかかった小魚に飛びかかる習性があるからだ。このためルアーは海底付近を泳がせるの

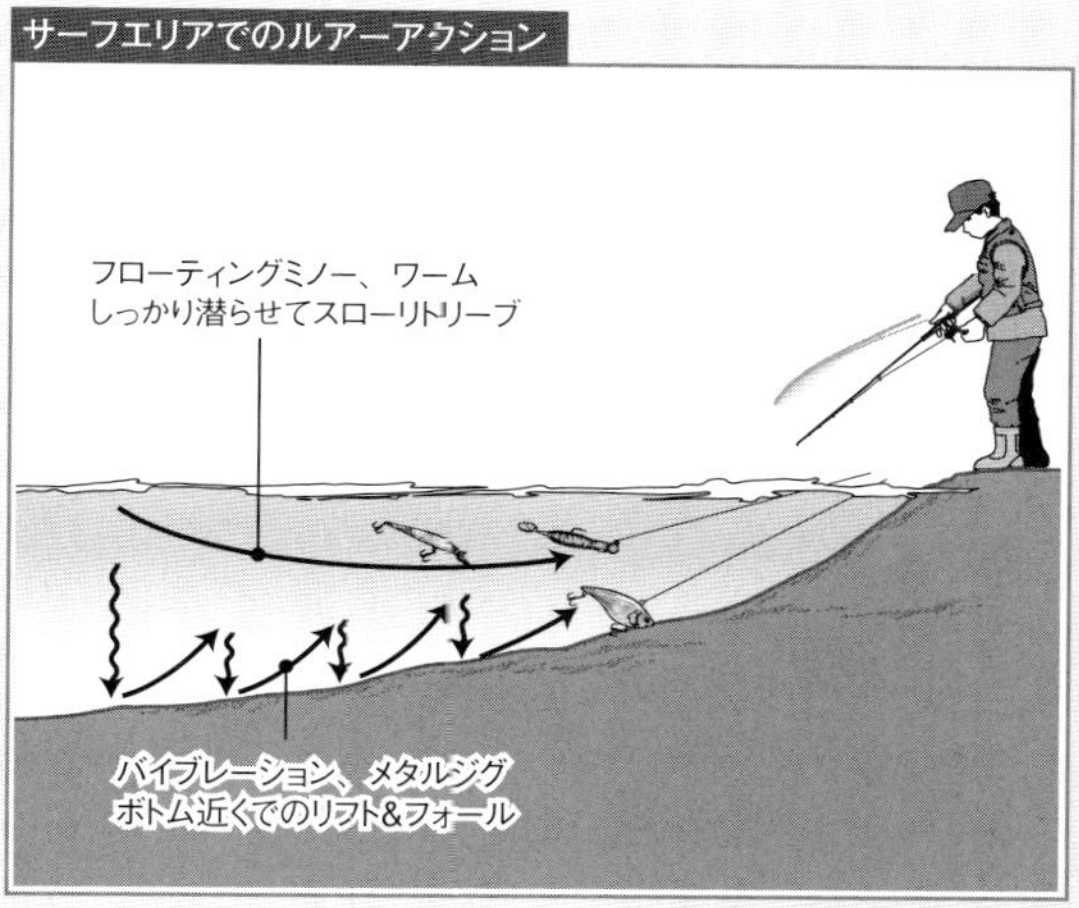

ルアー釣り仕掛け

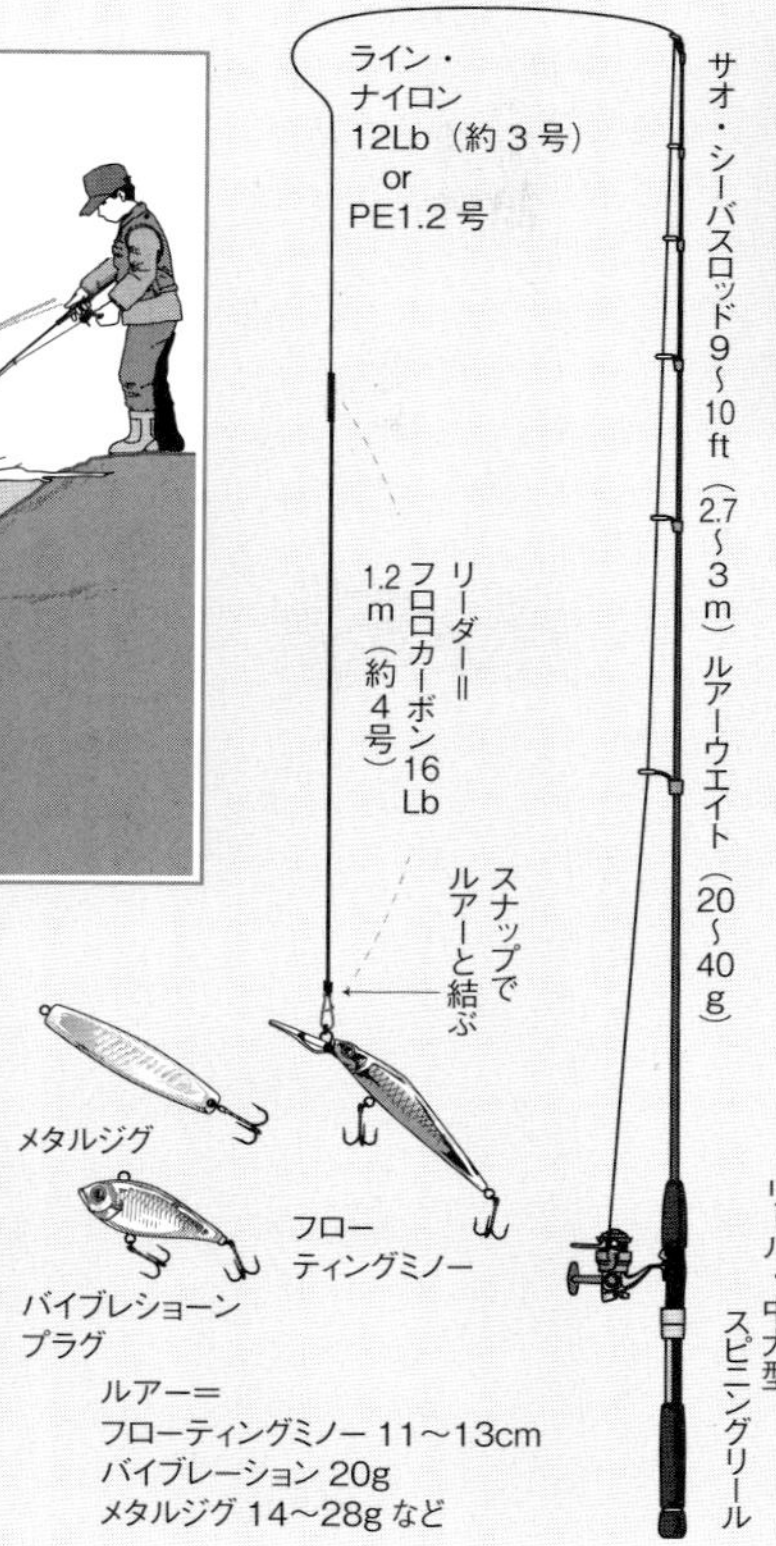

波打ち際のすぐ先でヒット。ヒラメは予想以上に岸近くまで寄っている

がコツだ。

使用ルアーはミノー、メタルジグ、ソフトルアー＋ジグヘッドなど。ルアー別のアクションについてだが、フローティングミノーはスローからミディアムスピードでリーリングするのみ。ただし深く潜るルアーではないので、遠浅サーフでなければ非常に釣りづらい。

ほどほどに水深があるサーフでは、バイブレーションやメタルジグなどをチョイスする。これらも基本的には海底近くをゆっくりとノーアクションで泳がせてくるだけでよいが、バイブレーションとメタルジグに関しては、リフト&フォールも有効だ。

ヒラメは常に上方向を見ているから、アクションは若干上のほうに向かわせるくらいでちょうどよい。そして海底にへばりついていても、エサを捕食する時は1～2mなら普通に垂直ジャンプするので、ルアーをわざわざ海底に着けて泳がせる必要はない。

SURF FISHING TARGET GUIDE

マゴチ

浅場でも食ってくるフィッシュイーター。投げ&ルアー釣りが効果的

マゴチは投げ釣り、ルアーで楽しめる砂浜のフィッシュイーター

マゴチは海底にほとんど埋もれるようにして潜み、大きな口を持つ魚体からも想像できるように目の前に現われたエビ類、小魚などに襲いかかって捕食するフィッシュイーター。

「照りゴチ」と称されるだけあって、太陽が照りつける夏が旬の魚である。釣りシーズンは梅雨明け頃から初秋まで。初夏が産卵期といわれており、この時期の前後は意外なほどの浅場で釣れる。

主なポイントは外洋に面した砂地底のサーフ。遠浅の地形でもよく、河口などがあってエサとなる小魚が集まる条件を備えていればなおよい。

魚食性が強く、よく投げ釣りでシロギスを釣っているとハリ掛かりしている魚が何かにかじられることがあるが、犯人はマゴチやヒラメであることが多い。

時合は、早朝と夕方に食いが立つとよくいわれるが、これはベイトフィッシュが岸近くの浅場に接岸してくるか

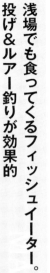

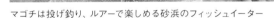

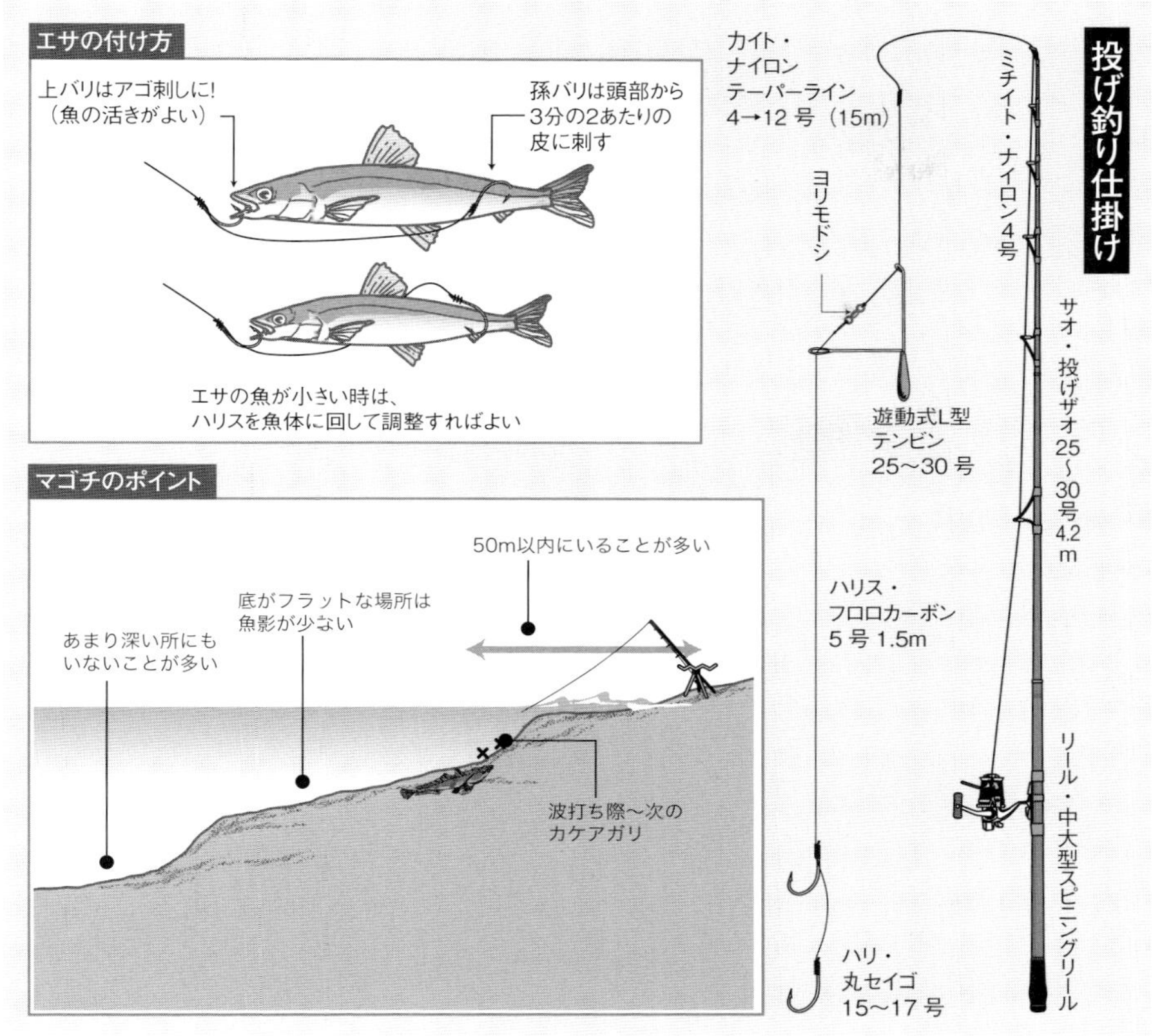

らであり、潮通しのよいポイントなら日中でも充分に釣果は望めるはずだ。

●投げ釣りは活きエサが一番

マゴチは一見グロテスクな魚体をしているが、淡泊な白身で美味なのが大きな魅力になっている。釣り方だが、前記したとおりフィッシュイーターなので、活きアジや冷凍イワシなどをエサにした投げ釣りでねらうこともできる。

サオは25号以上の投げ釣り用なら充分。リール、ミチイト、力イト、テンビンオモリに関しても、ごくオーソドックスな投げ釣りタックルが最適。

仕掛けは、小魚をエサにするためロングハリスの1本バリがよい。ただ、普通の1本バリ仕掛けでは、エサの飲み込みが浅いとスッポ抜けによるバラシが多発する。そこで、上バリを結んだ時の端イトを長めに取り、さらにもう1本ハリを結ぶ。つまり孫バリ仕掛けとするわけだ。上バリは、エサにす

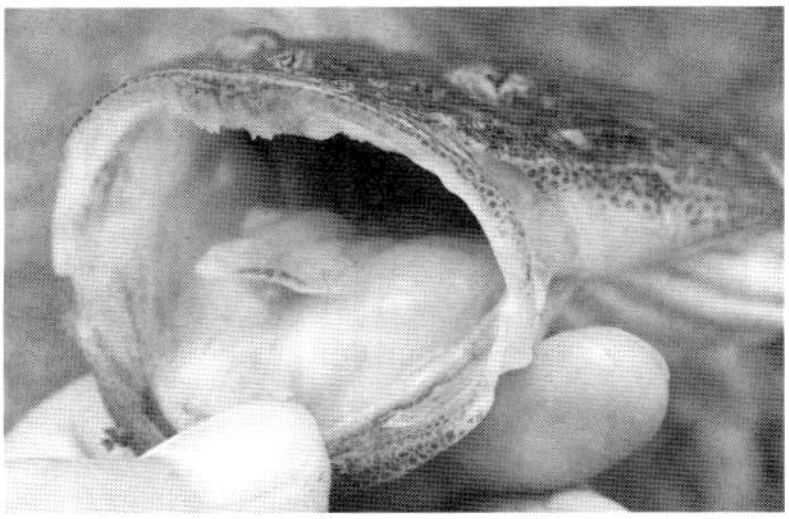

貪欲な魚なので、目の前にあるエサはすべてこの口で捕食する

小魚をエサ付けした投げサオを２、３本並べてアタリを待つ

る小魚のアゴに掛け、もう1本は、小魚の魚体後部に軽く掛けておく。上バリと下バリの間隔は10㎝ほどでよいが、これは使用するエサのサイズに合わせて何種類か用意しておきたい。

エサは、現地で釣りあげた活きのよい小魚ならなんでもよく、シロギス、ハゼ、メゴチなどが主に使われる。冷凍イワシや、サンマの切り身でも代用可能だ。

広大な砂浜海岸の場合、カケアガリや払い出しが好ポイントとなる。特に、外洋に面した急深海岸では、波打ち際のすぐ先にある大きなカケアガリに居着いている場合が多い。

釣り方は比較的シンプルで、仕掛けを投入した後、リールのドラグを緩めて魚のアタリを待つというスタイルが一般的。ただし完全な置きザオでは効率が悪いので、数分に1回、数メートルほど仕掛けを手前に移動させてやるとより広い範囲のポイントを探ることができる。

アタリは比較的明瞭で、サオ先が一気に入ったり、緩めたドラグの逆転音が聞こえてくることが多い。エサの大きさにもよるが、魚にエサを充分に食い込ませた後、ドラグを締めてから合わせ、魚の反応が感じられたらゆっくりと巻き寄せる。

●ゆっくり目の前にルアーを通すだけ

マゴチは晩春～初夏の産卵期に接岸し、そのままシーズンに突入すると秋口まで好期が続く。小魚らしきものが泳いでいると猛然と襲いかかるが、海底に張りついて、目の前を泳ぐものにしか飛びつかない。ヒラメのように何メートルも垂直上昇してエサを捕えることはないので、ルアーはより海底近くを泳がせることが大切になる。

一方で見つけたエサへの執着はすさまじい。ヒラメは死んだエサには見向きもしないのに対して、マゴチは冷凍の小魚をエサに釣ることも可能である。

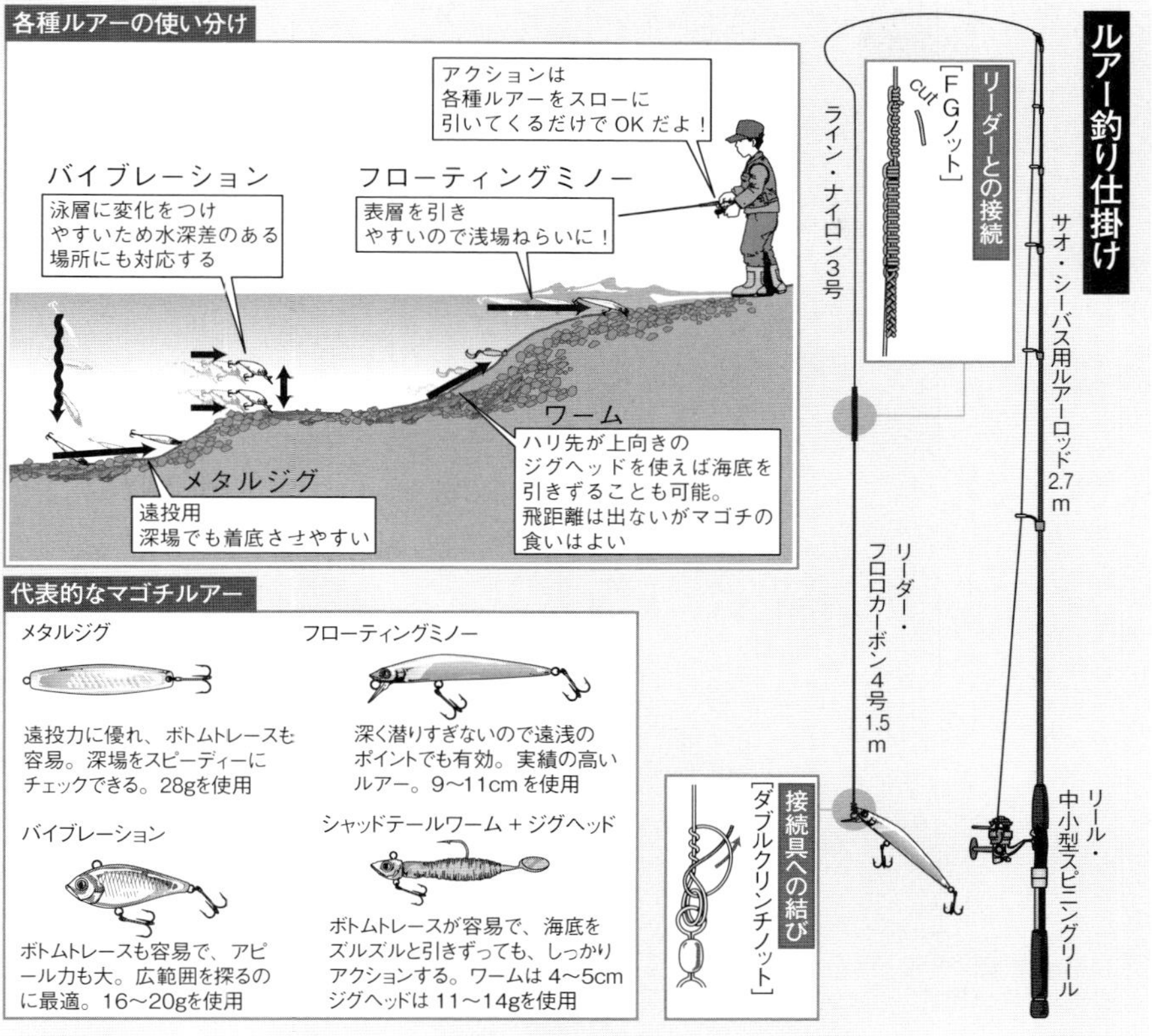

そういった点では、マゴチがルアーへの反応がよいのもうなずける。ゆっくりと目の前にルアーを通すだけで釣れるのもご理解いただけるだろう。

タックルはシーバス用をそのまま使用できる。ただしサーフのポイントにおいても、フロロカーボンリーダーを1・5ｍほど接続しておきたい。これはマゴチにルアーを飲み込まれた場合に、歯でこすられても大丈夫なようにである。

ルアーは、シャッドテールワームのジグヘッドリグに代表されるソフトルアーと、フローティングミノーに多くの実績がある。そのほか、深場をスピーディーにチェックできるバイブレーションや、遠投が可能なメタルジグを用意しておくと万全だ。

キャストしたら必ずルアーを着底させる。それからロッドを立ててスローにリーリング。一度着底したルアーが、わずかに底から離れたところを泳いでくるようにスピード調節したい。

SURF FISHING TARGET GUIDE

マダイ

船釣りのイメージをくつがえす 投げ&ルアー釣りで海の王様をゲット

マダイはその美しい姿と威風堂々とした顔つきから、魚の王様とも呼ばれている。釣りでは船の人気ターゲットのイメージが強いが、砂浜からでもねらうことが可能だ。釣期は春と秋がよく、真冬は超大型がヒットすることもある。エサはイソメ類、エビ類、貝類、魚の身エサとなんでも食うが、陸っぱりの釣りではイワイソメ、ユムシ、オキアミなどがよく使われる。

乗っ込み期は極端に浅いところで釣れることもあるが、相対的には深いタナで釣れることが多い魚なので、ある程度、水深のあるポイントのほうが有利だ。

サーフでは手前にドン深の深場が控える砂利浜などがフィールドとなる。しかし、春には「こんな浅い場所で!?」と思うような内湾奥の砂浜でも、岩礁帯や海草帯などの障害物が点在する場所なら釣果を期待できる。

そんなマダイを、サーフから手にできるのが投げ釣りとルアー釣りだ。

投げ釣りでの1尾。サーフのマダイは夜がフィッシングタイムだ

●夜釣りでねらう大ものターゲット

投げ釣りでマダイをねらう場合は、夜釣りが中心となる。サオはオモリ負荷30号前後の一般的な投げザオでよく、サオ先にはケミカルライトを装着する。

リールはドラグ機構の付いた投げ釣り専用品がおすすめ。夜釣りの場合、メーター級のサメやエイなどの大もの外道がハリ掛かりするケースも多いので、不意のアタリでサオごと海中に引き込まれないように、ドラグを緩めておくことができるからだ。

オモリは遊動式L型テンビンの25～30号を用いる。ただし、急流の中をねらう釣り場では40号以上のオモリを用いたり、流されにくい扁平な形をしたオモリを装着したテンビンを用いることもある。

ミチイトは、釣り場の条件（根掛かりの有無、潮流の速さなど）やポイントまでの距離、期待するマダイのサイズなどに応じてナイロンイトの4～6号を選ぶ。マダイのアタリは前触れなしに一気に訪れることも多いが、この際、伸びの少ないPEラインは不利と考える釣り人も多い。

ハリやハリスの号数は釣れるサイズに応じて決めるが、あくまでもマダイ一本に的を絞ってねらう場合には、最低でもハリス5号、丸セイゴバリ16号以上を用いたほうがよいだろう。

投げ釣りではハリスが海底を這う形になるため、ハリスの太さはそれほど気にする必要はない。そのため60㎝オーバーの大型を意識するなら、迷わず8号ハリスを用いるようにしたい。

エサはイフイソメが一般的。マダイはもちろんシロギス、アイナメ、クロダイなどあらゆるターゲットに有効な万能エサだ。ユムシ、コウジはエサ取りに強く、大ものねらいの特効エサとして人気が高い。

ハリ掛かりすると大型のマダイは強

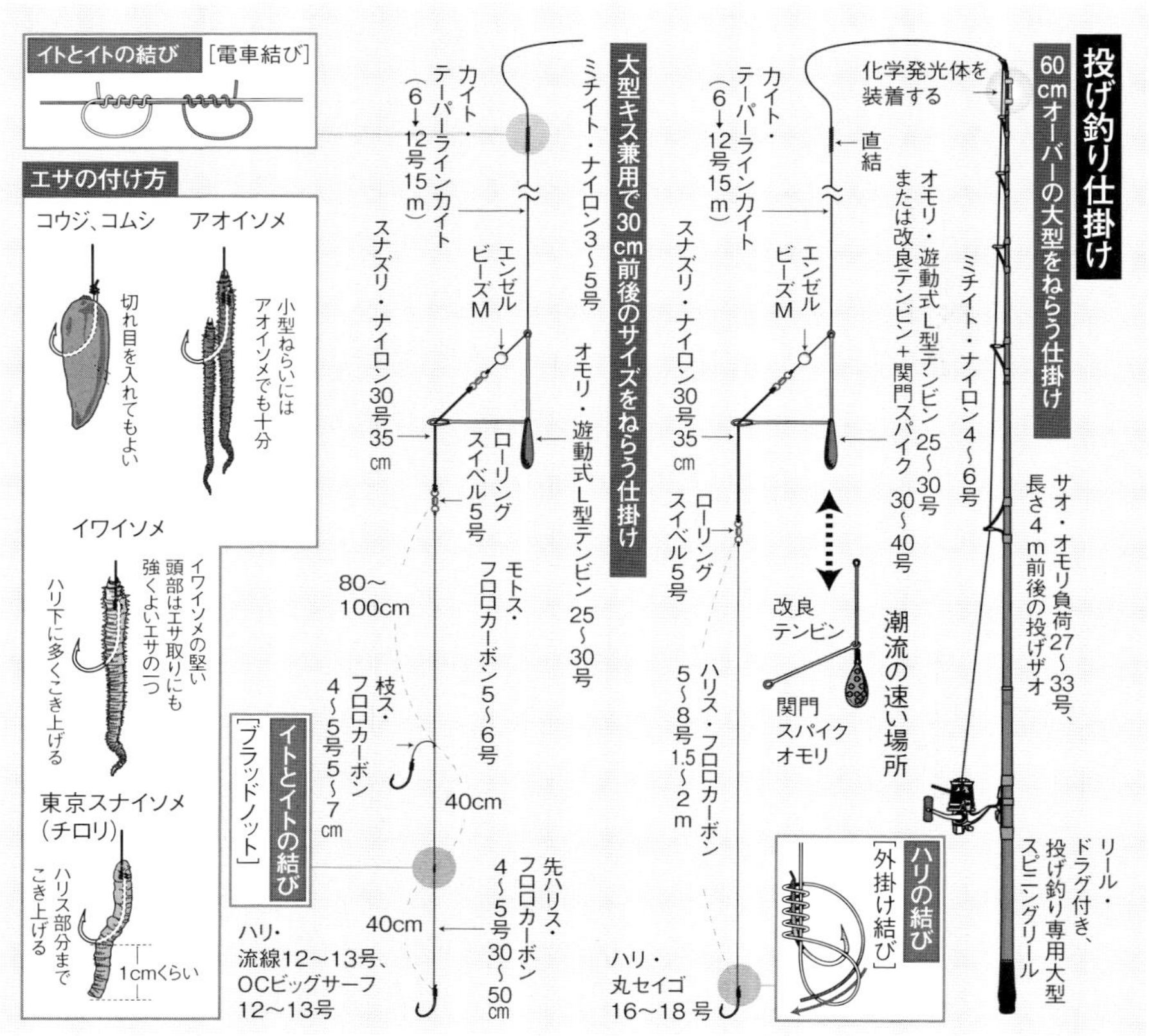

烈な走りをみせるので、ドラグを活かして慎重にやり取りする。フィニッシュは寄せる波に乗せて砂浜へと引き上げる。

●ルアーにも高反応を見せるマダイ

マダイがルアーに高反応を示すことは昔からいわれてきた。ただ、なかなか実績が上がらなかったのは、岸からねらえるポイントが把握しにくいからだ。初めての釣り場でマダイを手にするのは難しい。マダイには就餌回遊するコースがある程度決まっていて、そこを見つけた釣り人だけがマダイに出会えるチャンスを得る。

これはもう釣り場に通い詰めて自分で探すしか方法はないのだが、岸からのルアー釣りで好ポイントとなる場所には共通点がある。それは潮通しがよいことと、砂地底のサーフに沈み根や海藻帯が点在していること。そして水深が5m以上あり、なおかつ、その沖にさらなる深場が隣接していること

日中でもポイントや海況次第でマダイは掛かってくる

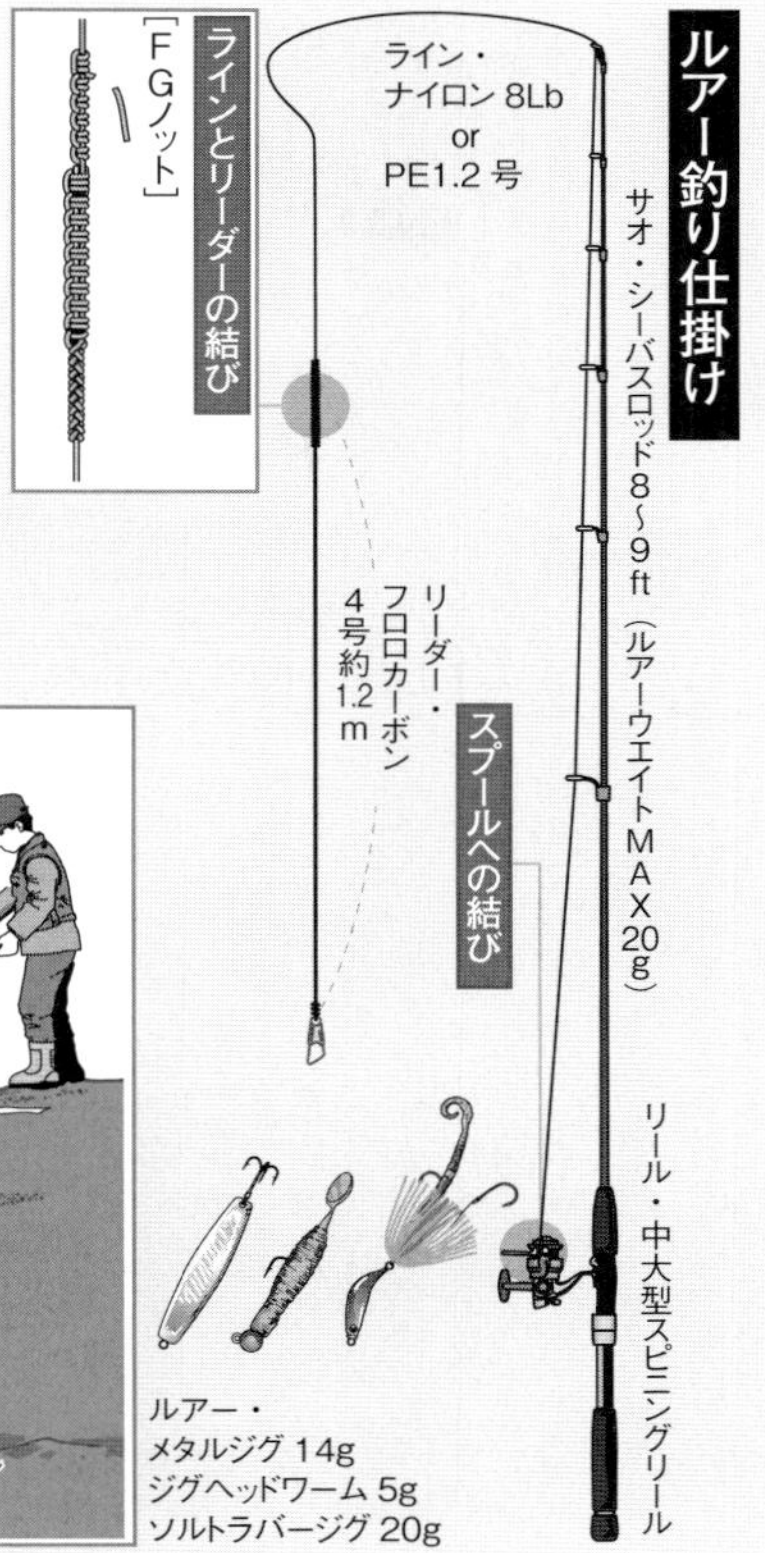

だ。具体的には遊泳禁止の外洋に面した砂利浜で、海底に沈み根が点在しているような場所となる。

堤防や磯などでは70〜80㎝クラスの実績があるが、サーフのルアーターゲットとしては、ある程度の魚影が見込める40〜50㎝に照準を絞るとよいだろう。このクラスなら一般的なシーバスロッドを流用できるし、タックルをライトにすることでヒラメ、マゴチ、中型青ものといったうれしい外道がヒットする確率も高くなる。

マダイの反応が特によいルアーはメタルジグ（14g〜）、ソルトラバージグ（20g〜）、ジグヘッドワーム（5g〜）である。メタルジグはマダイの活性が高く、日中に泳層が浮き気味の時に広く探る方法として有効。

ソルトラバージグとジグヘッドワームは、通常マダイの活動圏であるボトムでのズル引きに使用する。これは日中も夜も実績がある。

テンヤに抱き付いたマダコ。砂浜では意外な大ものも乗ってくるから気が抜けない

SURF FISHING TARGET GUIDE

マダコ

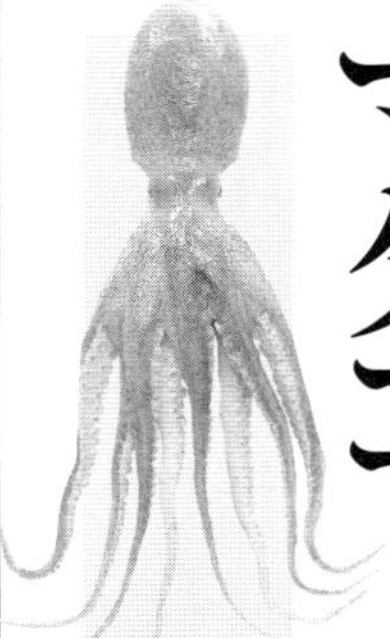

カニを付けたテンヤと タコ専用餌木をキャストしてアピール

マダコは8本の腕（近年の研究では3対の腕と1対の足）がある軟体動物。体色は黄色味を帯びた褐色や赤褐色など、生息環境による差がある。日本全国の沿岸の浅い岩礁帯と、その周辺の砂地などに生息。寿命は短く1〜2年とされている。その間に2kgくらいまで大きくなるのだから、非常に成長が早い。

エサは甲殻類や貝類などを好み、特にカニは大好物のようだ。釣れるタコの大きさは100g程度の小型から2kg級の大型までさまざま。潮の速い場所にいるマダコは美味しいとされ、瀬戸内の明石で捕れるタコは明石ダコと呼ばれて珍重されている。

関東では船釣りのターゲットとして知られるが、関西圏ではマダコは堤防の釣りものとして人気が高い。海底に岩礁や海藻など変化のある場所に潜んでいるのだが、これは砂浜でも同じ。エサとなる甲殻類が数多く潜む、大粒の石がゴロゴロとあるような砂利浜は

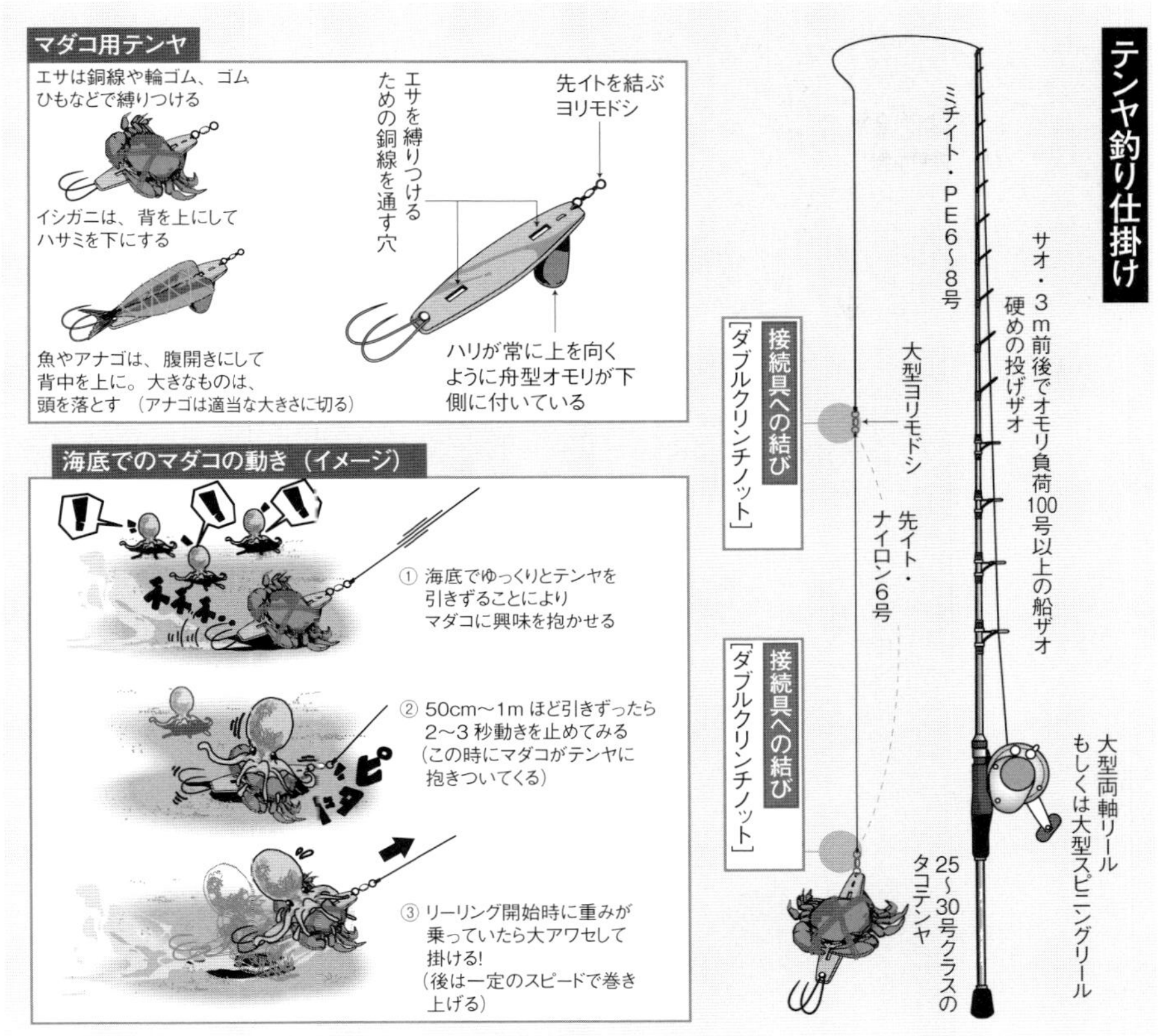

ねらいめで、波打ち際からドン深のカケアガリなどが好ポイントだ。サーフからマダコをねらう場合、テンヤの投げ釣りと、タコジグやタコ餌木を使用したルアー釣りとに分けられる。

●テンヤをキャストしてねらう

マダコ用のテンヤは、元来船釣りに用いられるものだが、最近では船釣り仕掛けをそのまま陸からの釣りに持ち込んで釣る人も多い。また近頃では、キャスト用のテンヤも市販されているのでこれを利用したい。

テンヤにはエサを縛り付ける板が備えつけられている。このエサ台と掛けバリが常に上を向くように、エサ台の裏側に舟型オモリがセットされている。

縛り付けるエサはイシガニなどがベストだが、ブタの脂身や魚の身エサでもよい。最初からテンヤに擬似餌のカニがセットされているものもあり、これでも充分に楽しめる。

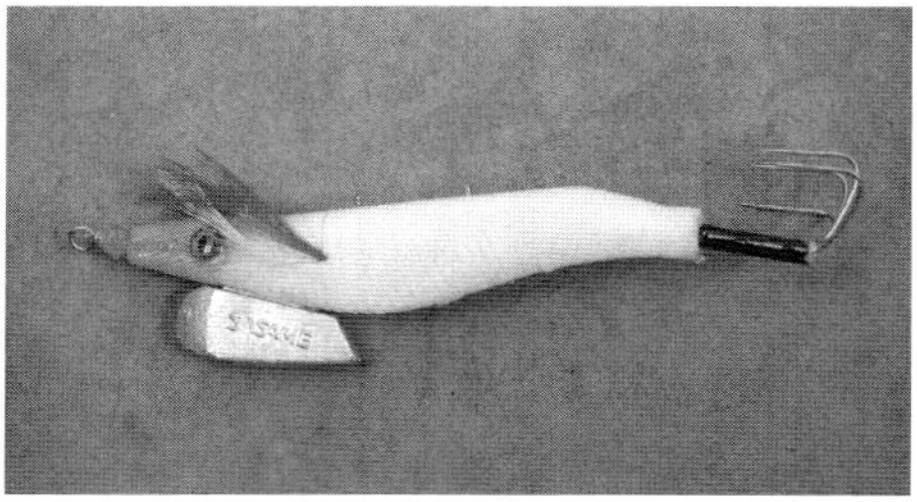

テンヤ風の大きなハリが上向きにセットされているタコねらい専用のタコ餌木

タコ餌木にヒット！　手軽に楽しめるので砂浜を足で探ろう

サオは重量級のテンヤをキャストできる強い物が必要で、硬めの投げザオなどが用いられる。リールもPE6〜8号を巻いた大型スピニングリール、両軸リールをセットしたい。

釣り方は簡単だ。沖へテンヤを遠投し、ジワリジワリと海底を引きずってくる。50cmほど引きずっては5秒ほど止める。これの繰り返し。テンヤを止めた時にタコが抱きついてくるので、次のアクションで重みが乗れば、そのまま大アワセして巻き取りにかかる。この時、一定速度でリーリングするのが重要で、ラインが緩むと掛けバリが外れることもある。

タコが底石に抱き付くと上がってこないので、ドラグをきつく締めて、一気に巻き上げること。なかには掛かったと同時に、サオを肩に砂浜を陸に向かって駆け上がって取り込む釣り人もいる。

●専用餌木でタコを乗せろ！

アオリイカブームの影響か、近年はエギングでタコをねらう人が多くなってきた。「餌木でタコ？」といぶかしがる方も多いと思われるが、実際にアオリイカをねらっているとマダコが掛かることはよくある。

タコは海底で動くものに大きな興味を示す。特に餌木はエビなどの甲殻類の動きを模しており、重量のあるテンヤなどよりもフワリフワリとアクションさせることも可能で、マダコの反応もすこぶるよい。現在ではタコをターゲットにしたタコ餌木も各メーカーから数多くリリースされている。

タックルは1〜2kgの大ダコをねらう場合は別にして、200gから1kgのアベレージサイズをねらう場合は、従来のエギングタックルを流用すればよい。ただし、砂浜では波にラインが取られないように長めのロッドが使いやすい。具体的には8〜9ft以上の長さで、対応餌木が4・5号までのものがベスト。やはり、エギングロッドの

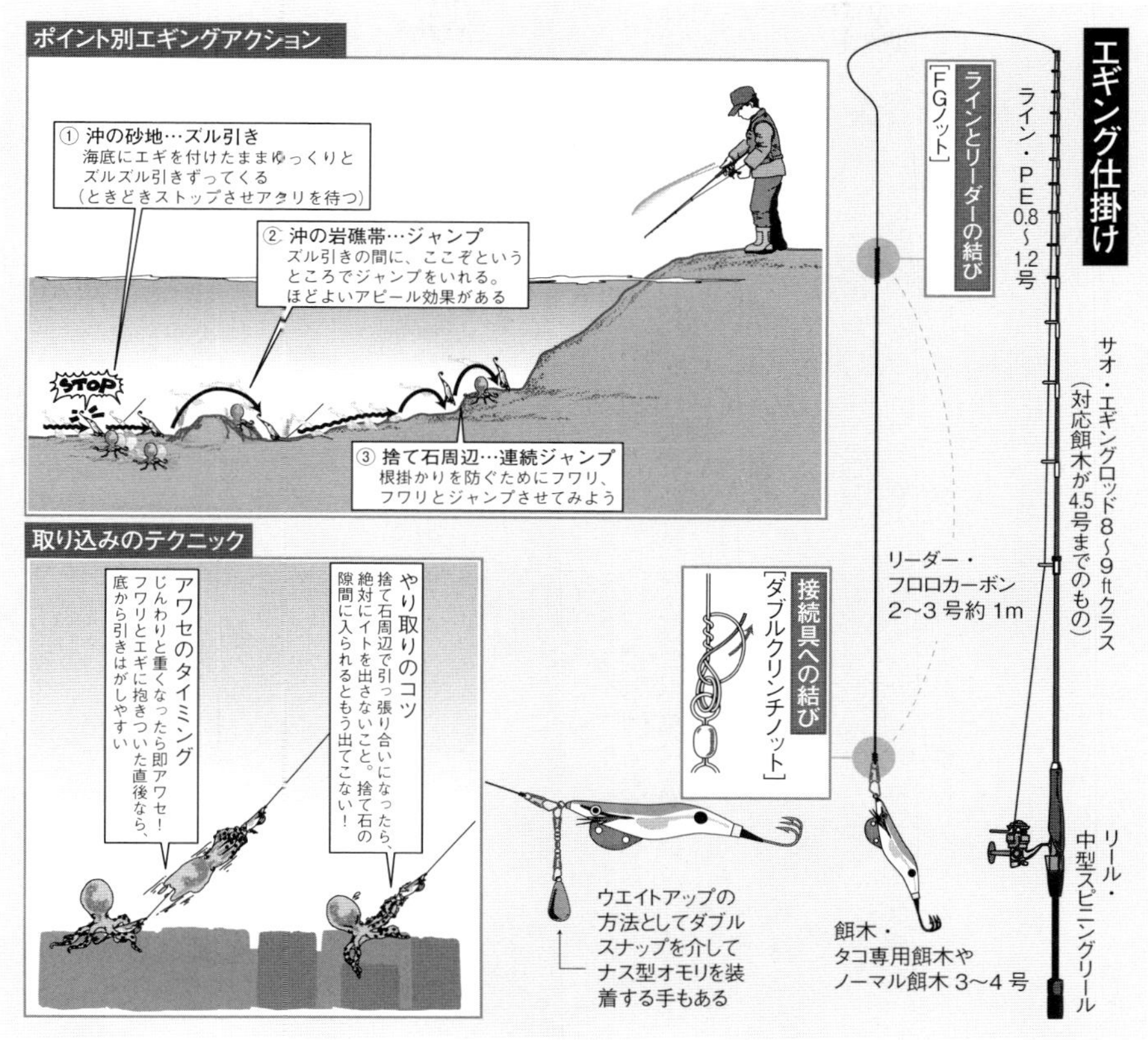

中でもハードなもののほうがタコを掛けてからのあしらいが楽になる。

　使用する餌木はアオリイカ用のものでもＯＫ。サイズは３〜４号の中から、確実に海底に着底させられるものを選びたい。ただし確実にフックアップさせたいなら、餌木にテンヤ風の大きなハリが上向きにセットされているタコねらい専用のタコ餌木をおすすめする。

　釣り方は、沖に遠投して海底の状態をチェックしながら、ズルズルと引きずってくる。タコ餌木のアクションは、このズル引きとジャンプの２種類だ。岩礁帯の近くを通れば、ズル引きのみでも乗ってくる。

　また、餌木が岩礁帯に差しかかった時には、根掛かり回避と、ここ一番のポイントでアピールさせる意味で、サオをあおって餌木をジャンプさせるとよい。

砂浜《すなはま》へ釣《つ》りに行《い》こう

2016年11月1日発行

編　者　つり人社書籍編集部
発行者　山根和明
発行所　株式会社つり人社
〒101 − 8408
東京都千代田区神田神保町1-30-13
TEL 03 − 3294 − 0781（営業部）
TEL 03 − 3294 − 0766（編集部）

印刷・製本　図書印刷株式会社

乱丁、落丁などありましたらお取り替えいたします。

ISBN:978-4-86447-095-7　C2075
つり人社ホームページ　http://tsuribito.co.jp/